民营企业劳动用工实用手册

徐小安　主编

SPM
南方出版传媒
广东人民出版社
·广州·

图书在版编目（CIP）数据

民营企业劳动用工实用手册 /徐小安主编. -- 广州：广东人民出版社，2019.12
ISBN 978-7-218-14096-4

Ⅰ.①民… Ⅱ.①徐… Ⅲ.①民营企业－用工制度－中国－手册 Ⅳ.①F279.245-62

中国版本图书馆CIP数据核字（2019）第285196号

MINYING QIYE LAODONGYONGGONG SHIYONG SHOUCE
民营企业劳动用工实用手册
徐小安　主编

出 版 人：肖风华

责任编辑：李锐锋　冼惠仪
封面设计：陈宝玉
排版设计：友间文化

统　　筹：广东人民出版社中山出版有限公司
执　　行：王　忠
地　　址：广东省中山市中山五路1号中山日报社8楼（邮编：528403）
电　　话：（0760）89882926　（0760）89882925

出版发行：广东人民出版社
地　　址：广东省广州市海珠区新港西路204号2号楼（邮编：510300）
电　　话：（020）85716809（总编室）
传　　真：（020）85716872
网　　址：http://www.gdpph.com
印　　刷：恒美印务（广州）有限公司
开　　本：787mm×1092mm　1/16
印　　张：19.75　**字　　数**：265千
版　　次：2019年12月第1版
印　　次：2019年12月第1次印刷
定　　价：58.00元

如发现印装质量问题影响阅读，请与出版社（0760-89882925）联系调换。
售书热线：（0760）88367862　邮购：（0760）89882925

编委会名单

前 言

民营企业向来是劳动争议的多发区，其原因之一固然是劳动者维权意识日益增强，但更重要的原因恐怕还在于民营企业自身。劳动合同法实施十多年来，相当数量的民营企业仍然没有做好或没有完全做好劳动用工的规范化工作，对企业劳动用工中可能涉及的法律风险并不完全了解，或即使了解了也没有引起足够重视。企业法务或人力资源管理人员虽然可能十分熟悉劳动法，但劳动法司法实践时有变化，各地裁判的标准尺度不一，企业法务和人力资源管理人员难以第一时间洞察。

所谓“春江水暖鸭先知”，律师长期奋战在劳动争议解决的第一线，有条件随时获取司法实务中的最新观点及信息。由律师来编写面向民营企业、为民营企业阐释常见劳动用工法律问题的普及性读物，其实用价值不言而喻，在法律服务民营经济的新形势下，更具有独特意义。

本书选取、梳理了民营企业劳动用工中常见、多发的法律风险点，归纳为88个主题。每个主题独立成篇，分别对该风险点的法律规定和司法实务中的主流观点进行了简要阐释，并辅以典型案例分析和律师建议，使企业能从理论和实践两方面得到实用的指导。全书以劳动法的几个主要模块为基础，设置了招聘入职、劳动合同的订立、劳动合同的履行与变更、劳动合同的解除与终止、工资福利与休息休假等八个章节。每章下设若干篇目，各篇目篇幅力求短小精悍，一般在2000字左右，迎合当下大部分读者快阅读的习惯。

每一篇目的写作结构也是统一的，均包括观点精要、典型案例、律师提示和条文链接四个部分。

观点精要，是对该篇所涉法律知识和实务观点的高度总结，能让读者首先对相关知识点有一个明晰的了解。我们要求编写者以严谨平实的语言，开门见山地向读者阐释该篇要义，切忌简单重复法律条文。

典型案例，是对有关该知识点的实例展示，案例主要来源于中国裁判文书网或编写者自办案件。编写者对这些案例进行了一定的加工，去粗取精，择其要点，以切合主题并有所延伸，使读者可以通过对案例的阅读加深对该知识点的理解和把握。

律师提示，是律师对民营企业在劳动用工实际工作中的法律风险提示和实操指引，是律师执业经验和智慧的结晶，目的在于对民营企业劳动用工的实操起直接指导作用。因限于篇幅，此部分内容均为高度概括，点到为止。

条文链接，是与该篇目所涉知识点有关的法律法规条文，既包括国家和地方公布的法律法规，也包括司法实践中法院自行掌握而一般民营企业难以接触到的指导意见，具有极高的应用价值。

编写者通过对以上四个部分的有机结合，将民营企业关心的大部分劳动用工法律问题的理解和适用范围一一展现在读者面前。本书不是艰涩的论文合集，不是冗长的案例汇编，也不是枯燥的条文堆砌，而是在统一设计的体例和结构之下，由编写人员以自己的语言风格撰写，将观点、案例和法律条文进行有机结合而形成的集体成果。

本书在选题策划时注意深浅结合，不仅涵盖大部分基础性、常识性劳动法知识，例如未签订书面劳动合同的法律后果等，也涉及不少司法实践中的前沿性疑难问题，例如退休返聘人员受伤能否认定为工伤等，以确保本书既有相当的普及性，也有一定的学术性；既有一定的广度，又有一定深度；既不至于太过浅显，也不至于只能孤芳自赏。无论是对民营企业人力资源管理人员，还是对于律师、企业法务等劳动法律服务专业人员来说，都具有非常实用的参考借鉴作用。

本书的编写人员均为从事劳动法业务多年的专业律师，具有丰富的执业经验和较高的劳动法专业水准。本书定位明确、内容实用、体例结构自成一派，相信能在同类劳动法实务领域作品中占有一席之地。

本书由编委会统一规划，徐小安具体负责统筹，各编写人员分工撰写初稿，然后由徐小安、赵继明、曾兴风、郭敏珊、史宏斌、王方强、孙守昌、姚苏明等负责初审修订，最后由徐小安统稿。

由于编写人员水平有别，认知各异，书中内容或有参差不齐、言不及义的问题，甚至有错讹之处，有些问题限于篇幅也未能深入展开，敬请读者批评且海涵。

希望本书能为法律服务民营企业的实践添上一笔。

目录

第一章 | 招聘入职

第二章 | 劳动合同的订立

第三章 | 劳动合同的履行与变更

第四章 | 劳动合同的解除与终止

第五章 工资福利与休息休假

第六章 社会保险、工伤与劳动安全卫生

第七章 商业秘密与竞业限制

第八章 | 其他

第一章

招聘入职

撰稿人：吴崇岳 / 广东南鹏展法律师事务所律师

1. 招聘员工要避免就业歧视

【观点精要】

最高人民法院于2018年12月发文，决定在《民事案件案由规定》中增加两类案由，其中之一是在“一般人格权纠纷”项下增加一类案由——“平等就业权纠纷”。这一决定有利于解决长期以来存在的对于就业歧视的诉讼难问题。

《中华人民共和国宪法》《中华人民共和国妇女权益保障法》均规定妇女在政治的、经济的、文化的、社会的和家庭的生活等各方面享有同男子平等的权利，在录用职工时，除国家规定的不适合妇女的工种或者岗位外，不得以性别为由拒绝录用妇女或者提高对妇女的录用标准。但在现实生活中，考虑到女性特殊的生理性原因，妇女需要生育、哺乳以及有生理期等，招聘单位往往以较为隐蔽的方式（比如以只接收简历不通知面试或专业不对口等非性别原因掩盖核心的性别原因）拒绝录用女性，使得女性在就业时因性别而遭受歧视。

《中华人民共和国劳动法》《中华人民共和国就业促进法》进一步具体规定劳动者就业，不因民族、种族、性别、宗教信仰不同而受歧视。

【典型案例】

某劳务公司在某网站上发布招聘信息，标题为“某速递员三千加计件”，任职资格：男。

邓某某（女）遂在线投递简历申请该职位，并于2014年9月25日到某速递公司进行了面试。邓某某称其面试后并在该速递公司酒仙桥营投部试工了两天，双方达成于10月8日签订劳动合同的意向。该速递公司酒仙桥营投部主任戴某要求其先做入职体检，因此邓某某花费体检费120元。因10月8日未能签约，邓某某于10月16日致电该速递公司人事专员询问戴某的联系方式，后戴某让其联系李某。10月19日，邓某某致电李某询问不能签订劳动合同的原因，李某确认因邓某某是女性而该速递公司不批准劳动合同签订。邓某某称其应聘的快递员一职并不属于不适合妇女的工种或岗位，但该速递公司、某劳务公司仅因邓某某是女性就表示不予考虑，导致邓某某受到了就业性别歧视。邓某某自从被拒后一直没有找到一份满意的工作，情绪低落、沮丧、失眠，受歧视、遭排挤的心理阴影难以消除。为此，邓某某向法院起诉，请求判令：某速递公司、某劳务公司向邓某某以书面形式赔礼道歉，连带赔偿邓某某入职体检费用120元、公证费用1,000元、精神损害抚慰金50,000元、鉴定费6,450元。

北京市顺义区人民法院经审理后认为，某劳务公司虽然网站上发布的涉诉岗位的招聘信息均表明任职资格为男性，但某劳务公司并未因邓某某系女性而拒绝提供就业机会，仍通知邓某某面试。邓某某在该速递公司面试后，戴某已经代表该速递公司表明其有意愿聘用邓某某，可确定该速递公司给予邓某某在该速递公司担任快递员的机会。该速递公司在答辩意见中所援引的相关规定并不能证明快递员属于国家规定的不适合妇女的工种或者岗位。现有证据能够证明该速递公司拒绝聘用邓某某的原因在于其为女性，该速递公司侵犯了邓某某平等就业的权利，对其侵权行为给邓某某造成的合理损失应予以赔偿。该速递公司对邓某某实施了就业歧视，给邓某某造成了一定的精神损害，故应赔偿邓某某精神损害抚慰金。

2015年10月30日，法院判决：一、某速递公司于本判决生效之日起七日内赔偿邓某某入职体检费用120元、精神损害抚慰金2,000元、鉴定费6,450元；二、驳回邓某某的其他诉讼请求。

宣判后，邓某某及该速递公司向北京市第三中级人民法院提起上诉，北京市第三中级人民法院于2016年2月23日作出判决：驳回上诉，维持原判。

【律师提示】

（1）对于用人单位，在招聘广告中应避免出现限定应聘者民族、种族、性别、宗教信仰、地域、乙肝病毒携带者等内容。招聘过程中应对劳动者进行类型化区分，要避免各种就业歧视，否则可能会影响企业声誉，需承担民事责任，甚至受到行政处罚。

（2）要区分就业歧视和企业自主招聘权，用人单位可以就岗位资格、工作经历、学历或行业特殊要求设置准入性入职条件。涉嫌歧视性的条件，但属于企业合理的用工需求，用人单位应进行必要说明。在为企业招揽合适人才的同时，应对劳动者给予必要的尊重。

【条文链接】

《中华人民共和国劳动法》第三条　劳动者享有平等就业和选择职业的权利、取得劳动报酬的权利、休息休假的权利、获得劳动安全卫生保护的权利、接受职业技能培训的权利、享受社会保险和福利的权利、提请劳动争议处理的权利以及法律规定的其他劳动权利。

劳动者应当完成劳动任务，提高职业技能，执行劳动安全卫生规程，遵守劳动纪律和职业道德。

《中华人民共和国劳动法》第十二条　劳动者就业，不因民族、种族、性别、宗教信仰不同而受歧视。

《中华人民共和国劳动法》第十三条　妇女享有与男子平等的就业权利。在录用职工时，除国家规定的不适合妇女的工种或者岗位外，不得以性别为由拒绝录用妇女或者提高对妇女的录用标准。

撰稿人：史宏斌 / 广东永隆律师事务所律师

2. 员工应聘资料虚假的法律后果及其防范

【观点精要】

劳动者应聘时提供虚假资料怎么办？用人单位能否以此为由解除劳动合同？司法实践中有三种不同的观点。

第一种观点是可以解除。主要理由是劳动者应聘时以欺诈的手段，使用人单位在违背真实意思的情况下订立的劳动合同应当无效，用人单位可以解除劳动关系。

第二种观点是不能解除。支持此观点的人认为劳动合同是用人单位和劳动者双方经过协商一致而签订的合同，一方在未与对方协商的情况下解除劳动关系，则属于违法解除劳动关系，需要支付经济赔偿金。

第三种观点是有条件解除。用人单位雇佣该劳动者是因为其所伪造的简历或工作经验等，若该劳动者无与企业所招聘的岗位匹配的工作经验或学历，用人单位不会雇佣该劳动者，即劳动者与用人单位订立劳动合同时违反了诚实信用原则，可以解除劳动关系。若劳动者只是在与工作能力或工作经验方面无关的个人情况造假，如隐瞒婚姻状况、隐瞒生育情况等，则用人单位需要谨慎与劳动者解除劳动关系。

【典型案例】

陈某于2017年1月5日入职北京某电子公司，双方订立了为期5年的劳动合同，约定其担任品牌营销经理，月工资3.3万元，试用期为6个月。入职两个月后，该电子公司向陈某发出《试用期解除劳动合同通知书》，以不符合录用条件为由与其解除了劳动合同。陈某不认可电子公司的解除理由，遂提起劳动争议仲裁，要求电子公司支付违法解除劳动合同赔偿金。

庭审中，电子公司提交了求职登记表、入职承诺书及一份民事判决书，佐证陈某伪造重要工作经历，工作能力及工作表现与其工作履历严重不符。陈某填写的求职登记表显示，其2012年1月至2015年10月期间担任某广告传媒公司的市场部经理，月工资为3万元。在入职承诺书中，陈某承诺，在应聘时提供虚假材料或没有如实说明与应聘岗位相关情况的，属于不符合录用条件，电子公司无需任何理由即有权解雇本人。民事判决书的内容显示，2014年1月至2015年10月期间，陈某担任某外地股份公司的经理助理，月工资为4千元，其提出诉求要求该股份公司支付延时加班费、休息日加班费、未休年休假工资补偿及违法解除劳动合同赔偿金等。陈某对上述证据的真实性均不持异议，声称其在外地股份公司的工作是兼职，故没有写入工作履历中，但未能就其主张提供证据证明。

仲裁委员会审理后认为，陈某在入职时虚构重要工作履历，所填报的工资收入与实际收入差别巨大，其所表现出的工作能力、工作经验与工作履历不符，电子公司在试用期内与其解除劳动合同符合法律规定，故裁决驳回其仲裁请求。

【律师提示】

劳动者入职时应当履行如实说明义务。

诚实信用原则是用人单位与劳动者在订立劳动合同过程中应遵守的基本法律原则。按照《中华人民共和国劳动合同法》的相关规定，用人单位有告知义务，而劳动者在订立劳动合同时有如实说明的义务，即劳动者在订立劳动合同时应向用人单位如实说明与劳动合同履行直接有关的基本情况。一般而言，用人单位有权了解、劳动者有义务说明的事项往往限于劳动者自身与劳动合同直接相关的基本情况，如身体健康状况、专业知识技能、文化程度、资质经历等。而学历与工作经历是用人单位初步甄别和选择劳动者的重要指标，是双方订立劳动合同目的能否达成的前提条件，无疑属于劳动者如实说明义务的重要告知事项。

本案中，陈某虚构本人的重要工作履历，完全可能导致某电子公司在判断其业务能力、履职能力、工资标准、职业忠诚度及最终决定是否录用时产生重大误判，此种行为显然违反了劳动者的如实说明义务。公司依据其规章制度解除劳动合同有理有据。此外，电子公司亦在入职承诺书中明确告知陈某，在应聘时提供虚假材料或没有如实说明与应聘岗位相关情况的，属于不符合录用条件，故电子公司的解除行为符合法律规定。应当指出的是，用人单位在招聘时，应对劳动者的相关资历进行谨慎审查，并要求应聘人员签署岗位职务说明书、入职承诺书等。

【条文链接】

《中华人民共和国劳动合同法》第八条　用人单位招用劳动者时，应当如实告知劳动者工作内容、工作条件、工作地点、职业危害、安全生产状况、劳动报酬，以及劳动者要求了解的其他情况；用人单位有权了解劳动者与劳动合同直接相关的基本情况，劳动者应当如实说明。

《中华人民共和国合同法》第五十二条　有下列情形之一的，合同无效：（一）一方以欺诈、胁迫的手段订立合同，损害国家利益；（二）恶意串通，损害国家、集体或者第三人利益；（三）以合法形式掩盖非法目的；（四）损害社会公共利益；（五）违反法律、行政法规的强制性规定。

《中华人民共和国劳动合同法》第二十六条　下列劳动合同无效或者部分无效：（一）以欺诈、胁迫的手段或者乘人之危，使对方在违背真实意思的情况下订立或者变更劳动合同的；（二）用人单位免除自己的法定责任、排除劳动者权利的；（三）违反法律、行政法规强制性规定的。

对劳动合同的无效或者部分无效有争议的，由劳动争议仲裁机构或者人民法院确认。

撰稿人：赖初帆/广东洋三律师事务所律师

3. 入职登记表的重要作用

【观点精要】

在一般人眼中，入职登记表无非是记载职工的基本信息，觉得无特殊用途，但恰恰相反，站在企业管理者的角度来看却大有文章。它不仅仅可以用于职工的日常工作管理，在日后发生劳动争议纠纷的时候也可以作为企业的有利证据，发挥相对优势。

职工以亲笔书写的方式固定其信息，企业有权将其作为证据用以追究员工提供虚假信息的责任。一旦企业发现职工在该表中所填的学历、外语水平、职称证书与工作相关的关键信息存在虚假，可主张员工在建立劳动关系时存在欺诈情形从而认定劳动合同无效。

【典型案例】

2017年5月16日，熊某与某市某家具厂发生劳动争议纠纷。劳动仲裁中，双方对熊某的入职时间和离职时间这一项事实存在争议，熊某主张是2016年6月6日入职，2017年6月12日离职。但某家具厂辩称熊某是2016年11月14日入职，2017年4月18日离职。

仲裁阶段和一审均认为，本案中，某家具厂作为用人单位，对员工负有管理的义务，其未能提供入职登记表等相关证据证明熊某的入职和离职时间，应承担举证不能的不利后果，故对某家具厂的抗辩不予采信，认定熊某的入职时间是2016年6月6日入职，2017年6月12日离职。

【律师提示】

入职登记表内容设计应当全面、严谨。例如在司法实践中，在双方发生劳动纠纷时，多数情况下用人单位无法送达解除劳动合同通知等法律文件的情形，导致劳动者事后以用人单位没有送达为由主张用人单位非法解除劳动合同而要求支付违法解除劳动合同赔偿金。在此情形下，用人单位往往因为无法举证而非常被动。其实，这些是可以通过科学设计入职登记表加以避免。如果在入职时要求劳动者在入职登记表上填写本人和紧急联系人的通讯地址、电子邮箱、手机等信息，并注明上述信息发生变动时，必须及时告知单位，就可以解决无法送达的问题。

另外还需要特别注意的是，入职登记表并不等于劳动合同。入职登记表是劳动者单方登记的，用人单位未在该登记表上签字盖章，且通常只有一份；其内容也一般不具备劳动合同中必须约定的九项内容，其双方权利、义务约定不明确。因此，员工入职登记表与劳动合同并非同一概念，不能单纯视为劳动合同。劳动合同的订立、形式、内容等方面都必须具备法律规定程序及要件。企业仅让劳动者填写了劳动登记表而未签订书面劳动合同的情况下，仍存在向劳动者支付未签订劳动合同二倍工资的法律风险。

企业为了在日后可能发生的劳动争议中增加胜诉把握，可在入职登记表上设置承诺条款且由员工亲笔签名，让职工载明知晓登记表记载事实，并且为企业决定录用的重要依据，保证所提供的信息不存在误解和遗漏，也不存在任何程度的虚假陈述，否则将视为欺诈，企业有权随时解除劳动合同。

【条文链接】

《中华人民共和国劳动争议调解仲裁法》第六条　发生劳动争议，当事人对自己提出的主张，有责任提供证据。与争议事项有关的证据属于用人单位掌握管理的，用人单位应当提供；用人单位不提供的，应当承担不利后果。

《最高人民法院关于民事诉讼证据的若干规定》第六条　在劳动争议纠纷案件中，因用人单位作出开除、除名、辞退、解除劳动合同、减少劳动报酬、计算劳动者工作年限等决定而发生劳动争议的，由用人单位负举证责任。

《广东省劳动保障监察条例》第十四条　用人单位应当建立以下用工管理台账，真实、准确记录各种用工信息……（二）录用登记。包括入职登记表、劳动者身份证件复印件……

撰稿人：黄保玲/广东优游涵泳律师事务所律师

4. 录用通知书，你真的会用吗

【观点精要】

用人单位经常通过录用通知书的形式来录取前来应聘的劳动者，一来享受这种仪式感，二来为了规范管理。殊不知发出录用通知书，也有很多法律风险。

（1）用人单位在已经向劳动者发放录用通知书后拒绝录用的，用人单位存在承担缔约过失的法律风险。录用通知书的性质是用人单位向劳动者发出的要约，希望与劳动者订立正式的劳动合同，具有劳动关系预约合同的性质，具备独立的法律效力。录用通知书作为要约经劳动者承诺后即成立，用人单位即受该意思表示约束。用人单位向劳动者发出录用通知，劳动者予以回复，并基于合理信赖认为自己可以入职用人单位，此后用人单位拒绝录用劳动者，该行为属于有违诚实信用原则的缔约过失行为。

（2）用人单位与劳动者签订的劳动合同与录用通知书记载的内容不一致时，劳动者有权拒绝签署，用人单位有承担缔约过失的风险。

（3）用人单位认为发送的录用通知书满足劳动合同的必要条件而未及时与劳动者签订劳动合同，存在支付二倍工资的风险。

（4）用人单位发出的录用通知书中约定了津贴、奖金，但未明确金额或支付条件，且没有其他相关证明材料证明，用人单位可能为此承担不利后果。

【典型案例】

2014年5月，某扑克股份公司向张某发出录用通知，其中载明要求张某于2014年6月26日至某扑克股份公司报到，试用期3个月，试用期通过后将正式定岗，拟定为财务副总监职位，基本薪金每月税前15,000元，绩效薪金每年80,000—90,000元，根据薪酬管理制度考核确定，最终以签订的正式劳动合同为准。

2014年6月26日，张某至某扑克股份公司工作，担任财务副总监一职，并于2015年6月至2016年9月期间担任内审负责人。在职期间，某扑克股份公司按15,000元的标准支付张某月薪。此外，某扑克股份公司还先后于2015年2月9日、2016年1月28日向张某支付36,105元、64,550元。2016年2月至2016年9月期间，张某大部分时间被某扑克股份公司外派到浙江子公司工作。2016年9月19日，张某就外派浙江子公司的工作与相关人员办理工作交接。2016年9月26日，某扑克股份公司人事通过短信通知张某2016年10月15日合同到期后不再续签，要求张某于10月15日之前到人力资源部办理相关手续。2017年5月2日，张某向上海市嘉定区劳动人事争议仲裁委员会申请仲裁，要求某扑克股份公司支付张某2016年绩效薪金、未签订劳动合同二倍工资差额、违法解除劳动关系赔偿金、加班工资等。2017年10月16日，该仲裁委作出嘉劳人仲2017办字第996号裁决书，裁决某扑克股份公司应支付张某2016年度绩效薪金60,000元及对张某的其他请求事项不予支持。张某、某扑克股份公司均不服裁决，遂先后诉至一审法院。

诉讼中，张某主张公司于2015年2月9日支付的36,105元、2016年1月28日支付的64,550元款项分别为2014年半年税后绩效薪金、2015年税后绩效薪金。某扑克股份公司则主张为年终奖，且劳动合同中并无绩效薪金的约定。经审理，一审法院认为张某主张上述款项系2014年半年度绩效薪金、2015年全年绩效薪金，且明确税前金额分别为40,000元、80,000元。根据个人所得税的计算方法推算，张某所述的税前金额与税后实际所得金额吻合，且与录用通知载明金额吻合。张某的绩效薪金范围为每年80,000—

90,000元，张某要求某扑克股份公司支付2016年绩效薪金60,000元的诉讼请求，合法有据。遂判决某扑克股份公司支付张某2016年绩效薪金60,000元。某扑克股份公司不服一审判决而提起上诉，二审法院维持原判。

【律师提示】

（1）如确有必要或公司有发录用通知书的惯例，建议在录用通知书中明确应聘者应予承诺的期限。如收到录用通知书的应聘者不能按期书面确认，公司有权取消此职位或另外招聘。

（2）建议明确录用通知书的法律性质，如“本录用通知为要约邀请，双方最终能否签订劳动合同以应聘者到用人单位，并经双方细致协商以最终确定结果”。

（3）建议在录用通知书中列明不予录用的除外情形，并保留最终是否签订劳动合同的权利。

（4）建议录用通知书最好明确失效条件，如“应聘者未在通知书规定的时间内入职，本录用通知作废”“双方签订劳动合同后，本录用通知书失效”。

（5）建议在录用通知中明确约定应聘者应当承担的违约责任。

（6）建议体检合格之后再发出录用通知，避免涉嫌就业歧视。

（7）录用通知书不能代替劳动合同。用人单位一旦录用员工，应尽快与员工签订书面劳动合同，用劳动合同规范双方的权利义务，以避免承担不利的法律后果；同时约定清楚录用通知书与劳动合同内容冲突的选择适用。

（8）录用通知书宜简明扼要，不宜详尽罗列工资、奖金等并未确定的条件待遇。

【条文链接】

《中华人民共和国合同法》第十四条　要约是希望和他人订立合同的意思表示，该意思表示应当符合下列规定：（一）内容具体确定；（二）

表明经受要约人承诺，要约人即受该意思表示约束。

《中华人民共和国合同法》第十六条　要约到达受要约人时生效。

采用数据电文形式订立合同，收件人指定特定系统接收数据电文的，该数据电文进入该特定系统的时间，视为到达时间；未指定特定系统的，该数据电文进入收件人的任何系统的首次时间，视为到达时间。

《中华人民共和国合同法》第十九条　有下列情形之一的，要约不得撤销：（一）要约人确定了承诺期限或者以其他形式明示要约不可撤销；（二）受要约人有理由认为要约是不可撤销的，并已经为履行合同作了准备工作。

《中华人民共和国合同法》第二十六条　承诺通知到达要约人时生效。承诺不需要通知的，根据交易习惯或者要约的要求作出承诺的行为时生效。

采用数据电文形式订立合同的，承诺到达的时间适用本法第十六条第二款的规定。

撰稿人：张爱文、谢晓林/广东广中律师事务所律师

5. 用人单位可以暂扣劳动者的证件或财物作为履行劳动合同的担保吗

【观点精要】

用人单位招用劳动者，不得扣押劳动者的居民身份证和其他证件，不得要求劳动者提供担保或者以其他名义向劳动者收取财物。

若用人单位违法扣押劳动者居民身份证、户口簿、护照等重要个人证件的，将由劳动行政部门责令限期退还劳动者本人，并依照有关法律规定给予处罚。比如用人单位非法扣押劳动者身份证的，公安机关可根据居民身份证法的规定给予警告，并处两百元以下罚款；有违法所得的，没收违法所得。

若用人单位以担保或者其他名义非法向劳动者收取财物的，将由劳动行政部门责令用人单位退还相应财物，并根据情况处以每人五百元以上两千元以下的罚款；如果给劳动者造成损害的，用人单位还应承担赔偿责任。

【典型案例】

2017年12月，吕某入职天津某贸易公司。双方签订了书面劳动合同，工作岗位为金融部经理。2018年2月22日。吕某向公司提出离职。双方于当日解除劳动合同。双方均认可吕某2018年1月工资数额为5,634.77元，2018年2月工资数额为4,161.35元。但公司拒绝支付吕某2018年1月、2月工资，理由

是吕某未交还工作服。

2018年3月26日，吕某向天津市某区劳动争议仲裁委员会提出仲裁申请，请求公司支付两个月工资。仲裁委于2018年4月26日作出裁决，裁决贸易公司向吕某支付2018年1月及2018年2月工资，共计9,796.12元。

贸易公司不服该裁决，向法院提起诉讼。经法院审理，法院认为，依据《中华人民共和国劳动合同法》第九条规定，用人单位招用劳动者，不得扣押劳动者的居民身份证和其他证件；不得要求劳动者提供担保或者以其他名义向劳动者收取财物。原告以被告未办理交还工作服为由扣发被告2018年1月、2月工资，其实质是要求劳动者提供担保或以其他名义向劳动者收取财物的行为。依据《中华人民共和国劳动合同法》第三十条规定，用人单位应当按照劳动合同约定和国家规定，向劳动者及时足额支付劳动报酬。贸易公司以吕某未办理离职交接手续为由，扣押吕某工资的行为缺乏法律依据，法院不予支持，故依法驳回了公司的诉讼请求。

【律师提示】

（1）用人单位在招用劳动者时扣押证件、以各种理由收取押金或者暂扣工资，都是违法行为，有受到行政处罚的风险。

（2）劳动者离职时用人单位应一次性结清工资，不能以各种理由扣押。如果劳动者不配合办理离职交接，用人单位可以书面通知并告知其后果。如果劳动者申请仲裁，用人单位可以提起反申请。

【条文链接】

《中华人民共和国劳动合同法》第九条　用人单位招用劳动者，不得扣押劳动者的居民身份证和其他证件，不得要求劳动者提供担保或者以其他名义向劳动者收取财物。

《中华人民共和国劳动合同法》第八十四条　用人单位违反本法规定，扣押劳动者居民身份证等证件的，由劳动行政部门责令限期退还劳动者本人，并依照有关法律规定给予处罚。

用人单位违反本法规定，以担保或者其他名义向劳动者收取财物的，由劳动行政部门责令限期退还劳动者本人，并以每人五百元以上两千元以下的标准处以罚款；给劳动者造成损害的，应当承担赔偿责任。

劳动者依法解除或者终止劳动合同，用人单位扣押劳动者档案或者其他物品的，依照前款规定处罚。

撰稿人：吴崇岳/广东南鹏展法律师事务所律师

6. 用人单位如何正确履行告知义务

【观点精要】

用人单位对劳动者的如实告知义务，体现在用人单位招用、管理劳动者时，应当如实告知劳动者工作内容、工作条件、工作地点、职业危害、安全生产状况、劳动报酬，以及劳动者要求了解的其他情况。这些内容是法定的且无条件的，无论劳动者是否提出知悉要求，用人单位都应当主动将上述情况如实向劳动者说明。这些内容都是与劳动者的工作紧密相连的基本情况，也是劳动者进行就业选择的主要因素之一。

【典型案例】

张某系甲公司员工。双方签订的劳动合同约定甲方根据工作需要，按照合理诚信原则，可依法变动乙方的工作岗位。员工手册中规定员工不服从公司合理的工作调动，给予解除劳动合同。该员工手册经民主程序修订，张某已阅读并签字。

2017年3月30日，甲公司书面通知张某调岗，要求原从事安装工作的张某调至金加工车间从事打磨工作。原岗位无职业病危害因素，调整后的岗位存在“噪声+矽尘”的危害因素。张某不同意，甲公司就以张某未有合理正当理由拒绝岗位调整，违反规章制度为由，书面通知张某解除劳动合同。

张某以甲公司违法解除劳动合同为由申请仲裁，要求支付违法解除合同的赔偿金16万多元。仲裁裁决支持了张某。甲公司不服而诉至法院。法院经审理后认为，《中华人民共和国职业病防治法》规定，劳动者在已订立劳动合同期间因工作岗位或者工作内容变更，从事与所订立劳动合同中未告知的存在职业病危害的作业时，用人单位应当向劳动者履行如实告知的义务，并协商变更原劳动合同相关条款；否则，劳动者有权拒绝从事存在职业病危害的作业，用人单位不得因此解除与劳动者所订立的劳动合同。

本案中，甲公司将张某调至具有职业病危害因素的岗位，将对张某的身体健康产生不利影响。尽管双方有调岗授权的约定，因不符合合理性原则，仍属于变更劳动合同行为，应当与张某协商一致，否则将违反职业病防治法，调岗无效。因此，甲公司解除劳动合同是违法的。经本院调解，双方最终达成协议：甲公司撤销解除劳动关系决定，双方协商解除劳动关系，甲公司一次性支付张某经济补偿金13万元。

【律师提示】

根据《中华人民共和国劳动合同法》的规定，用人单位未能如实履行告知义务，以欺诈、胁迫的手段或者乘人之危，在违背真实意思的情况下订立的劳动合同是无效的；给劳动者造成的损害，应当承担赔偿责任。那用人单位如何履行职业病危害告知义务？

（1）通过上岗前职业卫生知识培训告知，告知劳动者本单位主要存在哪些职业病危害因素，应如何预防。

（2）在签订劳动合同时告知，告知劳动者工作过程中可能产生的职业病危害及其后果，职业病防护措施和待遇等。

（3）设置公告栏告知，将本单位职业病卫生管理制度和工作场所职业病有害因素检测结果等向劳动者公布。

（4）用人单位应组织工人健康体检，并将检查结果告知劳动者。

（5）使用可能产生职业病危害的设备，应在设备醒目的位置上设置警示标识，对可能发生急性职业损伤的有毒有害工作场所应设置报警装置。

另外，用人单位未履行告知义务，还可能面临行政责任。

【条文链接】

《中华人民共和国劳动合同法》第八条　用人单位招用劳动者时，应当如实告知劳动者工作内容、工作条件、工作地点、职业危害、安全生产状况、劳动报酬，以及劳动者要求了解的其他情况；用人单位有权了解劳动者与劳动合同直接相关的基本情况，劳动者应当如实说明。

《中华人民共和国职业病防治法》第三十三条　用人单位与劳动者订立劳动合同（含聘用合同，下同）时，应当将工作过程中可能产生的职业病危害及其后果、职业病防护措施和待遇等如实告知劳动者，并在劳动合同中写明，不得隐瞒或者欺骗。

劳动者在已订立劳动合同期间因工作岗位或者工作内容变更，从事与所订立劳动合同中未告知的存在职业病危害的作业时，用人单位应当依照前款规定，向劳动者履行如实告知的义务，并协商变更原劳动合同相关条款。

用人单位违反前两款规定的，劳动者有权拒绝从事存在职业病危害的作业，用人单位不得因此解除与劳动者所订立的劳动合同。

《中华人民共和国职业病防治法》第三十五条　对从事接触职业病危害的作业的劳动者，用人单位应当按照国务院安全生产监督管理部门、卫生行政部门的规定组织上岗前、在岗期间和离岗时的职业健康检查，并将检查结果书面告知劳动者。

《中华人民共和国职业病防治法》第七十一条　用人单位订立或者变更劳动合同时，未告知劳动者职业病危害真实情况的，由安全生产监督部门责令限期改正，给予警告，可以并处五万元以上十万元以下的罚款。

第二章

劳动合同的订立

撰稿人：赵继明/广东保信律师事务所律师

7. 未及时订立书面劳动合同的法律后果

【观点精要】

用人单位与劳动者建立劳动关系，应当订立书面劳动合同，未在法律规定期限内签订书面劳动合同的，应承担相应的法律责任。

第一种情形，因用人单位不依法与劳动者订立书面劳动合同的，自用工之日起超一个月未满一年的，应当自用工之日起满一个月的次日至补签书面劳动合同的前一日，向劳动者每月支付二倍工资，并与劳动者补订书面劳动合同。如自用工之日起满一年的，应视为已与劳动者签订无固定期限劳动合同。除此之外，用人单位还将面临劳动行政部门的行政处罚。

第二种情形，因劳动者久拖不签订书面劳动合同的，用人单位可以自用工之日起一个月内书面通知劳动者终止劳动关系，无需支付经济补偿；否则，如自用工之日起超过一个月未满一年书面通知终止劳动关系的，需支付经济补偿。如超过一年的，视为用人单位与劳动者已订立无固定期限劳动合同。

【典型案例】

2010年8月21日，顾某进入某医药公司工作。2011年5月，顾某离开该公司。某医药公司向顾某发函，以其已自动离职为由，要求其收到函件后5日内前来公司办理离职交接手续。之后，顾某申请劳动仲裁，请求裁决某医药公司支付其未签订劳动合同期间的二倍工资。

仲裁裁决某医药公司应向顾某支付2010年9月21日至2011年5月期间未签订劳动合同的二倍工资差额36,000元。某医药公司不服，向法院提起诉讼。法院经审理认为，顾某自2010年8月21日入职某医药公司，该公司应于2010年9月21日前与顾某签订劳动合同。某医药公司虽提供《录用人员登记备案花名册》（原件）一份，但《录用人员登记备案花名册》系其单方制作，故认定某医药公司未与顾某签订书面劳动合同。判决某医药公司支付顾某2010年9月21日至2011年5月期间未签订劳动合同的二倍工资差额3,6000元。某医药公司不服而提起上诉，坚称《录用人员登记备案花名册》可以证明已与顾某签订书面劳动合同。二审法院判决，驳回上诉，维持原判。

【律师提示】

（1）用人单位应该走出不签劳动合同就无须对劳动者负责的误区。劳动关系自用工之日起建立，劳动者就享有法律赋予的相应权利，是否签订书面的劳动合同并不影响劳动关系的建立。

（2）订立书面劳动合同是用人单位的法定义务，用人单位与劳动者建立劳动关系，就应当订立书面的劳动合同。用人单位内部花名册等不能代替书面劳动合同。

（3）用人单位应制定完善的劳动合同签订流程，在法律规定的期限内与劳动者订立书面合同，及时依法与劳动者建立劳动合同关系。

（4）即使劳动者出具本人不愿意签订劳动合同的书面声明，用人单位仍然需要承担不依法订立劳动合同的法律责任。因此，对于拒不签订劳动合同的劳动者的处理，用人单位最迟应在用工之日起一个月内书面通知劳动者终止劳动关系。同时，注意固定和保持好劳动者不签订劳动合同的相关书面证据。

（5）不签订书面劳动合同是“硬伤”，根据目前的司法实践，用人单位“必输无疑”。

【条文链接】

《中华人民共和国劳动法》第九十八条　用人单位违反本法规定的条件解除劳动合同或者故意拖延不订立劳动合同的，由劳动行政部门责令改正；对劳动者造成损害的，应当承担赔偿责任。

《中华人民共和国劳动合同法》第十条　建立劳动关系，应当订立书面劳动合同。已建立劳动关系，未同时订立书面劳动合同的，应当自用工之日起一个月内订立书面劳动合同。用人单位与劳动者在用工前订立劳动合同的，劳动关系自用工之日起建立。

《中华人民共和国劳动合同法》第八十二条　用人单位自用工之日起超过一个月不满一年未与劳动者订立书面劳动合同的，应当向劳动者每月支付二倍工资。用人单位违反本法规定不与劳动者订立无固定期限劳动合同的，自应当订立无固定期限劳动合同之日起向劳动者每月支付二倍工资。

《中华人民共和国劳动合同法实施条例》第五条　自用工之日起一个月内，经用人单位书面通知后，劳动者不与用人单位订立书面劳动合同的，用人单位应当书面通知劳动者终止劳动关系，无需向劳动者支付经济补偿，但是应当依法向劳动者支付其实际工作时间的劳动报酬。

《中华人民共和国劳动合同法实施条例》第六条　用人单位自用工之日起超过一个月不满一年未与劳动者订立书面劳动合同的，应当依照劳动合同法第八十二条的规定向劳动者每月支付两倍的工资，并与劳动者补订书面劳动合同；劳动者不与用人单位订立书面劳动合同的，用人单位应当书面通知劳动者终止劳动关系，并依照劳动合同法第四十七条的规定支付经济补偿。

《中华人民共和国劳动合同法实施条例》第七条　用人单位自用工之日起满一年未与劳动者订立书面劳动合同的，自用工之日起满一个月的次日至满一年的前一日应当依照劳动合同法第八十二条的规定向劳动者每月支付二倍工资，并视为自用工之日起满一年的当日已经与劳动者订立无固定期限劳动合同，应当立即与劳动者补订书面劳动合同。

撰稿人：曾兴风/广东国融律师事务所律师

8. 未及时、恰当续签书面劳动合同的法律后果

【观点精要】

劳动合同续订是指原劳动合同到期后，双方当事人一致同意继续保持劳动关系，于是办理劳动合同续签手续。依照法律规定：一、劳动合同期满后，劳动者仍在原用人单位工作，应当在一个月内续签劳动合同；超过一个月双方仍未续签劳动合同，劳动者根据《中华人民共和国劳动合同法》第八十二条第一款规定要求支付二倍工资的，应予支持。二、用人单位不与劳动者订立无固定期限劳动合同的，自应当订立无固定期限劳动合同之日起向劳动者每月支付二倍工资。

未及时、恰当续订书面劳动合同的情形主要包括以下两个方面。

（1）未及时续订劳动合同，即原劳动合同到期后，继续用工，但未在原劳动合同到期后一个月内与劳动者续签劳动合同。

（2）未恰当续订劳动合同包括：应当续签劳动合同但却违法终止劳动关系；应当签订无固定期限劳动合同却签了固定期限劳动合同；续签劳动合同的手续不规范（未面签劳动合同，出现代签、冒签等劳动者欺诈行为，导致续订劳动合同手续无效）。

【典型案例】

范某于2013年10月5日入职某五金公司任司机兼送货。双方已签订期限为2013年10月5日至2014年11月30日的劳动合同。上述合同期限届满后双方未再续签劳动合同，但范某一直工作到2015年5月10日。后来，双方因未续签劳动合同二倍工资差额等产生争议，范某经劳动仲裁后诉至人民法院。

人民法院经审理认为，双方签订的劳动合同期满后，范某仍在五金公司工作，双方仍然继续存在劳动关系，五金公司依法应当在一个月内与范某续签劳动合同。范某上班至2015年5月10日，五金公司未依法在一个月内与范某签订书面劳动合同，应当对此承担支付未签订劳动合同的民事责任。因此，五金公司应当向范某支付未签订劳动合同的二倍工资差额×元。

【律师提示】

第一，未及时恰当续订劳动合同的常见法律风险。

（1）合同到期后继续留用或者未注意到合同已到期，未在一个月内续签导致支付双倍工资。

（2）合同到期后劳动者不在岗或者出差，未及时续签，导致支付二倍工资。

（3）应当签订无固定期限劳动合同而未签订，导致支付二倍工资。

（4）应当与劳动者签订无固定期限劳动合同，却与劳动者终止劳动合同导致违法终止劳动关系而须支付赔偿金。

（5）签订劳动合同的手续不规范，出现代签、冒签等劳动者欺诈行为，导致续订劳动合同手续无效，被劳动者索要二倍工资，又或者未及时收回劳动合同并保管好，导致劳动合同遗失无法举证证明已签订劳动合同，须支付二倍工资。

第二，防控措施如下。

（1）建立劳动合同管理制度，对劳动合同的签订、履行、变更、续订、保管等作出规定，建立劳动关系到期检查排查和检查机制。

（2）到期前及时发出续签通知，征询劳动者是否续签和续签何种合同的书面意见，并及时收回和保管好。

（3）在续订劳动合同前，核查劳动者是否符合《中华人民共和国劳动合同法》第十四条第二款规定应签订无固定期限劳动合同的情况，比如应核查劳动者连续工龄及在2008年后签订固定期限劳动合同次数等情况。如果工龄已满十年或者2008年之后已经连续两次签订固定期限劳动合同，则应当签订无固定期限劳动合同，除非劳动者提出签订固定期限劳动合同。

（4）在原合同期限届满后一个月内务必完成续签手续。

（5）应面签劳动合同，即应当由人事部门亲自见证劳动者在劳动合同上签名。对于不在岗或在外无法面签劳动合同的劳动者，应当通过视频等电子通讯工具远程见证劳动者签名并及时收回劳动合同原件并保管好。

【条文链接】

《中华人民共和国劳动合同法》第十四条　……用人单位与劳动者协商一致，可以订立无固定期限劳动合同。有下列情形之一，劳动者提出或者同意续订、订立劳动合同的，除劳动者提出订立固定期限劳动合同外，应当订立无固定期限劳动合同：（一）劳动者在该用人单位连续工作满十年的；（二）用人单位初次实行劳动合同制度或者国有企业改制重新订立劳动合同时，劳动者在该用人单位连续工作满十年且距法定退休年龄不足十年的；（三）连续订立二次固定期限劳动合同，且劳动者没有本法第三十九条和第四十条第一项、第二项规定的情形，续订劳动合同的。

《中华人民共和国劳动合同法》第八十二条　用人单位自用工之日起超过一个月不满一年未与劳动者订立书面劳动合同的，应当向劳动者每月支付二倍工资。

用人单位违反本法规定不与劳动者订立无固定期限劳动合同的，自应当订立无固定期限劳动合同之日起向劳动者每月支付二倍工资。

《广东省高级人民法院广东省劳动人事争议仲裁委员会关于审理劳动

人事争议案件若干问题的座谈会纪要》第十四条　劳动合同期满后，劳动者仍在原用人单位工作，超过一个月双方仍未续订劳动合同，劳动者根据《中华人民共和国劳动合同法》第八十二条第一款规定要求支付二倍工资的，应予支持。

《广东省高级人民法院广东省劳动人事争议仲裁委员会关于审理劳动人事争议案件若干问题的座谈会纪要》第十九条　用人单位与劳动者已连续订立二次固定期限劳动合同，第二次固定期限劳动合同期满后，劳动者提出续订劳动合同并要求订立无固定期限劳动合同的，用人单位应当与劳动者订立无固定期限劳动合同。

撰稿人：肖金/广东优游涵泳律师事务所律师

9．入职登记表可以当劳动合同使用吗

【观点精要】

入职登记表可以当劳动合同使用吗？司法实践中有三种不同的观点。

第一种观点是入职登记表可以当劳动合同使用。员工入职用人单位，首先填写员工的基本信息，如员工的姓名、性别、民族、出生年月日，住址、工作经历、家庭情况等，入职登记表也记录了用人单位的基本信息。员工填写入职登记表后，进入用人单位工作，两者已经建立劳动合同关系。

第二种观点是入职登记表不可以当劳动合同使用。《中华人民共和国劳动合同法》规定，建立劳动关系，应当订立书面劳动合同，且规定了劳动合同的必备条款。入职登记表仅仅记录员工的基本信息，如员工的姓名、性别、民族、出生年月日、住址、工作经历、家庭情况等，不能把入职登记表与书面劳动合同混同。

第三种观点是特定条件下，入职登记表可以当劳动合同使用。入职登记表虽未冠以劳动合同名称，但记载内容已经具备劳动合同的基本事项；或者虽然缺少部分条款，但根据入职登记表内容可以确定双方之间基本权利义务关系情形，可以认定双方签订的入职登记表是具有建立劳动关系性质的书面协议，可以当劳动合同使用。

【典型案例】

2012年10月15日，王某平入职某房地产公司，填写了一份《××地产员工入职登记表》，载明王某平的基本身份信息、工作简历，入职部门为销售部，职位为销售经理，试用期3个月等。

2013年12月18日，王某平因自身原因向某房地公司产提出辞职。同日，双方签订一份离职协议（甲方为某房地产公司，乙方为王某平），约定双方协商一致于2014年1月25日解除劳动关系等。后王某平以某房地公司未与其签订书面劳动合同为由申请仲裁，请求公司支付其未订立书面劳动合同期间的二倍工资差额。

本案的焦点是《××地产员工入职登记表》能否认定为双方签订的劳动合同的问题。

首先，劳动合同与入职登记表在性质和功能上不同。顾名思义，劳动合同是劳动者和用人单位为确立劳动关系，约定双方权利义务所签订的协议，对双方具有约束力。劳动合同作为合同的一种，具有合同的一般性质，如诺成性、双务性、有偿性等。同时，它不同于一般的合同，具有主体的特定性、人身从属性等特殊的法律属性。入职登记表是用人单位内部用于规范人力资源管理，由新入职员工填写的文件资料，目的在于了解新入职员工的基本情况，通常情况下，不具有合同性质。

其次，法律规定了劳动合同应当具备的条款。本案中，《××地产员工入职登记表》虽然载明有王某平的基本身份信息、工作简历、入职部门、职位、试用期、工资待遇等内容，但缺少劳动合同期限、工作地点、工作时间和休息休假等必备条款。

最后，即便本案《××地产员工入职登记表》中部分内容具有合同性质，由于王某平并不持有该登记表，一旦双方对其中内容产生争议，王某平不能提供相关约定的依据，其权益得不到保障。

法院经审理后认为，用人单位进行入职登记并不能免除与劳动者签订劳动合同的法定义务。《××地产员工入职登记表》不能认定为双方签订的劳动合同。《中华人民共和国劳动合同法》第八十二条第一款规定，用人单位自用工之日起超过一个月不满一年未与劳动者订立书面劳动合同的，应当向劳动者每月支付二倍工资。

【律师提示】

（1）用人单位不要以为只要设计一份足够详尽的入职登记表就可以替代劳动合同。避免法律风险的最稳妥办法还是与员工及时签订真实、合法、有效的书面劳动合同。

（2）用人单位应建立完善的招聘入职管理流程，把握好入职登记、签订合同等关键环节。

【条文链接】

《中华人民共和国劳动合同法》第十一条　用人单位未在用工的同时订立书面劳动合同，与劳动者约定的劳动报酬不明确的，新招用的劳动者的劳动报酬按照集体合同规定的标准执行；没有集体合同或者集体合同未规定的，实行同工同酬。

《中华人民共和国劳动合同法》第十七条　劳动合同应当具备以下条款：（一）用人单位的名称、住所和法定代表人或者主要负责人；（二）劳动者的姓名、住址和居民身份证或者其他有效身份证件号码；（三）劳动合同期限；（四）工作内容和工作地点；（五）工作时间和休息休假；（六）劳动报酬；（七）社会保险；（八）劳动保护、劳动条件和职业危害防护；（九）法律、法规规定应当纳入劳动合同的其他事项。

劳动合同除前款规定的必备条款外，用人单位与劳动者可以约定试用期、培训、保守秘密、补充保险和福利待遇等其他事项。

《中华人民共和国劳动合同法》第八十一条　用人单位提供的劳动合同文本未载明本法规定的劳动合同必备条款或者用人单位未将劳动合同文本交付劳动者的，由劳动行政部门责令改正；给劳动者造成损害的，应当承担赔偿责任。

撰稿人：王方强、郭南海/广东凯行律师事务所律师、实习律师

10. 请保存好你的劳动合同

【观点精要】

劳动合同主要用来规制用人单位以及劳动者之间的劳动关系。签订合同能够有效地保障我们的合法权益，所以，一定要好好保存好自己的劳动合同。劳动合同有以下作用。

（1）它是劳动者实现劳动权的重要保障。

（2）它是用人单位合理使用劳动力、巩固劳动纪律、提高劳动生产率的重要手段。

（3）它是减少和防止发生劳动争议的重要措施。

（4）它是建立规范有效劳动关系的重要载体。

（5）它是劳动关系双方权利义务内容的重要证明。

实践中，有不少中小企业签订劳动合同后没有妥善保管，导致发生争议后因提供不了劳动合同而面临支付劳动者二倍工资的风险。

【典型案例】

吴某杰曾在北京某科技公司担任采购员，月工资4,500元。2015年11月4日，双方解除劳动关系。2016年8月29日，吴某杰向北京市丰台区劳动争议仲裁委员会申请仲裁，要求北京某科技公司支付2013年4月22日至2015年11月4日未签订劳动合同二倍工资50,000元；北京某科技公司支付解除劳动关

系经济补偿22,500元。案经仲裁裁决后，吴某杰与北京某科技公司均不服该裁决，分别起诉至一审法院。

诉讼中，吴某杰主张其于2013年4月22日入职北京某科技公司，北京某科技公司未与其签订劳动合同；2015年11月4日，北京某科技公司口头提出与其解除劳动关系。吴某杰就此提交应聘登记表（复印件）、员工转正审批表（复印件）、公司通讯录（复印件）、授权委托书（复印件）、采购凭证（复印件）、退款凭证（复印件）、社保缴费信息（复印件）、通讯录加以佐证。北京某科技公司对上述证据均不予认可。

北京某科技公司主张吴某杰于2015年8月9日入职其公司，双方签订了书面劳动合同，但该份劳动合同已经丢失；吴某杰于2015年11月4日口头提出离职。针对上述主张，北京某科技公司提交北京某物业管理有限公司开具的解除劳动合同书、谈话录音、仲裁开庭笔录等作为证据。吴某杰对录音的真实性及解除劳动合同书中的签名不持异议，但对证明目的不予认可，并称录音中未明确表明谈话对象及时间，且其从未与某物业公司建立劳动关系。

一审法院认为，虽然吴某杰对北京某科技公司出具的解除劳动合同书不予认可，但未出具反证，且其对上述证据中的签字亦不持异议，故对上述证据，法院予以采信。根据上述证据显示，对北京某科技公司主张吴某杰于2015年8月9日入职其公司的事实，法院予以采信。因双方均认可已于2015年11月4日解除劳动关系，故法院确认吴某杰自2015年8月9日起至2015年11月4日止与北京某科技公司存在事实劳动关系。由于北京某科技公司出具的录音证据中未明确表示谈话双方的身份及谈话发生的时间，故上述证据不足以证明北京某科技公司已与吴某杰签订劳动合同的事实，且吴某杰亦不认可已签订劳动合同，故北京某科技公司应支付吴某杰2015年9月9日至2015年11月4日未签订劳动合同二倍工资差额8,431.04元。因双方均未就解除劳动关系的原因向法院出具相关证据，结合庭审情况，法院视为双方协商一致，北京某科技公司提出与吴某杰解除劳动关系，应支付吴某杰解除劳动关系经济补偿2,250元。判决北京某科技公司于判决生效之日起5日内支付吴某杰2015年9月9日至2015年11月4日未签订劳动合同二倍工资差额8,431.04元；北京某科技公司于判决生效之日起5日内支付吴某杰解除劳动关系经济补偿2,250元。

北京某科技公司不服一审判决而提起上诉，二审维持原判。

【律师提示】

（1）企业要有完善的合同管理制度，确保劳动合同订立后能够妥善保存，以备将来发生争议。

（2）负责保管劳动合同的人事行政人员离职时要做好离职交接，特别是劳动合同档案的交接，避免遗失。

【条文链接】

《中华人民共和国劳动合同法》第八十一条　用人单位提供的劳动合同文本未载明本法规定的劳动合同必备条款或者用人单位未将劳动合同文本交付劳动者的，由劳动行政部门责令改正；给劳动者造成损害的，应当承担赔偿责任。

《中华人民共和国劳动合同法》第八十二条　用人单位自用工之日起超过一个月不满一年未与劳动者订立书面劳动合同的，应当向劳动者每月支付二倍的工资。

用人单位违反本法规定不与劳动者订立无固定期限劳动合同的，自应当订立无固定期限劳动合同之日起向劳动者每月支付二倍工资。

撰稿人：卢宏盛/广东优游涵泳律师事务所律师

11. 能否与员工先签订试用合同再签订劳动合同

【观点精要】

一部分用人单位在招聘员工的时候，先让员工试用两个月，待考核合格后，方与其签订劳动合同。用人单位这样做有道理吗？会违反《中华人民共和国劳动合同法》吗？

根据《中华人民共和国劳动合同法》相关规定，用人单位自用工之日起就应与劳动者签订书面劳动合同。然而，现实生活中有些用人单位为了避免试用期人员的流动性太大，就和劳动者协商先让其试用一段时间，用人单位认为合格之后再与其签订书面劳动合同，这种做法与法律的相关规定相抵触。

一般来说，用人单位应当从用工之日起就与劳动者建立劳动关系，也就是说，用人单位在实际用工那天起就应该和劳动者签订书面劳动合同，试用期包括在劳动期限之中，而不能采取先试用后签合同的做法。如果已经建立劳动关系而没有订立书面劳动合同的，法律规定应当自用工之日起一个月内订立书面劳动合同，这是强制性的规定。用人单位在用工之日就应当和劳动者签订劳动合同，签订书面劳动合同的时间最晚不能超过用工之日起一个月。先试用后签合同的行为不合法。

如果用人单位自用工之日起超过一个月不满一年未与劳动者订立书面劳动合同的，应向劳动者每月支付二倍工资。

【典型案例】

2008年5月4日，宋某进入上海某建筑装潢有限公司担任市场部经理。双方于同日签订试用期合同。在职期间，上海某建筑装潢有限公司拖欠宋某2008年5月工资，还迟迟不与之签订正式劳动合同。在宋某一再催促，以及劳动监察大队出面干预的情况下，上海某建筑装潢有限公司才支付宋某2008年5月工资，并于2008年7月20日签订正式劳动合同。2008年8月16日，宋某因上海某建筑装潢有限公司一再拖欠工资而提出辞职，并于2008年8月18日正式离职。但之后，上海某建筑装潢有限公司仍未能按照合同约定支付工资。宋某为此申请仲裁，后又提起诉讼，要求判令上海某建筑装潢有限公司支付工资、业务提成、未签订劳动合同的二倍工资差额及解除劳动合同的经济补偿金，并按5,000元工资基数为宋某补缴城镇社会保险。

法院经审理认为，试用期包含在劳动合同期限内，劳动合同仅约定试用期的，试用期不成立，该期限为劳动合同期限。双方于2008年5月4日签订的试用期合同仅约定试用期一个月，故该合同的实质为期限一个月的劳动合同。根据法律规定，用人单位自用工之日起超过一个月不满一年未与劳动者订立书面劳动合同的，应当向劳动者每月支付二倍工资。上海某建筑装潢有限公司在双方试用期合同2008年6月3日届满后，至2008年7月3日仍不与宋某签订劳动合同，应当向宋某支付自2008年7月4日起至2008年7月19日止的二倍工资1,434.78元。根据法律规定，劳动者以用人单位未及时足额支付劳动报酬而解除劳动合同的，用人单位应当向劳动者支付经济补偿。现上海某建筑装潢有限公司未足额支付宋某劳动报酬属实，且所称的未足额支付劳动报酬的理由牵强，故应当按照宋某在其单位的工作年限支付宋某解除劳动合同的经济补偿金1,500元。

【律师提示】

（1）单独签订试用期合同的做法违反法律规定。用人单位与劳动者建立劳动关系之日起，应当在法定期限内签订劳动合同，仅签订或者先签订试用期合同都是违法的。

（2）试用期是劳动者和用人单位劳动关系的一种表现形式，应当签订劳动合同。只签试用期合同的，试用期不成立，该试用期即为劳动合同期限。因此，试用期内只签试用期合同的做法，会使得用人单位落入“被动”的局面，丧失原本可以享有的权利。

（3）试用期的长短法律上也有严格的规定，要依法把握好尺度。

【条文链接】

《中华人民共和国劳动合同法》第七条　用人单位自用工之日起即与劳动者建立劳动关系。

《中华人民共和国劳动合同法》第十条　建立劳动关系，应当订立书面劳动合同。已建立劳动关系，未同时订立书面劳动合同的，应当自用工之日起一个月内订立书面劳动合同。用人单位与劳动者在用工前订立劳动合同的，劳动关系自用工之日起建立。

《中华人民共和国劳动合同法》第十九条　劳动合同期限三个月以上不满一年的，试用期不得超过一个月；劳动合同期限一年以上不满三年的，试用期不得超过两个月；三年以上固定期限和无固定期限的劳动合同，试用期不得超过六个月。

同一用人单位与同一劳动者只能约定一次试用期。

以完成一定工作任务为期限的劳动合同或者劳动合同期限不满三个月的，不得约定试用期。

试用期包含在劳动合同期限内。劳动合同仅约定试用期的，试用期不成立，该期限为劳动合同期限。

《劳动部关于贯彻执行〈中华人民共和国劳动法〉若干问题的意见》劳动者被用人单位录用后，双方可以在劳动合同中约定试用期，试用期应包含在劳动合同期限内。

撰稿人：吴让炜、钱曾亿/广东中元（中山）律师事务所律师

12. 企业筹备期间是否需要与员工签订书面劳动合同

【观点精要】

企业筹备期间是否需要与员工签订书面劳动合同？

第一，根据《中华人民共和国劳动合同法》的相关规定，处于筹备期间的企业不具有用工主体资格，无须按照劳动合同法的规定订立书面劳动合同。

第二，发起人为筹备企业，招聘员工予以协助在所难免。为明确各方的权利和义务，发起人可以以筹备期间的企业的名义与所招聘的员工签订书面协议。

第三，一旦企业成立，上述书面协议约定的权利和义务由企业承继。

第四，如果企业未能成立，则发起人需按上述书面协议的约定对员工负责，承担相关的法律责任。

【典型案例】

李某某诉称其于2013年5月12日应聘到吉林某医院工作。2014年5月12日，吉林某医院与李某某签订了劳动合同续聘申请表，同意继续聘用李某某，但并没有与之签订任何书面劳动合同。李某某根据吉林某医院的要求在中国光大银行某支行办理了工资卡，由吉林某医院按月向李某某发放工

资。2015年8月18日，吉林某医院对李某某作出辞退决定。李某于向法院诉请：一、确认李某某与吉林某医院之间自2013年5月12日建立劳动关系；二、吉林某医院向李某某支付加班费13,344.7元。

法院经审理查明，2013年5月12日，李某某带车受聘于吉林某医院，并担任医院司机，月工资标准为3,000元。2013年10月21日至2015年8月18日期间，李某某进行打卡上下班，其间共延长工作时间90日零22小时。2015年8月18日，吉林某医院对李某某作出辞退决定，并以书面形式通知了李某某。吉林某医院于2014年9月4日取得医疗机构执业许可证，于2015年1月7日取得民办非企业单位登记证书。

法院认为，吉林某医院自2015年1月7日取得民办非企业法人登记证书，自该日起具备用工主体资格，故认定自2015年1月7日起，李某某与吉林某医院建立了劳动关系。关于李某某提出的请求确认其与吉林某医院之间自2013年5月12日起建立劳动关系的主张，因吉林某医院自2015年1月7日起方取得民办非企业法人资格，在此之前其一直处于筹备中，并不具备劳动合同法规定的用人单位的主体资格，在此期间应当认定为李某某与吉林某医院的发起人之间存在劳务关系。关于李某某提出的要求吉林某医院支付加班费13,344.7元的主张，根据《最高人民法院关于适用〈中华人民共和国公司法〉若干问题的规定（三）》第三条“发起人以设立中的公司名义对外签订合同，公司成立后合同相对人请求公司承担合同责任的，人民法院应予支持”的规定，吉林某医院成立前，发起人在设立医院过程中所必要的法律行为，应由成立后的医院承担。李某某与发起人之间的劳务关系存续过程中所延长的工作时间、所产生的加班费用，应由吉林某医院承担。

【律师提示】

（1）企业在筹备的过程中如果需要招聘员工的，发起人应当以筹备中的企业的名义与员工订立书面协议。

（2）上述书面协议并非劳动合同性质，但可以体现劳动合同的全部必要条款。

（3）发起人在以筹备中的企业的名义与员工签订书面协议时必须意识到，如果企业不能设立成功的，前述书面协议的义务将由发起人自行承担。因此，发起人在与员工签订书面协议时必须秉持审慎的态度。

【条文链接】

《中华人民共和国劳动合同法》第二条　中华人民共和国境内的企业、个体经济组织、民办非企业单位等组织（以下称用人单位）与劳动者建立劳动关系，订立、履行、变更、解除或者终止劳动合同，适用本法。国家机关、事业单位、社会团体和与其建立劳动关系的劳动者，订立、履行、变更、解除或者终止劳动合同，依照本法执行。

《最高人民法院关于适用〈中华人民共和国公司法〉若干问题的规定（三）》第三条　发起人以设立中的公司名义对外签订合同，公司成立后合同相对人请求公司承担合同责任的，人民法院应予支持。

《最高人民法院关于适用〈中华人民共和国公司法〉若干问题的规定（三）》第四条　公司因故未成立，债权人请求全体或者部分发起人对设立公司行为所产生的费用和债务承担连带清偿责任的，人民法院应予支持。

撰稿人：吴让炜、钱曾亿/广东中元（中山）律师事务所律师

13. 员工不肯与用人单位签订书面劳动合同怎么办

【观点精要】

在企业的经营管理过程中，经常会遇到招聘的员工以各种理由不肯与用人单位签订书面劳动合同的情况。用人单位面对这种情况时应当怎么办？

第一，用人单位应当于员工被招聘之后立即着手与其签订书面劳动合同。

第二，如果遇到有员工不肯签订书面劳动合同时，用人单位要提高警惕，应认识到员工的这种行为是不正常的，也是不合法的。现实中有社会人员故意利用不与用人单位签订劳动合同这种行为谋取不正当利益，给用人单位带来重大损失。

第三，如果有员工不肯签订书面劳动合同，用人单位应当立即向其发出限期签订书面劳动合同的通知书。

第四，用人单位向员工发出限期签订书面劳动合同的通知书之后，员工仍然不肯签订的，用人单位应当于自用工之日起一个月内与该员工解除劳动关系（但是应当依法向该员工支付其实际工作时间的劳动报酬）。

【典型案例】

刘某于2017年10月27入职深圳市某医疗健康管理公司。入职后公司虽已提供劳动合同文本给刘某，但刘某一直没有签订，公司亦未进一步催促。后该公司计划于2018年10月23日将刘某辞退。刘某在得知前述消息之后抢先

于2018年10月22日申请劳动仲裁，要求该公司支付其2017年11月27日至2018年10月23日因未签劳动合同的二倍工资差额68,833元。仲裁委经审理之后予以全额支持。该公司不服仲裁结果而向深圳市罗湖区人民法院起诉，要求该院判决其无需向刘某支付2017年11月27日至2018年10月23日期间未签订书面劳动合同的二倍工资差额，理由是未签订书面劳动合同的原因是刘某拒绝签订，并非公司责任。

深圳市罗湖区人民法院经审理，查明双方未签订书面劳动合同，认为该公司应承担未签订书面劳动合同的法律责任。刘某于2017年10月27日入职该公司。该公司应自2017年11月27日起每月向刘某支付二倍工资。深圳市罗湖区人民法院据此驳回该公司的诉讼请求。

【律师提示】

（1）用人单位应当自用工之日起一个月内与劳动者订立书面劳动合同。

（2）如果劳动者不愿意订立书面劳动合同的，用人单位应及时（自用工之日起一个月内）书面通知劳动者订立书面劳动合同。

（3）自用工之日起一个月内，经用人单位书面通知后，劳动者仍不与用人单位订立书面劳动合同的，用人单位应当书面通知劳动者终止劳动关系。

（4）如果用人单位未能自用工之日起一个月内终止与不愿意订立劳动合同的劳动者之间的劳动关系，用人单位自用工之日起满一个月的次日至满一年的前一日应当依照《中华人民共和国劳动合同法》第八十二条的规定向劳动者每月支付二倍工资，并视为自用工之日起满一年的当日已经与劳动者订立无固定期限劳动合同，应当立即与劳动者补订书面劳动合同。

【条文链接】

《中华人民共和国劳动合同法》第十条　建立劳动关系，应当订立书面劳动合同。已建立劳动关系，未同时订立书面劳动合同的，应当自用工之日起一个月内订立书面劳动合同。

《中华人民共和国劳动合同法》第十四条　用人单位自用工之日起满一年不与劳动者订立书面劳动合同的，视为用人单位与劳动者已订立无固定期限劳动合同。

《中华人民共和国劳动合同法》第八十二条　用人单位自用工之日起超过一个月不满一年未与劳动者订立书面劳动合同的，应当向劳动者每月支付二倍工资。

《中华人民共和国劳动法实施条例》第五条　自用工之日起一个月内，经用人单位书面通知后，劳动者不与用人单位订立书面劳动合同的，用人单位应当书面通知劳动者终止劳动关系，无需向劳动者支付经济补偿，但是应当依法向劳动者支付其实际工作时间的劳动报酬。

《中华人民共和国劳动合同法》第七条　用人单位自用工之日起满一年未与劳动者订立书面劳动合同的，自用工之日起满一个月的次日至满一年的前一日应当依照《中华人民共和国劳动合同法》第八十二条的规定向劳动者每月支付二倍工资，并视为自用工之日起满一年的当日已经与劳动者订立无固定期限劳动合同，应当立即与劳动者补订书面劳动合同。

《广东省高级人民法院广东省劳动人事争议仲裁委员会关于审理劳动人事争议案件若干问题的座谈会纪要》第十四条　用人单位自用工之日起超过一个月不满一年未与劳动者签订书面劳动合同，或者虽通知劳动者签订书面劳动合同但劳动者无正当理由拒不签订，用人单位未书面通知劳动者终止劳动关系的，应当按照《中华人民共和国劳动合同法》第八十二条的规定向劳动者每月支付二倍工资。

撰稿人：卢宏盛/广东优游涵泳律师事务所律师

14. 你们的劳动合同真的是由劳动者亲笔签订的吗

【观点精要】

签订劳动合同时，一定要注意确认签名是否员工本人所签。当用人单位无法确认，员工也提出劳动合同上的签名并非其真实签名，属于伪造时，可以申请司法鉴定，对合同上的签字进行笔迹鉴定。

如果鉴定的结果证实确实不是本人签订的，根据《中华人民共和国劳动合同法》第八十二条规定，用人单位自用工之日起超过一个月不满一年未与劳动者订立书面劳动合同的，应当向劳动者每月支付二倍工资。用人单位可能会存在员工可以要求公司支付因未签订书面劳动合同的二倍工资差额及承担相应损失的风险。

另一方面，如果用人单位可以举证证明尽到了签订劳动合同的诚信义务，是由劳动者个人原因导致没有亲手签劳动合同的，用人单位则无需承担责任。

【典型案例】

郑某于2014年3月14日进入某公司，岗位为操作工。2014年4月，某公司开始为郑某缴纳社会保险。2015年1月，郑某口头向其所在的班组长提出辞职，在某公司最后工作至2015年2月10日。郑某于2015年3月12日向仲裁委申请仲裁，请求某公司支付2014年3月1日至2015年2月20日期间未签订劳动合同的二倍工资差额。某公司在仲裁时提交的劳动合同文本经司法鉴定所鉴定，落款处“郑某”并非郑某本人所签。仲裁委作出仲裁裁决书，裁决某公司支付郑某未签订劳动合同二倍工资差额。某公司不服，诉至法院。

一审法院认为，订立书面劳动合同系用人单位的法定义务，用人单位自用工之日起超过一个月不满一年未与劳动者订立书面劳动合同的，应当向劳动者每月支付二倍工资。本案中，某公司提供的书面劳动合同，落款处“郑某”的签名经司法鉴定确认非郑某本人所签。某公司虽提供了证人证言以证明其将劳动合同交给郑某签订，但双方均在劳动合同上签字或盖章应为完成签订书面劳动合同的应有之义，故双方的书面劳动合同并未完成签订。其次，某公司提供了三位证人证言拟证明双方已经签订劳动合同，但三位证人仅能证明曾将劳动合同发放给郑某，并不能证明郑某已经签字并将劳动合同文本交回公司，且三位证人均系公司员工，与某公司存在重大利害关系，其证明效力低于司法鉴定意见书。再次，本案中某公司并未提供充分有效的证据证明双方未签订劳动合同的过错在于郑某。故某公司应当支付郑某自2014年4月14日至2015年2月10日未签订劳动合同的二倍工资差额。宣判后，某公司不服，提起上诉。

二审法院认为，首先，从一审、二审查明的事实可知，某公司在郑某入职之后的第二个月即为郑某缴纳了相关社会保险，就该行为而言，某公司并无逃避确认双方之间已建立劳动关系的意图。其次，某公司在一审中申请了证人出庭作证，虽然几位证人系其公司员工，具有一定的利害关系，但签订劳动合同的双方当事人仅限于用人单位和劳动者。故其他员工作出的关于签订劳动合同过程的证人证言具有一定的客观性。按照几位证人的描述，某公司已经提供劳动合同文本给郑某等其他员工签字，但郑某并未当场签字。就常理而言，公司收回合同文本时对签名的真实性只能依靠肉眼作出大概判断，若要完全准确地认定该签名是否系郑某本人所签就必须通过笔迹鉴定程序。本案中，从某公司在与郑某发生纠纷后即拿出劳动合同文本配合鉴定的行为表现来看，某公司在收回合同文本时应该是确信签名由郑某自己所为。故就整个签订过程来看，某公司已经履行签订书面劳动合同的义务。再次，《中华人民共和国劳动合同法》第八十二条规定的用人单位“应当向劳动者每月支付二倍的工资”，是指用人单位违反该法规定，在法定期限内不与劳动者签订书面劳动合同所承担的惩罚性赔偿责任。因签订书面劳动合同是为保护劳动者的合法权益，防止用人单位肆意侵害劳动者的权益而无所约束，但本案的某公司在郑某入职后已为其缴纳社会保险，双方之间的权利义务已自然纳入法律约束之中，故某公司并无理由冒着承担二倍工资赔偿责任的风险而拒绝与郑某签订书面劳动合同。最后，郑某身为劳动者，其已多次与其他用人单位发生纠纷，而纠纷事由均包括主张二倍工资差额，其中涉及的未签订书面劳动合同的案情与本案情形非常相似。由此可知，郑某对未签订书面劳动合同可以向用人单位主张二倍工资差额这一法律规定熟悉知晓，故郑某应当具备知识要求公司在其入职之后签订书面的劳动合同，以确定双方之间的劳动关系。这是法律赋予郑某的权利。在本案中，某公司已经提供一份签有郑某名字的劳动合同，虽经司法鉴定，该签名并非郑某所为，但某公司诉称其已将劳动合同交与郑某，并由郑某拿回家签好之后交回的理由并不违背社会常识及公序良俗，且该陈述与之前的证人证言亦基本相符，故某公司已经完成关于证明其曾主动要求与郑某签订书面劳动合同的举证义务。而郑某除了反驳意见之外，并未提供相应的反驳证据。因此，郑某再向公司要求支付二倍工资差额，于法无据。法院判决撤销一审民事判决，改判某公司不予支付郑某二倍工资差额。

【律师提示】

（1）用人单位在与劳动者初次签订劳动合同时，应尽量选择劳动者当场签署的方式，并做好劳动合同签收登记。

（2）在劳动合同中详细约定签、收的具体要求和成就条件，避免因非本人签收而导致的风险。

【条文链接】

《中华人民共和国劳动合同法》第十条　建立劳动关系，应当订立书面劳动合同。

已建立劳动关系，未同时订立书面劳动合同的，应当自用工之日起一个月内订立书面劳动合同。

用人单位与劳动者在用工前订立劳动合同的，劳动关系自用工之日起建立。

《关于确立劳动关系有关事项的通知》第二条　用人单位未与劳动者签订劳动合同的，认定双方存在劳动关系时可参照下列凭证：（一）工资支付凭证或记录（职工工资发放花名册）、缴纳各项社会保险费的记录；（二）用人单位向劳动者发放的“工作证”“服务证”等能够证明身份的证件；（三）劳动者填写的用人单位招工招聘“登记表”“报名表”等招用记录；（四）考勤记录；（五）其他劳动者的证言等。

撰稿人：黄保玲/广东优游涵泳律师事务所律师

15. 补签劳动合同的法律风险

【观点精要】

法律规定用人单位应当在用工之日起一个月内与劳动者签订劳动合同，但是在企业日常管理中，不少用人单位因各种原因未能按照法律规定的时间与劳动者签订劳动合同，就会出现补签劳动合同的情况。补签劳动合同，即劳动者与用人单位事后签订劳动合同，把合同期限前移，签订日期为补签合同当时的时间。那么，补签了劳动合同，是否就没有支付劳动者二倍工资的风险了？

用人单位与劳动者补签劳动合同的行为，多数地区法院判决的意见认为，除非劳动者可以证明事后签订劳动合的同时遭受了欺诈或胁迫等不法行为，否则用人单位可以豁免支付二倍工资的法律责任。少数地区的意见认为，补签劳动合同违反《中华人民共和国劳动合同法》的规定，应当依法支付二倍工资。

另外，补签劳动合同与倒签劳动合同在法律后果方面是否存在区别呢？倒签劳动合同，也就是劳动者与用人单位事后补签劳动合同，将合同期限前移，同时将签订日期写成劳动关系建立之初的时间，即签订日期造假，签订日期并非签合同当天的日期，而是劳动合同中约定的合同开始的日期。倒签与补签之间最大的区别，就在于签订合同的时间是写在真正签订合同之时，还是写在劳动关系建立之初。倒签劳动合同，劳动者往往拿不到用人单位未按期签订劳动合同期间的二倍工资，因为在司法实践中存在举证难的问题。如果倒签劳动合同是在平等自愿、协商一致的基础上达成的共识，只要不违反法律法规的规定，就符合民法关于当事人意思自治的原则，就是有效的。

【典型案例】

胡某于2010年11月30日进入某公司从事冲床工作。入职时双方没有签订劳动合同，后于2011年3月4日补签了一份劳动合同。劳动合同第一条“劳动合同期限”约定合同期限为两年，有效期自2011年3月4日至2013年3月4日。试用期为一个月，从2010年11月30日起至2010年12月30日止。

2013年9月23日，胡某因工伤待遇纠纷向杭州拱墅区劳动人事争议仲裁委员会提出仲裁申请，要求公司支付有关工伤待遇以及2010年12月30日至2011年3月3日期间未签订劳动合同的二倍工资差额。仲裁委于2013年11月4日作出拱劳人仲案字［2013］第485号仲裁裁决。胡某不服该仲裁裁决，遂向法院提起诉讼。

案经一审判决后胡某继续上诉。二审法院经审理后认为，关于2010年12月30日至2011年3月3日未签订劳动合同而要求二倍工资差额的问题。《中华人民共和国劳动合同法》第八十二条所称的“二倍工资”中加付的一倍工资并不属于劳动报酬，劳动者申请仲裁的时效为一年。用人单位自用工之日起超过一个月未与劳动者订立书面劳动合同，劳动者要求用人单位支付二倍工资的，仲裁时效应从用人单位与其补订劳动合同之日起计算。本案中，胡某与某公司的劳动合同于2011年3月4日补订，一审法院以胡某的主张超过一年仲裁时效为由不予支持，并无不当。法院判决驳回其上诉请求。

【律师提示】

在补签劳动合同的时候用人单位应注意以下事项。

（1）用人单位与员工补签劳动合同风险很大，如果用人单位劳动者人数较多，很容易引发群体劳资纠纷，建议慎重对待。补签劳动合同之前最好咨询律师或资深HR人员，提前预测风险，做好应急预案。

（2）补签劳动合同，建议由人力资源部会同其他部门及高层管理人员一起出面处理，明确各级主管在补签劳动合同中的责任，一层一层补签，从上到下。

（3）倒签时要特别注意劳动合同中的条款与内容是否与事实劳动关系期间已经履行的情况一致。如果补签劳动合同约定的工资标准高于事实劳动关系期间实际的工资标准，可能遭遇员工主张未足额支付劳动报酬的问题。

【条文链接】

《中华人民共和国劳动合同法实施条例》第六条　用人单位自用工之日起超过一个月不满一年未与劳动者订立书面劳动合同的，应当依照《中华人民共和国劳动合同法》第八十二条的规定向劳动者每月支付二倍工资，并与劳动者补订书面劳动合同；劳动者不与用人单位订立书面劳动合同的，用人单位应当书面通知劳动者终止劳动关系，并依照《中华人民共和国劳动合同法》第四十七条的规定支付经济补偿。

前款规定的用人单位向劳动者每月支付二倍工资的起算时间为用工之日起满一个月的次日，截止时间为补订书面劳动合同的前一日。

《中华人民共和国劳动合同法实施条例》第七条　用人单位自用工之日起满一年未与劳动者订立书面劳动合同的，自用工之日起满一个月的次日至满一年的前一日应当依照《中华人民共和国劳动合同法》第八十二条的规定向劳动者每月支付二倍工资，并视为自用工之日起满一年的当日已经与劳动者订立无固定期限劳动合同，应当立即与劳动者补订书面劳动合同。

撰稿人：蓝国/广东邦杰律师事务所律师

16．试用期约定不当的法律风险

【观点精要】

在日常人力资源管理实践中，尤其是在小微型企业老板的管理意识中，对于试用期的理解比较模糊，或者存有一个认识误区。他们可能认为试用期可以随便约定，可能认为即使随意约定试用期，也不会有什么法律后果。果真如此吗？其实不然。

事实上，法律对于试用期是有明确规定的。根据《中华人民共和国劳动合同法》规定，试用期的长短取决于劳动合同约定的合同期限，若劳动合同约定的合同期限在三个月以上不满一年的，则约定的试用期不能超过一个月；若约定的合同期限在一年以上不满三年的，则约定的试用期不能超过两个月；而若约定的合同期限在三年或以上的，则约定的试用期不能超过六个月。因此，由于法律对于试用期的约定有明确的规定要求，故在实践中不可随意约定。此外，在实践中还需要注意以下几种特殊情形，避免试用期约定不当的情形。

（1）以完成一定工作任务为期限的劳动合同，或者约定的合同期限不满三个月的劳动合同，不得约定试用期。

（2）试用期包含在劳动合同期限内，如果劳动合同仅约定试用期，则试用期不成立，该约定的试用期期限实际演变为劳动合同期限。

（3）同一用人单位与同一劳动者只能约定一次试用期。

另外，法律不仅对试用期的约定有限定，而且对于试用期约定不当还针对性地设置了责任处罚条款，因此，试用期约定不当，存在如下确定性的法律风险。根据《中华人民共和国劳动合同法》，如果试用期约定违法，尚未履行的，由劳动行政部门给予责令改正；如违法约定的试用期已经履行，则由用人单位以劳动者试用期满月工资为标准，按已经履行的超过法定试用期的期间向劳动者支付赔偿金。

简而言之，试用期约定违法、不当，可能引发支付赔偿金的法律风险。

【典型案例】

李某于2013年3月24日入职深圳市某传媒公司担任全媒体中心编导。双方有签订书面劳动合同。双方在劳动合同中约定的劳动合同期限为期一年，自2013年3月24日至2014年3月24日，试用期为三个月，试用期工资为4,000元／月，转正后为5,000元／月。2013年10月28日，深圳市某传媒公司以李某不胜任工作为由，依据《中华人民共和国劳动合同法》第四十条第二款，决定于2013年10月31日起解除与李某的劳动合同。

李某不服深圳市某传媒公司解除劳动合同的决定，遂向深圳市劳动人事争议仲裁委员会申请仲裁，其中一项仲裁请求：要求深圳市某传媒公司支付李某约定超长试用期工资差额2,000元及25%的经济补偿金500元。2014年2月14日，深圳市劳动人事争议仲裁委员会经审理后认为，深圳市某传媒公司约定试用期超出法定期限，应向李某支付两个月转正工资差额作为赔偿金，共2,000元。该案后经一审、二审，均裁判深圳市某传媒公司应支付李某违法约定试用期赔偿金2,000元。

【律师提示】

（1）在日常管理实践中应重视试用期管理并建议在企业规章制度中明确制订有关试用期管理规范，避免试用期约定不当、违法的情形。

（2）在公司内部调岗后，注意不可针对新岗位再设试用期，避免试用期约定不当、违法的情形。

（3）强化劳动合同管理，减少或降低试用期管理风险。

【条文链接】

《中华人民共和国劳动合同法》第十九条　劳动合同期限三个月以上不满一年的，试用期不得超过一个月；劳动合同期限一年以上不满三年的，试用期不得超过二个月；三年以上固定期限和无固定期限的劳动合同，试用期不得超过六个月。

同一用人单位与同一劳动者只能约定一次试用期。

以完成一定工作任务为期限的劳动合同或者劳动合同期限不满三个月的，不得约定试用期。

试用期包含在劳动合同期限内。劳动合同仅约定试用期的，试用期不成立，该期限为劳动合同期限。

《中华人民共和国劳动合同法》第八十三条　用人单位违反本法规定与劳动者约定试用期的，由劳动行政部门责令改正；违法约定的试用期已经履行的，由用人单位以劳动者试用期满月工资为标准，按已经履行的超过法定试用期的期间向劳动者支付赔偿金。

撰稿人：肖金/广东优游涵泳律师事务所律师

17．非全日制用工需要签订书面劳动合同吗

【观点精要】

非全日制用工需要签订书面劳动合同吗？有人认为，非全日制用工虽是一种特殊的用工形式，也要遵守劳动合同法规定。《中华人民共和国劳动合同法》规定，建立劳动关系，应当订立书面劳动合同，否则需要承担法律责任。也有人认为非全日制用工是一种特殊的用工形式，与全日制用工有很大区别，不需要签订书面劳动合同。

其实，依据《中华人民共和国劳动合同法》规定，非全日制用工双方当事人可以订立口头协议。换言之，法律未规定必须订立书面劳动合同，不强制要求订立书面劳动合同。但从防范用工风险的角度考虑，建议企业与非全日制劳动者也要订立书面劳动合同，对双方的权利、义务约定清楚比较好。

【典型案例】

1998年5月，原告何某英进入被告某社区居委会从事食堂工作。双方未签订书面劳动合同。某社区居委会没有为何某英购买社会保险。2015年3月6日，某社区居委会口头通知何某英离开单位。何某英遂于2015年8月向申请仲裁，要求：一、裁决确认何某英与某社区居委会之间存在事实劳动关

系；二、裁决某社区居委会向何某英支付未签订劳动合同的二倍工资差额285,750元等。仲裁委作出不予受理案件通知书，何某英不服而诉至法院主张其权利。

一审法院审理后判决，确认何某英与某社区居民委员会自1998年5月至2015年3月6日期间存在非全日制用工劳动关系，驳回何某英的其他诉讼请求。

二审期间，双方对于何某英的工作时间和工作内容存在争议。何某英主张在某社区居民委员会的工作是进行卫生清洁和日常备餐工作，通常只需要准备午饭，但有时需要准备晚饭或周末也需要准备餐饭，故其工作时间不止是周一至周五的上午，而是根据某社区居民委员会的要求确定的。同时，何某英每天早上七点左右到某社区居民委员会，先清洁打扫，再去买菜做饭，此后还要在饭后完成碗具清洁及厨房卫生的打扫工作，基本上离开的时间大约为下午一点半，故何某英每天的工作时间通常为6.5小时。另其劳动报酬并不是按小时计发，而是按月计发，每周工作时间累积超出了24小时，已不符合非全日制用工的工作时限要求，不应属于非全日制用工的形式，而是存在事实劳动关系。某社区居民委员会则认为，何某英在某社区居民委员会食堂提供午餐烹饪服务期间，并不存在所谓每天固定6.5小时工作时间。何某英在保障中餐正常供应的基础上，其余时间都是由其自行支配、掌控的，某社区居民委员会不作任何考勤。双方既不存在一审法院认定的非全日制劳动关系，也不存在何某英主张的其他任何形式的事实劳动关系。双方之间关系松散、地位平等，并未形成任何隶属关系和人身方面的权利、义务关系，双方之间仅形成单纯的劳务或承揽关系。

二审法院认为，本案中某社区居民委员会未能提交充分证据证实何某英每天的工作时间。从现有证据显示的何某英的工资结算方式及工资支付周期均不符合非全日制用工的法定特征，双方存在事实劳动关系，某社区居民委员会需支付何某英2008年2—12月期间的二倍工资的差额×元。

【律师提示】

（1）虽然非全日制用工双方当事人可以订立口头协议，但是建议用人单位应与从事非全日制用工的劳动者订立书面协议，把双方协商好的权利、义务书面化，比如工作时间、工作地点、工作内容、工作报酬等。签署书面协议，有利于保护双方的合法权益，避免产生不必要的纷争，避免出现本文案例中的争议。

（2）按照原劳动和社会保障部《关于非全日制用工若干问题的意见》的规定，用人单位不需要为非全日制用工的劳动者参加基本养老保险、基本医疗保险、生育保险和失业保险，但必须为劳动者参加工伤保险。

（3）非全日制用工对于工作时间和劳动报酬计算支付周期有明确的标准（一般平均每日工作时间不超过四小时，每周工作时间累计不超过二十四小时；支付周期最长不得超过十五日），各用人单位在非全日制用工时应注意把握。

【条文链接】

《中华人民共和国劳动合同法》第六十八条　非全日制用工，是指以小时计酬为主，劳动者在同一用人单位一般平均每日工作时间不超过四小时，每周工作时间累计不超过二十四小时的用工形式。

《中华人民共和国劳动合同法》第六十九条　非全日制用工双方当事人可以订立口头协议。

从事非全日制用工的劳动者可以与一个或者一个以上用人单位订立劳动合同；但是，后订立的劳动合同不得影响先订立的劳动合同的履行。

《中华人民共和国劳动合同法》第七十二条　非全日制用工小时计酬标准不得低于用人单位所在地人民政府规定的最低小时工资标准。

非全日制用工劳动报酬结算支付周期最长不得超过十五日。

撰稿人：罗金良/广东品政律师事务所律师

18．员工订立劳动合同后又被安排到关联企业工作，关联企业需要与员工重新签订劳动合同吗

【观点精要】

关联企业是指在资金、经营、购销等方面，存在直接或者间接拥有或者控制关系、直接或者间接地同为第三者所拥有或者控制、其他在利益上具有相关联关系的公司、其他经济组织 。

用人单位符合下列情形之一的，应当认定属于“劳动者非因本人原因从原用人单位被安排到新用人单位工作”：（一）劳动者仍在原工作场所、工作岗位工作，劳动合同主体由原用人单位变更为新用人单位；（二）用人单位以组织委派或任命形式对劳动者进行工作调动；（三）因用人单位合并、分立等原因导致劳动者工作调动；（四）用人单位及其关联企业与劳动者轮流订立劳动合同；（五）其他合理情形。

员工订立劳动合同后又被安排到关联企业工作，关联企业需要与员工重新签订劳动合同吗?

第一种观点是关联企业可以无需重新签订劳动合同。依照关联公司的安排，虽然导致员工的劳动关系所在单位发生变化了，但实际上原用人单位并没有真正结束双方权利、义务关系，而是将原来劳动合同中的权利义务通过调动的形式转让给新的用人单位，员工完全可以与原单位继续维持

劳动关系，甚至劳动合同的内容和劳动条件不发生任何变化，原来的劳动合同继续有效，无需另行签订新的劳动合同。

第二种观点是应该签订劳动合同。两个不同的主体，基于非劳动者个人原因，即便是公司委派和关联公司进行工作安排，也应该重新签订劳动合同。

第三种观点是视不同情形不同处理。原劳动合同期限没有结束，也没有确定解除劳动的经济补偿，无论是主体变更、合并、分立还是基于委派和任命，不宜与新单位签订新的劳动合同。如果确实需要与新的单位签订新的劳动合同，应当在解除协议或新的劳动合同中明确劳动者在原公司的工作年限是否进行经济补偿，工作年限是否由新公司承继。如果采用变更劳动合同的方式，则至少应当约定清楚劳动者在新的用工单位工作的期限（可以理解为借调的期限）、工作岗位、工作内容、是否接受新单位规章制度的管理、新单位的规章制度是否已经向其公示、借调期间工资由谁支付、社保和公积金由谁缴纳。

笔者同意第三种观点。

【典型案例】

2012年2月，刘某入职A公司从事技术员工作。双方签订了两年固定期限劳动合同。2014年3月，A公司安排刘某与其子公司B公司签订两年固定期限劳动合同，约定刘某在B公司从事技术员工作。A公司未支付刘某经济补偿金，B公司也未与刘某另行签订劳动合同。2016年2月，B公司终止了双方的劳动合同。刘某在与B公司协商支付经济补偿金时发生分歧，B公司只愿意支付2014年3月至2016年2月期间的经济补偿金。2016年7月，刘某至仲裁委申请劳动仲裁，请求依法裁决：一、B公司支付2012年2月至2016年2月期间的经济补偿金24,000元；二、B公司支付2014年3月至2016年2月期间未签订书面劳动合同的二倍工资差额140,000余元。

案经仲裁后又诉至法院。法院认为，B公司系A公司的子公司，属于关联公司，刘某经A公司安排至B公司工作，符合“劳动者非因本人原因从原用人单位被安排到新用人单位工作”的法定情形。A公司与刘某终止劳动合同时没有支付刘某经济补偿金，故B公司与刘某终止劳动合同时，刘某在两个公司的工龄应该合并计算。B公司应当支付刘某的经济补偿金的计算期间为2012年2月至2016年2月。刘某主张2014年3月至2016年2月期间B公司未与其订立书面劳动合同的二倍工资差额，因已超过仲裁时效，法院不予支持。

【律师提示】

实践中存在各式各样的关联企业间员工工作的安排与调整，无论何种情形，如企业能够灵活安排员工在关联企业之间工作，有利于企业集团对于人力资源的合理分配和调节，进而提高公司的整体效率，但应当注意以下劳动合同签订问题。

（1）除非劳动合同关系保留在原用人单位的，新的用人单位应当与员工签订劳动合同或三方协议等，明确劳动关系的归属，避免出现被认定为与新旧企业存在双重劳动关系的不利情形。

（2）如原用人单位已经支付经济补偿或该调动为员工方提出的，应当通过劳动合同等书面形式明确原工龄不再合并计算，避免今后发生劳动争议时承担不必要的责任。

（3）被安排至关联公司后，如果没有明确劳动关系仍属于原公司，则最好由关联公司与员工另行订立新的劳动合同，以避免承担未订立书面劳动合同的法律责任。

【条文链接】

《中华人民共和国劳动合同法实施条例》第十条　劳动者非因本人原因从原用人单位被安排到新用人单位工作的，劳动者在原用人单位的工作年限合并计算为新用人单位的工作年限。原用人单位已经向劳动者支付经济补偿的，新用人单位在依法解除、终止劳动合同计算支付经济补偿的工作年限时，不再计算劳动者在原用人单位的工作年限。

《最高人民法院关于审理劳动争议案件适用法律若干问题的解释（四）》第五条　劳动者非因本人原因从原用人单位被安排到新用人单位工作，原用人单位未支付经济补偿，劳动者依照《中华人民共和国劳动合同法》第三十八条规定与新用人单位解除劳动合同，或者新用人单位向劳动者提出解除、终止劳动合同，在计算支付经济补偿或赔偿金的工作年限时，劳动者请求把在原用人单位的工作年限合并计算为新用人单位工作年限的，人民法院应予支持。

第三章

劳动合同的履行与变更

撰稿人：郭敏珊/广东品信律师事务所律师

19. 用人单位随意调岗有什么风险

【观点精要】

用人单位经营过程中经常会遇到员工工作岗位调动，常见的工作调动形式有以下几种。

（1）协商一致调岗，尊重双方意思自治，平等自愿、协商一致地变更劳动合同条款。

（2）法定情形调岗，指用人单位根据法定情形、不征得劳动者同意调整其工作岗位。包括劳动者患病或者非因工负伤，在规定的医疗期满后不能从事原工作，安排调岗；劳动者不能胜任工作，安排调岗；劳动者有职业禁忌，安排调岗等。

（3）自主用工调岗，指用人单位根据自己生产经营需要，单方直接调整劳动者的工作岗位。

以上三种调岗，第一种调岗，用人单位不会有什么风险；第二种调岗，用人单位需严格把握法定情形调岗的标准；第三种调岗的自治空间较大，但用人单位需提前做好规章制度，根据规章制度合法合理地进行调岗。另外，调岗不得随意降低员工的薪资标准。如用人单位未合法调岗，将面临支付经济补偿或赔偿金的风险。

【典型案例】

2009年10月，某饭店与阿峰签订劳动合同，约定阿峰担任大堂副经理，合同期为两年。2010年6月10日，某饭店以综合考核的方式，在保持阿峰原待遇不变的情况下将其调到总台领班。2010年6月19日起，由于不同意岗位调整，阿峰未再去某饭店上班并申请仲裁，请求解除与某饭店的劳动关系，并由某饭店支付经济补偿10,800元。仲裁委作出裁决，驳回阿峰关于支付经济补偿的仲裁请求。

阿峰诉至一审法院。一审法院审理认为，用人单位有用工自主权，可以根据员工的工作能力、表现调整员工岗位。某饭店根据上述指标，将阿峰的岗位作适当调整，维持其工资待遇，并不违法。阿峰拒绝某饭店工作安排而提出解除劳动合同的事实并非劳动合同相关法律规定中要求用人单位支付劳动者经济补偿金的情形，故对阿峰的诉求不予支持。

阿峰不服而提起上诉，请求撤销原判，改判某饭店支付经济补偿金10,800元。二审法院经审理认为，某饭店与阿峰签订的劳动合同中约定，在合同期间，某饭店因工作需要调整阿峰工种须经双方协商。而某饭店以本单位自己进行的综合考核为依据，单方面对阿峰工作岗位进行调整，违反了双方合同约定。根据《中华人民共和国劳动合同法》的有关规定，用人单位未按照劳动合同约定提供劳动条件的，劳动者可以解除劳动合同。由于大堂副经理和总台领班在劳动条件上存在需要上夜班的差异，阿峰对此不能接受，可以提出解除合同。根据法律规定，由于用人单位的原因，劳动者提出解除劳动合同的，用人单位应当根据劳动者的工作年限，按每满一年支付一个月工资的标准支付劳动者经济补偿金。因此，某饭店应向阿峰支付经济补偿金合计10,800元。

【律师提示】

（1）认定用人单位的调岗行为是否构成违法，须结合《中华人民共和国劳动合同法》第三十八条的规定，审查用人单位调岗后是否还按劳动合同约定提供相应的劳动保护或者劳动条件。一般情况下，调岗不降低员工的薪酬待遇。

（2）用人单位可在劳动合同或规章制度中规定用人单位单方调岗的权利，并且对员工的岗位职责标准作出详细、客观的说明，以认定员工是否能胜任工作。

（3）在作出调岗决定前要有用人单位经营管理层或公司有关部门的会议论证，做好书面会议记录，程序合法公正。

（4）与员工协商调岗，或将调岗决定及调岗原因告知员工，及时与员工签订书面变更劳动合同的补充协议。

【条文链接】

《中华人民共和国劳动合同法》第三十五条　用人单位与劳动者协商一致，可以变更劳动合同约定的内容。变更劳动合同，应当采用书面形式。变更后的劳动合同文本由用人单位和劳动者各执一份。

《中华人民共和国劳动合同法》第三十八条　用人单位有下列情形之一的，劳动者可以解除劳动合同：（一）未按照劳动合同约定提供劳动保护或者劳动条件的；（二）未及时足额支付劳动报酬的；（三）未依法为劳动者缴纳社会保险费的；（四）用人单位的规章制度违反法律、法规的规定，损害劳动者权益的；（五）因本法第二十六条第一款规定的情形致使劳动合同无效的；（六）法律、行政法规规定劳动者可以解除劳动合同的其他情形。

用人单位以暴力、威胁或者非法限制人身自由的手段强迫劳动者劳动的，或者用人单位违章指挥、强令冒险作业危及劳动者人身安全的，劳动者可以立即解除劳动合同，不需要事先告知用人单位。

《中华人民共和国劳动合同法》第四十条　有下列情形之一的，用人单位提前三十日以书面形式通知劳动者本人或者额外支付劳动者一个月工资后，可以解除劳动合同：（一）劳动者患病或者非因工负伤，在规定的医疗期满后不能从事原工作，也不能从事由用人单位另行安排的工作的；（二）劳动者不能胜任工作，经过培训或者调整工作岗位，仍不能胜任工作的；（三）劳动合同订立时所依据的客观情况发生重大变化，致使劳动合同无法履行，经用人单位与劳动者协商，未能就变更劳动合同内容达成协议的。

撰稿人：黄彦斌/广东万里海天律师事务所律师

20．员工不同意调岗，能否解雇

【观点精要】

在经营过程中，用人单位常常因为经营状况发生变化等原因，希望对个别劳动者的工作岗位进行调整。然而，一般情况下，劳动者并不愿意。此时，用人单位能否以劳动者不同意调岗为由，与之解除劳动合同？对于这个问题，我们不能一概而论：一方面，法律规定用人单位不得随意调整劳动者的工作岗位；另一方面，法律亦赋予用人单位自主经营权，规定用人单位符合一定条件时可以进行调岗，主要是以下情况。

（1）用人单位与劳动者协商一致，可以变更劳动合同约定的内容。

（2）劳动者医疗期满后不能从事原工作，用人单位可另行安排工作。

（3）劳动合同订立时所依据的客观情况发生重大变化，致使劳动合同无法履行，经用人单位与劳动者协商，调整劳动者的工作岗位。

（4）企业转产、重大技术革新或者经营方式调整，可调整劳动者的工作岗位。

（5）劳动者不能胜任工作而产生的调岗。

（6）劳动者与用人单位签订了脱密期保密协议的，在劳动者提出辞职后，可调整劳动者的工作岗位。

（7）因女职工“孕期、产期、哺乳期”而产生调岗。

（8）用人单位的生产经营发生严重困难而产生调岗。

（9）依照企业破产法的规定进行重整而产生的调岗。

（10）基于劳动合同约定而产生的调岗。

（11）基于生产经营需要调岗。

如果符合上述情形，用人单位有权调整劳动者岗位。劳动者拒绝调岗，用人单位据此解除劳动合同，属于合法解除。但是，如果用人单位没有合法依据，而是基于迫使劳动者离职的目的而调整岗位，劳动者有权拒绝调岗。此时，若用人单位以劳动者不服从安排为由解除劳动合同，就属于违法解除。

【典型案例】

2006年7月1日，李某与某商业公司签订劳动合同。后双方分别于2008年7月1日、2012年7月1日签订两份固定期限劳动合同，合同期限最终截止日期为2016年6月30日。2013年6月7日，双方劳动关系解除。

2013年5月7日，某商业公司向李某发出调岗通知书，内容为该公司根据经营情况进行业务调整，依据劳动合同及就业规则的规定，将李某的工作所属部门由技术部调整为销售本部二北京分公司，岗位由认证调整为销售，职位由经理（等级4c）调整为主管（等级2a），月基本工资由10,500元调整为6,800元；另付3,700元/月作为工作地点变化的生活补贴，此补贴支付期限为一年，工作地点自2013年7月1日起由北京调整至新疆乌鲁木齐；并要求李某即日起至2013年6月30日止接受销售本部二北京分公司进行的新工作岗位的岗前培训；若李某因个人原因无法于2013年7月1日赴新工作地点工作，需向公司书面申请并说明原因，公司会对具体赴任时间予以适当考虑。

2013年5月10日至2013年6月4日期间，某商业公司继续向李某发出调岗通知书共计5次，内容均为要求李某依据2013年5月7日发出的调岗通知书的安排，前往销售本部报到并接受相关岗位培训等。由于李某不同意某商业公司的调整安排，未按调岗通知书执行，因此某商业公司分别于2013年5月17日发出书面警告、2013年5月24日发出停职处分，并于2013年6月6日发出惩戒解雇通知书，给予李某惩戒解雇处罚并要求其在接到该通知的一个小时内归还公司所有物品、资料，收拾带走个人物品离开公司，并告知李某于2013年6月7日起解除劳动关系。

双方就劳动关系解除合法与否发生争议成讼。法院经审理认为，用人单位与劳动者协商一致，可以变更劳动合同约定的内容；用人单位与劳动者解除劳动合同应当有合法依据。某商业公司如在客观上确需变更与李某劳动合同中约定的工作部门、工作岗位、工作地点、工资标准、职位等级等涉及李某切身利益的重大事项，应与李某平等协商。达成一致意见后方可变更原劳动合同约定的相关内容。但从某商业公司向李某发送的数次调岗通知书的内容看，此次调整系某商业公司的单方安排，未体现与李某协商的意图，且某商业公司未举证证明双方就变更劳动合同内容进行过诚信、充分而有效的协商。在双方未经平等协商，未就变更劳动合同内容达成一致意见的情况下，某商业公司直接作出书面警告、停职处分等处罚，并以李某拒绝调岗，严重违反公司规章制度为由作出惩戒解雇通知书，不符合法律规定，应属违法。以上处分应予撤销，某商业公司应支付李某违法解除劳动关系的赔偿金。

【律师提示】

（1）劳动者的工作岗位属于劳动合同的重要内容之一。对用人单位而言，调岗属于变更劳动合同的主要内容，必须有合法的依据。

（2）与劳动者协商一致后进行调岗为上策。调岗时应及时与劳动者签订劳动合同变更协议，或者安排劳动者签署岗位调动申请书等书面文件，避免口说无凭，调岗后劳动者事后反悔，主张违法调岗。

（3）如因其他法定事由对劳动者进行被动调岗的，应充分论证调岗的合法性并保留好可以证明调岗合法的各项证据。

（4）对于不同意调岗的员工，慎用解雇手段，以避免构成违法解除劳动合同。

【条文链接】

《中华人民共和国劳动合同法》第三十五条　用人单位与劳动者协商一致，可以变更劳动合同约定的内容。变更劳动合同，应当采用书面形式。变更后的劳动合同文本由用人单位和劳动者各执一份。

《广东省高级人民法院广东省劳动人事争议仲裁委员会关于审理劳动人事争议案件若干问题的座谈会纪要》第二十二条　用人单位调整劳动者工作岗位，同时符合以下情形的，视为用人单位合法行使用工自主权，劳动者以用人单位擅自调整其工作岗位为由要求解除劳动合同并请求用人单位支付经济补偿的，不予支持：（一）调整劳动者工作岗位是用人单位生产经营的需要；（二）调整工作岗位后劳动者的工资水平与原岗位基本相当；（三）不具有侮辱性和惩罚性；（四）无其他违反法律法规的情形。

用人单位调整劳动者的工作岗位且不具有上款规定的情形，劳动者超过一年未明确提出异议，后又以《中华人民共和国劳动合同法》第三十八条第一款第（一）项规定要求解除劳动合同并请求用人单位支付经济补偿的，不予支持。

撰稿人：陈秋霞/广东洋三律师事务所律师

21. 企业变相调岗降薪逼迫员工辞职，会导致经济补偿吗

【观点精要】

降薪调岗，一直是用人单位和员工双方博弈的焦点。用人单位往往不管员工愿意与否，一纸通知，员工必须服从，否则就解除劳动合同，而不甘示弱的员工则手拿《中华人民共和国劳动合同法》规定的"合同变更必须双方协商一致"这一"尚方宝剑"，绝不妥协。其实，用人单位因生产经营需要，依法可合法合理地对员工的岗位进行适当调整，此属于用人单位的用工自主权。但如果企业变相调岗并且降低劳动者的薪酬待遇以此逼迫员工辞职，或未履行合法的程序，调岗又不具有合理性的，则这种调岗有可能会被认定为违法，企业需向员工支付经济补偿金或赔偿金。

【典型案例】

蒋某欢在某市商场公司担任经理。劳动合同约定蒋某欢的工作地址为公司总部及属下连锁商场。在合同期内因生产经营需要或其他原因调整工作岗位，或派到合同约定以外的地点、单位工作的，应协商一致。蒋某欢应服从公司正常工作调动，且按变更本合同办理。蒋某欢每月正常工资不低于2,200元，绩效薪酬或奖金的计发办法按照绩效考核制度执行。蒋某欢应遵守公司依法制定的各项管理制度。公司有权对蒋某欢履行制度的情况

进行检查、考核和奖惩。双方约定员工手册、岗位工作手册、绩效考核制度作为合同附件。

2017年5月，某市商场公司以蒋某欢连续6个月考核不达标为由，发布关于晋升调动通知，将蒋某欢由某镇区综合超市专柜部门经理调整为某市另一镇区购物广场任售货主管。同年8月，蒋某欢以公司不按劳动合同支付其工资待遇，提出辞职申请。双方于2017年8月31日解除劳动合同关系。蒋某欢申请仲裁，要求某市商场公司支付2017年6—8月工资差额、被迫解除劳动合同的经济补偿金等获得仲裁支持。

某市商场公司不服而诉至法院。法院经审理后认为，工作岗位和工资数额为劳动合同的主要内容，如需变更，双方应协商一致。现某市商场公司未就蒋某欢同意降低其工资提供证据予以证明，应认定某市商场公司在未与蒋某欢就其工资待遇协商一致的情况下而单方决定降低其工资。此外，某市商场公司的绩效考核制度未经过职工代表大会或全体职工讨论，对蒋某欢不具有约束力。某市商场公司以蒋某欢连续6个月未达到绩效考核要求而单方降低其工资待遇，导致蒋某欢提出解除劳动关系，符合《中华人民共和国劳动合同法》第三十八条的规定。因此，某市商场公司依法应向蒋某欢支付经济补偿金。

【律师提示】

（1）用人单位因自身生产经营的需要，拟对员工调岗的，调整要有合理性，不具有侮辱性和惩罚性，并且调整前后的工资待遇不得有明显差别。

（2）为掌握用工主动权，建议用人单位在劳动合同中约定。用人单位可根据生产经营的需要，对劳动合同的工作内容、工作岗位作适当调整，并且约定薪酬随岗位相应调整。同时，为避免该约定因为指向不明确而被认定为无效，切忌泛泛约定，建议可与员工约定拟调整的工作岗位、工作地点等内容，指向明确。

（3）用人单位合法行使用工自主权，对劳动者合理调岗时，应保证程序合法，与劳动者协商一致后变更劳动合同并签订书面协议，否则有可能面临违法调岗调薪，进而被认定为迫使员工提出解除劳动关系，面临经济补偿索赔的风险。

【条文链接】

《中华人民共和国劳动合同法》第三十条　用人单位应当按照劳动合同约定和国家规定，向劳动者及时足额支付劳动报酬。

《中华人民共和国劳动合同法》第三十五条　用人单位与劳动者协商一致，可以变更劳动合同约定的内容。变更劳动合同，应当采用书面形式。变更后的劳动合同文本由用人单位和劳动者各执一份。

《中华人民共和国劳动合同法》第三十八条　用人单位有下列情形之一的，劳动者可以解除劳动合同：（一）未按照劳动合同约定提供劳动保护或者劳动条件的；（二）未及时足额支付劳动报酬的……

《广东省高级人民法院广东省劳动人事争议仲裁委员会关于审理劳动人事争议案件若干问题的座谈会纪要》第二十二条　用人单位调整劳动者工作岗位，同时符合以下情形的，视为用人单位合法行使用工自主权，劳动者以用人单位擅自调整其工作岗位为由要求解除劳动合同并请求用人单位支付经济补偿的，不予支持：（一）调整劳动者工作岗位是用人单位生产经营的需要；（二）调整工作岗位后劳动者的工资水平与原岗位基本相当；（三）不具有侮辱性和惩罚性；（四）无其他违反法律法规的情形。

用人单位调整劳动者的工作岗位且不具有上款规定的情形，劳动者超过一年未明确提出异议，后又以《中华人民共和国劳动合同法》第三十八条第一款第（一）项规定要求解除劳动合同并请求用人单位支付经济补偿的，不予支持。

撰稿人：姚苏明/广东励而德律师事务所律师

22. 变更员工工作地点是否属于用人单位的自主权

【观点精要】

用人单位自主调整工作地点须遵从合理性原则。劳动者选择用人单位现有工作地点，即是考虑到了工作对生活的影响。如若新的工作地点变更对原劳动合同的履行产生实质性影响，如使劳动者的生活受到严重影响，则属于违反合理性原则。若用人单位对劳动者工作地点的调整不会对劳动者造成劳动合同履行困难的情况下，或已经采取适当措施消除影响的，则工作地点调整属于合理。

即便劳动合同有约定用人单位有权根据经营需要调整劳动者的工作地点或将工作地点宽泛的约定为“全国”“某省”，用人单位变更工作地点仍应在合理区域内，否则即便劳动合同有宽泛约定前述工作地点，仍不能作为工作地点变更的合法依据。一般跨市调动工作地点属于劳动合同的重大变更，需与劳动者协商一致。

【典型案例】

刘某义于2007年4月进入某国际贸易公司工作，岗位为服务部部长，工作地点为大连。双方签订了劳动合同。2016年4月13日，某国际贸易公司发出人事变动安排通知，将刘某义工作地点由大连变更为上海并要求其签订劳动合同变更（续订）书，主要变更事项为自2016年4月21日起工作地点变更为上海。刘某义未签订该劳动合同变更书且未前往上海工作。某国际贸易公司在大连的工作地点于2016年5月21日左右关闭，公司遂以刘某义2016年5月23日至6月16日期间连续旷工为由与之解除劳动关系。

刘某义于2016年8月11日申请仲裁，要求某国际贸易公司支付解除劳动合同经济补偿123,337.36元。仲裁委经审理，裁决某国际贸易公司应支付刘某义解除劳动合同经济补偿123,337.36元。某国际贸易公司不服该裁决，遂诉诸一审法院。

一审法院认为，根据法律规定，用人单位与劳动者协商一致，可以变更劳动合同约定的内容。变更劳动合同，应当采用书面形式。用人单位在变更员工工作地点时，应与员工进行充分协商。现某国际贸易公司未能提供证据证明其与刘某义协商一致变更劳动合同，将刘某义工作地点从大连调至上海。本案中，刘某义在大连的工作地点已于2016年5月21日左右关闭，而某国际贸易公司、刘某义关于刘某义工作地点的变更上仍未协商一致。在此情况下，某国际贸易公司以刘某义2016年5月23日至6月16日期间连续旷工为由解除与刘某义的劳动关系，显然不当。现刘某义向某国际贸易公司主张经济补偿符合规定，故某国际贸易公司应以刘某义离职前12个月的平均工资及在本单位连续工作年限支付刘某义解除劳动合同经济补偿123,337.36元。

【律师提示】

（1）工作地点作为劳动合同必备条款和重要内容，需要用人单位和劳动者从自身情况出发，作出符合各自需求和目的的约定，工作地点约定范围不宜过分宽泛，也不宜过分具体，否则对双方都会造成劳动合同履行的障碍，既不利于用人单位用工自主权的行使，也不利于保护劳动者的合法权益。

（2）用人单位需调整工作地点时，与劳动者协商变更为最优方式。

（3）企业因自身发展规划进行的搬迁，一般属于劳动合同订立时所依据的客观情况发生重大变化，用人单位应与劳动者协商变更劳动合同内容。

（4）如搬迁未对劳动者造成明显的影响，用人单位亦可通过采取合理的弥补措施（如提供班车、交通补贴等）减少工作地点变更对劳动者造成的影响。此时，如劳动者要求解除劳动合同并支付解除劳动合同的经济补偿的，则不一定获得支持。

【条文链接】

《中华人民共和国劳动合同法》第十七条　劳动合同应当具备以下条款：……（四）工作内容和工作地点……

《中华人民共和国劳动合同法》第三十五条　用人单位与劳动者协商一致，可以变更劳动合同约定的内容。变更劳动合同，应当采用书面形式。

变更后的劳动合同文本由用人单位和劳动者各执一份。

撰稿人：姚苏明/广东励而德律师事务所律师

23．员工被查出有职业禁忌证，公司能否同时对其调岗降薪

【观点精要】

对于有职业禁忌证的员工，调离岗位妥善安置是必经程序，用人单位应当严格按照法律程序对员工进行调岗。但如果员工不同意调岗，职业防治法上没有规定后续的处理办法。一般有以下两种处理意见。

（1）如果员工不同意，公司可以《中华人民共和国劳动合同法》第四十条第（三）项“客观情况发生重大变化，致使劳动合同无法履行”为由，与之解除劳动合同，但必须证明调岗合理性以及协商不成的证据，且需要支付经济补偿。

（2）员工有职业禁忌证，企业进行调岗既有合法性，又有正当性。作为员工，不同意企业调岗的要求是错误的。只要企业能证明调岗的合理性，如员工拒绝调岗，可以依照企业规章制度处理，直至解除劳动合同。

对存在职业禁忌证的情况，用人单位调整劳动者的岗位后能否降薪，法律没有明确规定，也存在两种不同的认识。

（1）依照法律规定，对于不适宜从事原工作的劳动者，应当调离原岗位，并妥善安置。如果调离岗位便大幅降薪，有违“妥善安置”的规定，应该按照调岗前的工资发放。

（2）依据同工同酬的法律规定，企业不同部门、不同岗位之间存在工

资的差异，符合一般的市场经济规律和内部薪酬公平的原则。

调岗和降薪是问题的一体两面，如果是不降薪的调岗，通常员工比较容易接受；而伴随较大幅度的降薪调岗，员工会比较难以接受。

【典型案例】

山东某电工设备公司与付某强自2013年1月8日起存在劳动关系。2017年，付某强被诊断患有职业禁忌证。同年，某电工设备公司通知付某强从铆焊车间调岗至加工车间，但付某强以工资降低为由未去新岗位工作。某电工设备公司遂于同年以付某强违反劳动法相关规定为由解除了双方签订的劳动合同。付某强申请仲裁，要求某电工设备公司支付解除劳动关系的经济补偿。仲裁委裁决某电工设备公司应支付付某强经济补偿金。

该公司不服，诉至一审法院。一审法院认为，付某强的职业健康检查结果为限制性肺通气功能障碍，属职业禁忌证。劳动合同订立时所依据的客观情况发生重大变化，致使劳动合同无法履行，且双方未能就变更后的劳动合同内容达成协议，某电工设备公司解除与付某强的劳动合同理应向其支付经济补偿金。故法院对某电工设备公司不支付付某强解除劳动合同经济补偿的诉讼请求不予支持。

某电工设备公司不服而提起上诉。二审法院认为，因付某强查出患有职业禁忌证，某电工设备公司将付某强调岗，但因双方未就岗位调整事宜达成一致意见，付某强未到新岗位报到，某电工设备公司有权依照上述规定与付某强解除劳动合同，并向付某强支付经济补偿。现某电工设备公司认可调岗后，付某强一直在原来的铆焊岗位上班，却以付某强未到新岗位报到即视为旷工，违反单位规章制度为由，与付某强解除劳动合同，无事实和法律依据。故法院对某电工设备公司不支付经济补偿的主张不予支持。

【律师提示】

（1）对发现存在职业禁忌证的员工，对其调岗并妥善安置是企业的法定责任；否则一旦员工出现职业病，企业除了承担职业病风险外，还可能承担侵权责任及安全生产监督管理部门的行政处罚，严重的还将被责令停止产生职业危害的作业。

（2）在处理的过程中要妥善沟通，选择合适的岗位对员工进行安置。如果伴随降薪，应当向员工说明其合理性，说服员工接受。

（3）如员工仍不同意调岗降薪，可以考虑协商解除或依据客观情况予以解除，并支付经济补偿。

（4）无论是协商解除还是公司单方解除，都需要对员工进行离岗前职业健康检查。该检查一方面是公司解除的法定必经程序，另一方面也是防止员工事后在其他工作地点发生职业病时反过来要求公司承担责任的免责凭证。

【条文链接】

《中华人民共和国劳动合同法》第四十条　有下列情形之一的，用人单位提前三十日以书面形式通知劳动者本人或者额外支付劳动者一个月工资后，可以解除劳动合同：……（三）劳动合同订立时所依据的客观情况发生重大变化，致使劳动合同无法履行，经用人单位与劳动者协商，未能就变更劳动合同内容达成协议的。

《中华人民共和国职业病防治法》第三十五条　用人单位不得安排未经上岗前职业健康检查的劳动者从事接触职业病危害的作业；不得安排有职业禁忌的劳动者从事其所禁忌的作业；对在职业健康检查中发现有与所从事的职业相关的健康损害的劳动者，应当调离原工作岗位，并妥善安置；对未进行离岗前职业健康检查的劳动者不得解除或者终止与其订立的劳动合同。

撰稿人：殷梅艳/广东宪鼎律师事务所律师

24. 非劳动者原因造成用人单位停工停产的实务操作要点

【观点精要】

企业在经营过程中，非劳动者原因导致企业出现停工停产现象的因素很多，可能是企业成本上涨造成经营困难而停工甚至停产，可能是企业根据自身经营发展需要选择阶段性停工停产，也可能是企业被有关管理部门责令停业整改而不得不停工停产等。

从企业的角度来看，企业具有自主经营权和劳动用工权，其有权自行决定停工停产，还有可能存在认识误区，认为劳动者没有为企业提供劳动，企业无需支付劳动报酬。从劳动者的角度分析，劳动者通过提供劳动获得劳动报酬，劳动者及其家人以劳动报酬为赖以生存的物质基础，若企业随意停工，会损害劳动者的劳动权及获得报酬权。因此，为了维护劳动者的权益，同时兼顾企业的利益，法律规定，非劳动者原因导致企业停工停产的，在停工停产期间，必须保障劳动者的工资及福利待遇，并根据不同情况，对劳动者的工资待遇及生活费的标准有明确规定。停工停产后双方解除劳动关系的，企业还应向劳动者支付经济补偿，由此更能体现合法合理和公平原则。

【典型案例】

原告陈某于2010年11月30日入职被告某市器材制造公司担任生产工。2012年12月底，被告以公司经营困难、严重亏损为由召开员工大会，宣布包括原告在内的部分员工停工待岗。2013年1月10日，原告向当地劳动仲裁委提交仲裁申请，要求解除劳动合同，并要求被告支付经济补偿及工资差额。后被告向原告支付停工待岗生活费至2013年2月止，并于2013年3月底通知原告于2013年4月1日复工。因仲裁委逾期未作出裁决，原告诉至法院，请求：一、解除原告与被告的劳动合同；二、被告支付经济补偿金；三、被告支付未足额支付的工资至劳动合同解除之日止。

法院审理后认为，原告在停工待岗期间申请劳动仲裁，明确提出解除劳动合同，而被告在收到原告的仲裁申请书及起诉状后，于2013年3月起停止向原告发放停工待岗生活费，且被告于2013年3月底通知原告于2013年4月1日复工，而原告没有复工，可见双方均无意维系劳动关系。法院认定视为由被告提出，双方协商一致解除劳动关系，并认定解除日期为2013年4月1日。故法院最终判决被告按《中华人民共和国劳动合同法》第四十七条的规定，依法向原告支付经济补偿金；按《广东省工资支付条例》第三十九条的规定，依法向原告支付2013年1月至3月的停工待岗生活费。

【律师提示】

（1）非劳动者原因致用人单位生产经营陷入严重困境，有丧失清偿能力的可能并致用人单位停产、限产，用人单位可以“劳动合同订立时所依据的客观情况发生重大变化，致使劳动合同无法履行，经用人单位与劳动者协商，未能就变更劳动合同内容达成协议的”为由，提出解除劳动合同，并按法律规定支付劳动者经济补偿。

（2）非劳动者原因致用人单位停工停产，用人单位可以与劳动者协商约定停工停产期限。若停工停产未超过一个工资支付周期（最长三十日）的，用人单位应按照正常工作时间支付工资；超过一个工资支付周期，用人单位未安排劳动者工作的，用人单位应当按照不低于当地最低工资标准的百分之八十支付劳动者生活费，生活费发放至用人单位复工、复产或者解除劳动关系。

（3）若用人单位停工限产期限超过合理期限或约定期限，劳动者可以“未按照劳动合同约定提供劳动保护或者劳动条件”为由，提出解除劳动合同并主张经济补偿。

【条文链接】

《中华人民共和国劳动合同法》第三十八条　用人单位有下列情形之一的，劳动者可以解除劳动合同：（一）未按照劳动合同约定提供劳动保护或者劳动条件的……

《中华人民共和国劳动合同法》第四十条　有下列情形之一的，用人单位提前三十日以书面形式通知劳动者本人或者额外支付劳动者一个月工资后，可以解除劳动合同：……（三）劳动合同订立时所依据的客观情况发生重大变化，致使劳动合同无法履行，经用人单位与劳动者协商，未能就变更劳动合同内容达成协议的……

《广东省工资支付条例》第三十九条　非因劳动者原因造成用人单位停工、停产，未超过一个工资支付周期（最长三十日）的，用人单位应当按照正常工作时间支付工资。超过一个工资支付周期的，可以根据劳动者提供的劳动，按照双方新约定的标准支付工资；用人单位没有安排劳动者工作的，应当按照不低于当地最低工资标准的百分之八十支付劳动者生活费，生活费发放至企业复工、复产或者解除劳动关系。

《广东省高级人民法院广东省劳动人事争议仲裁委员会关于劳动人事争议仲裁与诉讼衔接若干意见》第五条　非因劳动者原因致用人单位生产经营陷入严重困境，有丧失清偿能力的可能并致用人单位停产、限产，用人单位可以根据《中华人民共和国劳动合同法》第四十条第三项的规定解除劳动合同并支付经济补偿，也可以与劳动者协商约定停工限产期限。停工限产未超过一个工资支付周期，用人单位按照正常工作时间支付工资，超过一个工资支付周期，用人单位根据《广东省工资支付条例》第三十九条的规定向劳动者支付工资或生活费。停工限产超过合理期限或约定期限，劳动者根据《中华人民共和国劳动合同法》第三十八条第一款第一项的规定提出解除劳动合同并主张经济补偿的，应予支持。

撰稿人：孙守昌/广东衡德律师事务所律师

25. 用人单位的工商登记信息发生变更后，原劳动合同还能继续履行吗

【观点精要】

实践中用人单位的工商登记基本信息变更的情形时有发生，常见的变更情形主要有以下五种。

第一种情形是用人单位名称发生变更，用人单位的投资人和法定代表人均未发生变更，在原劳动合同未到期的情况下，原劳动合同应当继续履行。

第二种情形是用人单位的法定代表人发生变更，用人单位的投资人和用人单位的名称均未发生变更，在原劳动合同未到期的情况下，原劳动合同应当继续履行。

第三种情形是用人单位的投资人发生变更，用人单位的法定代表人和用人单位的名称均未发生变更，在原劳动合同未到期的情况下，原劳动合同应当继续履行。

第四种情形是用人单位被合并和分立，导致用人单位的投资人、法定代表人或用人单位的名称发生变更，在原劳动合同未到期的情况下，原劳动合同应当继续履行。

第五种情形是用人单位由个体户等非法人企业升级为公司法人企业，企业字号和经营地址不变，在原劳动合同未到期的情况下，原劳动合同应当继续履行。

换言之，劳动合同签订后，用人单位的工商登记基本信息有可能发生变化，比如用人单位的名称、法定代表人、投资人发生变化或者单位发生合并、分立。这些变化都不影响劳动合同的履行。

【典型案例】

1996年4月4日，永德公司注册成立。赵某于2000年12月21日入职永德公司某办事处，并与某办事处签订未约定固定期限的劳动合同。2002年7月22日至2015年11月5日期间，永德公司先撤销某办事处，成立永德公司某分公司，后永德公司依法变更为马丁公司，某分公司相应变更为马丁公司某分公司，并任命赵某为该某分公司负责人。马丁公司及马丁公司某分公司均未与赵某签订书面劳动合同。2015年12月至2016年1月期间，因马丁公司注销某分公司并解除与赵某的劳动关系，双方产生争议。

赵某申请仲裁，要求马丁公司支付违法解除劳动关系的赔偿金和未签订劳动合同的二倍工资差额。后经一审、二审，二审法院判决，马丁公司向赵某支付违法解除劳动合同的赔偿金×元，驳回赵某关于未签订劳动合同的二倍工资差额的请求。

【律师提示】

（1）关于劳动关系存续期间即工龄连续继计算的认定，赵某于2000年12月21日入职永德公司某办事处，虽中间出现办事处撤销、公司名称变更等，但均不影响工龄的持续计算，故赵某在马丁公司的工龄应自入职永德公司某办事处之日起计算。

（2）关于原劳动合同继续履行的认定，赵某在上述工作过程中，其于2000年12月20日与永德公司某办事处签订未约定固定期限的劳动合同，根据《中华人民共和国劳动合同法》第三十三条规定，赵某与永德公司某办事处于2000年12月20日签订的劳动合同可继续履行。原劳动合同继续履行，因此不存在未签订劳动合同的二倍工资差额的说法。

从以上案例可知，用人单位的基本情况，包括名称、股东（投资人）、法定代表人、用人单位发生合并或分立等情况，均不影响原劳动合同的履行。用人单位应避免因为某些情况发生变更，误以为应当与劳动者重签或变更劳动合同，或者想当然地认为可以与劳动者解除劳动关系、切断工龄等。

【条文链接】

《中华人民共和国劳动合同法》第三十三条　用人单位变更名称、法定代表人、主要负责人或者投资人等事项，不影响劳动合同的履行。

《中华人民共和国劳动合同法》第三十四条　用人单位发生合并或者分立等情况，原劳动合同继续有效，劳动合同由承继其权利和义务的用人单位继续履行。

撰稿人：吴崇岳/广东南鹏展法律师事务所律师

26. 员工调岗调薪后是否需要重新签订劳动合同

【观点精要】

调岗属于变更工作内容或者变更工作地点，对于原本约定的劳动合同的内容只是部分修改，因此不用重新签订劳动合同，只需变更劳动合同即可。确实是因为用人单位应生产经营的需要而调整劳动者工作岗位的，一般应经双方协商达成一致并采取书面形式。即使没有采取书面形式变更，也不能视为未签订书面劳动合同。

【典型案例】

刘某于2013年9月14日入职某电器公司。双方于2014年9月15日签订书面的劳动合同书，约定合同期限为2014年9月15日至2016年9月14日；刘某的工作地点为某电器公司所在地，工作岗位为机修；公司可根据自身经营状况及刘某的能力及表现，对刘某的职务和工作岗位进行调整，工资待遇作相应调整，刘某应服从公司的安排；公司因调整生产、销售任务或管理部门的需要，经双方协商一致，可以变更或解除本合同。

2016年4月26日，某电器公司向刘某发出员工调岗通知书，决定将刘某从机修岗位调到中抛岗位工作。刘某收到该员工调岗通知书后，按公司要求到新岗位中抛岗位上班。2016年9月4日，刘某以调岗后公司未与其订立新的劳动合同为由，向劳动人事争议仲裁委员会申请劳动仲裁，请求裁决某电器公司向刘某支付五个月未签订书面劳动合同的二倍工资差额30,000余元。劳动人事争议仲裁委员会裁决驳回刘某仲裁请求。刘某对该裁决不服并提起诉讼。

法院认为，某电器公司、刘某签订的劳动合同约定，公司可根据自身经营状况及刘某的能力及表现，对刘某的职务和工作岗位进行调整，同时又约定因调整生产、销售任务或管理部门的需要，经双方协商一致，可以变更或解除本合同。某电器公司发出调岗通知后，刘某事实上已在调整后的新岗位上工作近五个月，视为双方已就调岗协商一致。双方只需变更劳动合同的部分条款，无需另行订立新的劳动合同。刘某以岗位变更后未订立新的劳动合同为由主张二倍工资差额，没有法律依据。法院判决驳回刘某的诉讼请求。

【律师提示】

（1）用人单位享有根据生产经营需要对员工进行调岗的用工自主权，调岗后最好能签订劳动合同变更协议。

（2）如果因故没有签订劳动合同变更协议，但劳动者事实上已接受调岗并未提出异议的，也可以不签订变更协议。

【条文链接】

《中华人民共和国劳动合同法》第三十五条　用人单位与劳动者协商一致，可以变更劳动合同约定的内容。变更劳动合同，应当采用书面形式。

变更后的劳动合同文本由用人单位和劳动者各执一份。

第四章

劳动合同的解除与终止

撰稿人：赵继明/广东保信律师事务所律师

27. 员工被治安拘留，用人单位是否可以据此解除劳动合同吗

【观点精要】

根据《中华人民共和国劳动合同法》第三十九条的规定，劳动者被依法追究刑事责任的，用人单位可以解除合同。但员工因违法违规被处以行政拘留处罚的，用人单位能否据此要求解除劳动合同，司法实践中存在不同判例。

第一种观点认为，受行政拘留处罚不属于《中华人民共和国劳动合同法》第三十九条规定的劳动者“被依法追究刑事责任”，用人单位可以单方解除劳动合同的法定情形。被依法追究刑事责任的具体情形有明确规定。并且，劳动者被行政拘留并非个人原因无故缺勤，未到岗不属于旷工情形，用人单位不能以此理由解除劳动劳动合同。

第二种观点认为，若用人单位事前已通过劳动合同或规章制度的形式明确规定为治安拘留可以解除劳动合同的情形，经公示且双方认可后，不违反相关法律法规的规定，基于最大诚信原则，双方应共同遵守约定。当劳动者出现约定情形的，用人单位有权以此为由解除劳动合同，此为合法行为。

【典型案例】

2013年3月8日，原告陈某亮业余时间在公司外进行娱乐性赌博而被公安

机关抓获，并被治安拘留五天。2013年3月18日，被告佛山某机械制造公司作出处罚通告，主要内容为：2013年3月8日，公司员工陈某亮、发某等参与非法聚赌被现场拘捕，参照员工手册第×条规定，治安拘留三天以上或者触犯国家法律、法规追究刑事责任者，予以开除处理；经报请公司领导核准，现对陈某亮、发某等予以开除处理，并通报全厂。

原告陈某亮不服公司决定，经仲裁后诉至法院，要求被告支付违法解除劳动合同的赔偿金。法院经审理查明，原告在签订的劳动合同时已经确认知悉明白员工手册以及被告制定的各项规章制度的内容，并且愿意遵照执行。法院认为，员工手册已向劳动者送达或者告知的，可以作为用人单位管理的依据，现被告依据员工手册对原告作出开除处理，并不属于违法解除劳动合同的行为，故驳回原告的诉讼请求。

【律师提示】

（1）司法实践中，若用人单位的规章制度已经明确规定“劳动者因违法行为被处以行政拘留的，用人单位有权解除劳动合同”，且规章制度依法制定已向劳动者公示或者告知的，法院一般认为其内容不违反法律法规的规定，用人单位有权按照规章制度的规定解除劳动合同。由此，建议用人单位为加强用工管理自主权，可以考虑在经民主程序制定的规章制度中明确“员工被治安拘留的，用人单位可以据此解除劳动合同”。

（2）司法实践中也有不同的判例，认为员工被治安拘留并不必然可以依据规章制度解雇，除非被拘留后确实对履行劳动合同造成了重大影响。

（3）需要提醒各用人单位，过错性解除合同应遵循法定的解除程序，尤其是有工会的企业，应经过工会程序，向劳动者说明理由并送达解除劳动合同的决定。

【条文链接】

《中华人民共和国劳动合同法》第四条第四款　用人单位应当将直接

涉及劳动者切身利益的规章制度和重大事项决定公示，或者告知劳动者。

《中华人民共和国劳动合同法》第三十九条　劳动者有下列情形之一的，用人单位可以解除劳动合同……（六）被依法追究刑事责任的。

《中华人民共和国劳动合同法》第四十三条　用人单位单方解除劳动合同，应当事先将理由通知工会。用人单位违反法律、行政法规规定或者劳动合同约定的，工会有权要求用人单位纠正。用人单位应当研究工会的意见，并将处理结果书面通知工会。

《最高人民法院关于审理劳动争议案件适用法律若干问题的解释（四）》第十二条　建立了工会组织的用人单位解除劳动合同符合《中华人民共和国劳动合同法》第三十九条、第四十条规定，但未按照《中华人民共和国劳动合同法》第四十三条规定事先通知工会，劳动者以用人单位违法解除劳动合同为由请求用人单位支付赔偿金的，人民法院应予支持，但起诉前用人单位已经补正有关程序的除外。

撰稿人：徐小安/广东中亿律师事务所律师

28. 员工违反计划生育政策，用人单位可以解除劳动合同吗

【观点精要】

员工违反计划生育政策，用人单位能否以此为由解除劳动合同？在司法实践中出现过以下三种不同的观点。

第一种观点是可以解除。主要理由是计划生育是一项基本国策，履行计划生育政策是公民的一项法定义务。员工违反计划生育的行为会给用人单位带来恶劣影响和重大损害，用人单位解除其劳动合同并无不妥。

第二种观点是有条件解除。能否解除不能一概而论，如果劳动合同中明确约定或规章制度中明确说明违反计划生育政策的可以解除劳动合同，或者用人单位因为劳动者违反计划生育而受到政府相关部门处罚的，可以解除劳动合同。

第三种观点是不能解除。主要理由是违反计划生育政策只是行政违法行为，可以接受行政处理，但不属于劳动法调整范围。劳动法和劳动合同法对用人单位解除孕期、产期、哺乳期女职工均有明确的限制性规定。用人单位即使通过劳动合同或规章制度的形式明确可以解除劳动合同，也是越权行为。

在国家人口政策逐步放宽的背景下，以过去的标准来评价违反计划生育行为的危害性已不合时宜。目前广东省内司法实践已经明确，用人单位

不得以员工违反计划生育政策为由解除劳动合同。

【典型案例】

2006年9月5日，原告刘某静入职某市化肥厂任锅炉车间安全员。2011年12月，被告化肥厂发现原告违反计划生育法律法规，属于计划外怀孕，便找原告谈话，做思想工作，要求原告办理计划生育审批手续，或终止妊娠。2012年1月9日，被告征求公司工会的意见后，作出了关于解除刘某静劳动合同的决定，该决定内容载明："根据公司调查和刘某静本人认可及刘某静提交的病历，证实其已无计划怀孕五个多月，违反了《计划生育法》《××省人口与计划生育条例》《××市人口与计划生育工作实施办法》，在公司造成了极坏的影响。实行计划生育是我国公民的法定义务，刘某静的行为已违反国家法律法规，违反了公司《员工奖惩实施办法》第二条的规定。经公司研究，并征求工会意见，决定解除刘某静劳动合同。"当日被告将该决定送达原告。原告不服该决定，向仲裁委申请仲裁，要求被告支付经济补偿金、加班工资、二倍工资等。2012年2月16日，仲裁委作出仲裁裁决书，对其仲裁请求不予支持。原告不服该裁决，向法院提起诉讼。

法院经审理后认为，孕期、产期、哺乳期内的女职工受到法律特殊保护。劳动者违反计划生育法规，即便需要承担相应的行政责任，用人单位亦不得以此为由擅自与劳动者解除劳动合同。被告单方解除与原告的劳动合同，违反了《中华人民共和国劳动合同法》第四十二条的规定，依法应向原告支付赔偿金。法院判决被告某市化肥厂支付原告刘某静违法解除劳动合同的赔偿金70,000余元。

【律师提示】

（1）用人单位不得以员工违反计划生育政策为由解除劳动合同，即使劳动合同有约定或规章制度有规定也不可以。

（2）不宜在规章制度中规定员工违反计划生育政策可以解除劳动合同，避免触犯《中华人民共和国劳动合同法》第三十八条中规定的“用人单位的规章制度损害劳动者权益”之情形。

（3）考虑到员工计划外生育对用人单位来说确实是缺乏预期的，事实上也会对用人单位造成一定的影响或损失，建议用人单位通过劳动合同或规章制度明确，如员工违反计划生育政策造成用人单位经济损失（例如被行政机关处罚、生产经营损失等）的，用人单位有权要求员工赔偿。

（4）如果用人单位出于其他原因与违反计划生育政策的劳动者解除劳动合同的，另当别论。

【条文链接】

《中华人民共和国妇女权益保护法》第二十七条　任何单位不得因结婚、怀孕、产假、哺乳等情形，降低女职工的工资，辞退女职工，单方解除劳动（聘用）合同或者服务协议。但是，女职工要求终止劳动（聘用）合同或者服务协议的除外。

《中华人民共和国劳动法》第二十九条　女职工在孕期、产期、哺乳期内，用人单位不得依据本法第二十六条、第二十七条的规定解除劳动合同。

《中华人民共和国劳动合同法》第四十二条　女职工在孕期、产期、哺乳期，用人单位不得依据本法第四十条、第四十一条的规定解除劳动合同。

《广东省高级人民法院广东省劳动人事争议仲裁委员会关于劳动人事争议仲裁与诉讼衔接若干意见》第十三条　用人单位以劳动者违反计划生育政策为由解除劳动合同的，应承担违法解除劳动合同的法律责任。

撰稿人：姚苏明/广东励而德律师事务所律师

29. 以末位淘汰制解雇员工合法吗

【观点精要】

在市场经济条件下，企业间的竞争非常残酷，优胜劣汰，适者生存。为增强企业的竞争力，末位淘汰制度应运而生，从国外传入之后再被中国企业广泛使用。“末位淘汰”，顾名思义，即将工作业绩排名靠后的员工淘汰掉（解除劳动合同）。

对于用人单位以末尾淘汰制解除劳动合同是否合法的问题，司法实践中有三种观点。

（1）末位淘汰是按照优胜劣汰的竞争机制运作，有利于用人单位加强管理、提高效率和市场竞争力，也有利于激发劳动者的工作热情，应属合法。

（2）以末位淘汰制解除劳动合同并不符合《中华人民共和国劳动合同法》第四十条的规定。劳动者在用人单位等级考核中居于末位等次，不等同于不能胜任工作，不符合单方解除劳动合同的法定条件，用人单位不能据此单方解除劳动合同。

（3）如果能够将末位淘汰制纳入到不符合录用条件、不胜任工作的法定条件下实施，可以解除劳动合同。

【典型案例】

2005年7月，被告王某进入原告某通讯公司工作。劳动合同中约定王某从事销售工作，基本工资每月3,840元。该公司的《员工绩效管理办法》规定：员工半年、年度绩效考核分别为S、A、C1、C2四个等级，分别代表优秀、良好、价值观不符、业绩待改进；S、A、C（C1、C2）等级的绩效比例分别为20%、70%、10%；不胜任工作的原则上考核为C2。2008年下半年、2009年上半年及2010年下半年，王某的考核结果均为C2。某通讯公司认为，王某不能胜任工作，经转岗后仍不能胜任工作，故在支付部分经济补偿金的情况下解除了劳动合同。2011年7月，王某提起劳动仲裁。仲裁委裁决某通讯公司应支付王某违法解除劳动合同的赔偿金36,596.28元。

某通讯公司认为其不存在违法解除劳动合同的行为，故诉至法院。法院经审理后认为，为了保护劳动者的合法权益，构建和发展和谐稳定的劳动关系，《中华人民共和国劳动法》《中华人民共和国劳动合同法》对用人单位单方解除劳动合同的条件进行了明确限定。原告某通讯公司以被告王某不胜任工作，经转岗后仍不胜任工作为由解除劳动合同，对此应负举证责任。根据《员工绩效管理办法》的规定，"C（C1、C2）考核等级的绩效比例为10%"，虽然王某曾经考核结果为C2等级，但是C2等级并不完全等同于不能胜任工作。某通讯公司仅凭该限定考核等级比例的考核结果，不能证明劳动者不能胜任工作，不符合据此单方解除劳动合同的法定条件。法院判决某通讯公司须一次性支付被告王某违法解除劳动合同的赔偿金36,596.28元。宣判后，双方均未上诉，判决已发生法律效力。

【律师提示】

鉴于末位淘汰制的特殊性和专业性，用人单位应当慎用其作为解除劳动合同的理由。如必须使用，应当符合以下标准。

（1）在招聘过程中，用人单位应明确告知劳动者，将实行末位淘汰考核机制，并作为是否符合录用条件及在职考核的判断标准。

（2）试用期满后，用人单位应充分举证，证明劳动者不胜任本职工作，并对其进行培训或调岗后仍不能胜任方可解除劳动关系。用人单位实施末位淘汰制，既没有与劳动者明确约定“末位”即属于“不胜任”，也没有在“淘汰”前对“不胜任”的劳动者先行培训或调岗，由此实施“末位淘汰”，属违法解除劳动合同。

【条文链接】

《中华人民共和国劳动合同法》第三十九条　劳动者有下列情形之一的，用人单位可以解除劳动合同：（一）在试用期间被证明不符合录用条件的……

《中华人民共和国劳动合同法》第四十条　有下列情形之一的，用人单位提前三十日以书面形式通知劳动者本人或者额外支付劳动者一个月工资后，可以解除劳动合同：……（二）劳动者不能胜任工作，经过培训或者调整工作岗位，仍不能胜任工作的……

《最高人民法院关于印发〈第八次全国法院民事商事审判工作会议（民事部分）纪要〉的通知》第二十九条　用人单位在劳动合同期限内通过“末位淘汰”或“竞争上岗”等形式单方解除劳动合同，劳动者可以用人单位违法解除劳动合同为由，请求用人单位继续履行劳动合同或者支付赔偿金。

撰稿人：黄保玲/广东优游涵泳律师事务所

30. 协商一致解除劳动合同的法律风险

【观点精要】

所谓协商一致解除劳动合同，是指劳动者与用人单位在劳动合同订立之后履行完毕之前，在不违反法律强制性规定的前提下，在双方平等自愿的基础上共同协商，达成一致，解除劳动合同的法律行为。

协商一致解除劳动合同，用人单位是否需要支付经济补偿？关键看是哪一方先提出解除劳动合同。《中华人民共和国劳动合同法》将劳动者提出解除劳动合同动议的情形排除在经济补偿的适用之外，这主要是考虑到司法实践中有的协商解除是劳动者出于跳槽等个人原因提出的。此时，如要求用人单位支付经济补偿，不太合理。因此，对于用人单位与劳动者协商一致解除劳动合同的：一、劳动者首先提出解除劳动合同的，用人单位无需支付经济补偿金；二、用人单位首先提出解除劳动合同的，应依法向劳动者支付经济补偿金。

【典型案例】

2015年9月4日，刘某与某网络科技有限公司签订了为期三年的劳动合同。2017年11月，因公司认为刘某工作态度消极，经常不能完成工作任务，遂有意解雇刘某。为了避免产生违法解除劳动合同的风险，公司便与刘某协商解除劳动合同。经协商后，刘某同意解除劳动合同。为此，双方签订了解除劳动合同协议书，协议约定“因乙方（刘某）工作态度消极，不能完成工作任务，甲方（公司）决定解除与乙方的劳动合同，乙方同意解除。现经双方协商一致，达成如下协议”。在协议内容中，公司同意于协议签订之后三日内与刘某结算全部工资，并额外支付一个月工资作为代通知金，等等。协议签订后，刘某收取了工资和代通知金并办理了离职交接手续。

2017年12月9日，刘某劳动人事争议仲裁委员会申请仲裁，要求某网络公司支付其解除劳动合同的经济补偿金17,500元。仲裁委经审理后认为，双方已就解除劳动合同事宜达成一致，并已签订书面协议且已实际履行完毕，刘某再次请求经济补偿金，没有依据。仲裁裁决驳回了刘某的仲裁请求。刘某不服，遂向法院提起诉讼。

法院经审理后认为，根据刘某与某网络公司签订的解除劳动合同协议书的表述，双方解除劳动合同的原因为“经协商一致，由用人单位提出解除”，根据《中华人民共和国劳动合同法》第三十六条、第四十六条之规定，这种情形下的解除劳动合同用人单位应当支付经济补偿。现没有证据证明某网络公司向刘某支付了经济补偿，刘某亦未表示除协议约定的款项外放弃其他权利，故某网络公司应按照法律规定向刘某支付解除劳动合同的经济补偿。据此，法院判决某网络公司支付刘某解除劳动合同的经济补偿16,800元。

【律师提示】

在与劳动者协商一致解除劳动合同的时候，用人单位应注意以下事项。

（1）尽量签订解除劳动合同的协议，并在协议中明确双方是属于协商解除劳动合同，且应明确由谁首先提出解除劳动合同。

（2）鉴于签订解除劳动合同的协议日期可能与实际离职日期不同，应在协议中明确劳动合同解除的具体日期，即双方劳动关系解除日。

（3）明确告知劳动者应完成的工作交接事项以及劳动者除交接工作之

外不得再以用人单位名义从事任何活动。

（4）对于涉及商业秘密、知识产权及竞业限制或禁止的劳动者，应在协商解除协议中明确规定其在劳动合同解除后劳动者应履行的相关义务。

（5）如果协议中已明确解除劳动合同的原因为“协商一致，由用人单位提出”，则务必注意有没有约定支付劳动者经济补偿或代通知金；如果没有，则应有专门条款明确劳动者放弃权利的意思表示。

【条文链接】

《中华人民共和国劳动合同法》第三十六条　用人单位与劳动者协商一致，可以解除劳动合同。

《中华人民共和国劳动合同法》第四十六条　有下列情形之一的，用人单位应当向劳动者支付经济补偿：……（二）用人单位依照本法第三十六条规定向劳动者提出解除劳动合同并与劳动者协商一致解除劳动合同的……

撰稿人：史宏斌/广东永隆律师事务所律师

31. 试用期内，用人单位可以随意解除劳动合同吗

【观点精要】

试用期的目的在于给劳动关系双方一个相互进一步考察的机会，帮助用人单位以最低的成本风险争取优秀劳动者的加入，增强劳动者的风险意识和竞争意识，最终提高劳动者的综合素质和企业的综合竞争能力，将劳动关系双方的风险降到最低限度。试用期是双方互相了解的考察期，既要保护劳动者的就业选择权，同时也要避免用人单位利用试用期随意解聘劳动者，逃避应尽的义务。依据《中华人民共和国劳动合同法》的规定，用人单位在试用期内与劳动者解除劳动关系必须证明该劳动者不符合录用条件。

【典型案例】

2008年4月1日，沈某嫵与上海某网络创意公司签订一份劳动合同，劳动合同约定沈某嫵在上海某网络创意公司担任人事行政主管，期限自2008年4月1日至2011年3月31日止，其中2008年4月1日至2008年9月30日为试用期；试用期内每月工资3,000元，另有费用补助1,800元，转正后每月工资3,000元，另有费用补助3,180元。劳动合同对双方的其他权利、义务作了相应的约定。合同签订后，沈某嫵即开始在上海某网络创意公司上班。2008年6月25日，上海某网络创意公司以试用期不符合条件为由告知沈某嫵于2008年6

月28日起解除双方的劳动合同。2008年7月14日，沈某嫦向劳动争议仲裁委员会申请仲裁，要求撤销被告的解除通知，恢复劳动关系及支付沈某嫦工资。2008年9月16日，仲裁委裁决对沈某嫦的请求不予支持。沈某嫦不服，遂向法院提起诉讼，要求撤销解除通知并恢复劳动关系，要求上海某网络创意公司支付从2008年6月28日至恢复劳动关系期间的工资。

上海某网络创意公司辩称：在试用期内解除与沈某嫦的劳动合同符合法律的规定，并提供会议备忘录、工作计划、同事证言、同事的聊天记录、沈某嫦发的通知、试用期评估表等证据证明沈某嫦不符合录用条件，且解除劳动合同已告知工会，故不同意沈某嫦的诉讼请求。

法院经审理后认为，由于试用期是双方互相了解的考察期，既保护劳动者的就业选择权，同时又避免用人单位利用试用期随意解聘劳动者，逃避应尽的义务。《中华人民共和国劳动合同法》规定，用人单位在试用期内与劳动者解除劳动关系必须证明该劳动者不符合录用条件。本案中，上海某网络创意公司聘请沈某嫦任人事行政主管，在双方签订的劳动合同中对沈某嫦职位和工作职责虽然未作细化约定，但人事行政主管作为用人单位人事行政事务的高级主管，按照同类公司中人事行政主管的工作性质和惯例，一般情况下，人事行政主管需全面负责用人单位的人事行政工作，应当具有相应的业务和沟通能力，满足用人单位人事行政管理和业务发展的需要。综合分析上海某网络创意公司提供的试用期评估表、日常工作以及解除通知所载内容等证据，已对沈某嫦不符合录用条件的事实形成完整的证据链予以证实。据此，上海某网络创意公司以试用期间被证明不符合录用条件解除与沈某嫦的劳动合同关系并无不妥。对沈某嫦要求撤销解除劳动合同通知书、恢复劳动关系及支付工资的诉讼请求，法院均不予支持。

【律师提示】

（1）用人单位与劳动者约定的试用期间应符合法律规定。

（2）用人单位在招聘员工时应有明确的岗位职务说明和考核标准，并向应聘者公示，要求被聘用劳动者签署。

（3）用人单位在试用期内与劳动者解除劳动关系必须证明该劳动者不符合录用条件。

【条文链接】

《中华人民共和国劳动法》第二十五条　劳动者有下列情形之一的，用人单位可以解除劳动合同：（一）在试用期间被证明不符合录用条件的……

《中华人民共和国劳动合同法》第十九条　劳动合同期限三个月以上不满一年的，试用期不得超过一个月；劳动合同期限一年以上不满三年的，试用期不得超过两个月；三年以上固定期限和无固定期限的劳动合同，试用期不得超过六个月。

《中华人民共和国劳动合同法》第二十一条　在试用期中，除劳动者有本法第三十九条和第四十条第一项、第二项规定的情形外，用人单位不得解除劳动合同。用人单位在试用期解除劳动合同的，应当向劳动者说明理由。

《中华人民共和国劳动合同法》第三十九条　劳动者有下列情形之一的，用人单位可以解除劳动合同：（一）在试用期间被证明不符合录用条件的……

撰稿人：陈秋霞/广东洋三律师事务所律师

32. 用人单位随意找理由强行解除劳动合同属违法解雇吗

【观点精要】

在企业用工管理中，劳动关系解除是最常见的问题。从解除原因来讲，违纪解除最易引发劳动纠纷。用人单位在实践中往往会出现随意找一个理由，或者找一个自己认为足以解除的理由，轻易就给拟解除劳动关系的员工套上“已严重违反公司规章制度”的帽子，然后解除劳动关系。但根据《中华人民共和国劳动合同法》的有关规定，用人单位行使合法的解除权时须具备相关的前提条件，否则极易造成违法解除并承担支付违法解除赔偿金的法律后果。

用人单位以严重违反规章制度为由解除劳动合同，必须具备以下前提条件。

（1）用人单位制订的规章制度内容要合法，规章制度应通过民主程序制定，已向劳动者公示或者告知劳动者，否则不能作为用人单位用工管理的依据。

（2）员工的行为必须要达到严重违反规章制度的程度。在员工出现严重违反规章制度的行为时，公司处理程序必须合法，同时将处罚决定依法向员工送达或进行公示。

（3）用人单位对员工行使经营管理权时，如果员工只是轻微的违纪行为，则用人单位不得随意以员工严重违反规章制度为由解雇员工。

因此，用人单位拥有用工管理权，但不得滥用违纪违章解除权：在没有企业规章制度，或规章制度违法，或规章制度没有公示，或违纪行为轻微的情况下，用人单位均不得以劳动者严重违反用人单位规章制度为由解除劳动合同。

【典型案例】

2014年3月，徐某萍入职某市科技公司加工科工作。双方签订劳动合同、劳动合同补充协议。该补充协议中记载了以下内容：本协议同劳动合同、人事管理制度同时使用，乙方确认在本协议签订前就已经阅读甲方人事管理制度，并确认收到此两份文件。2017年2月底至3月期间，某市科技公司将徐某萍等所在的车间外包，遂进行岗位调整或要求员工自选岗位。徐某萍等员工不接受安排，虽经公司多次通知，但仍然在原职位打卡，未到新岗位工作，亦未向公司提出自选岗位的申请。某市科技公司向徐某萍发出公告，作出开除处理，理由是公司连续三次通知该员工及时到岗或提出自选岗位申请，但该员工消极对待公司调岗（或员工自选岗位）提案，其间持续消极怠工及在公司非法集会，严重扰乱公司的正常经营秩序及严重损害公司形象，遂对相关员工予以开除处分。徐某萍不服并申请仲裁要求公司支付违法解除劳动合同的赔偿金获得支持。公司不服，诉至法院。

法院经审理后认为，公司以徐某萍存在“连续三次通知该员工及时到岗或提出自选岗位申请，但该员工消极对待公司调岗（或员工自选岗位）提案，更于其间持续消极怠工及在公司非法集会，严重扰乱公司的正常经营秩序及严重损害公司形象”为由解除劳动合同，但《员工奖惩作业办法》并无相应条款列举说明该项行为属于严重违反规章制度的行为。公司提供的劳动合同补充协议书没有附上其人事管理制度的具体内容。在员工否认知晓该内容的前提下，不能以人事管理制度作为处罚员工的依据。法院判决公司属于违法解除劳动合同，应向徐某萍支付违法解除劳动合同的赔偿金。

【律师提示】

（1）企业在制定规章制度时对于违纪的情形要有明确规定，对于可以给予解除合同处罚的情形，应当进行详尽的罗列和适时调整的托底条款，以便于适用。

（2）根据《中华人民共和国劳动合同法》第四条第二款的规定，单位的规章制度应通过民主程序制定并向员工公示。因此，用人单位应保留依照法定程序制定、通过规章制度并公示的证据，否则可能会被认定为违法解除劳动合同。

（3）根据《中华人民共和国劳动合同法》第四十三条的规定，用人单位应当将处理结果需通知工会。即使用人单位解除劳动关系的制度依据充分、事实证据确凿，只要其未依法履行告知工会的义务，也将会导致其解除行为违法。这一点往往被用人单位忽视。

【条文链接】

《中华人民共和国劳动合同法》第四条　用人单位应当依法建立和完善劳动规章制度，保障劳动者享有劳动权利、履行劳动义务。

用人单位在制定、修改或者决定有关劳动报酬、工作时间、休息休假、劳动安全卫生、保险福利、职工培训、劳动纪律以及劳动定额管理等直接涉及劳动者切身利益的规章制度或者重大事项时，应当经职工代表大会或者全体职工讨论，提出方案和意见，与工会或者职工代表平等协商确定。

在规章制度和重大事项决定实施过程中，工会或者职工认为不适当的，有权向用人单位提出，通过协商予以修改完善。

用人单位应当将直接涉及劳动者切身利益的规章制度和重大事项决定公示，或者告知劳动者。

撰稿人：徐小安/广东中亿律师事务所律师

33. 劳动者在履行职务过程中造成用人单位损失的，可以要求赔偿吗

【观点精要】

劳动者在履行职务过程中造成用人单位经济损失的，用人单位可以要求其赔偿，但并非任何情况下都有权要求劳动者赔偿。一般来说，只有劳动者因故意或重大过失造成用人单位经济损失时才需要承担赔偿责任。用人单位生产经营本身就存在一定的风险，不能将所有的风险都转移到劳动者身上。对于劳动者没有过失或一般过失造成用人单位损失的，不宜要求其赔偿。在认定具体损失金额时，应以劳动者的过错对生产经营和工作造成的直接经济损失为限，不能计算间接损失。在确定赔偿比例时，首先要看用人单位的规章制度对此有无相应约定。如无，则司法实践中通常会根据劳动者的过错程度酌情判定，如果劳动者是故意的，例如营私舞弊，则主观恶性较大，可判令全额赔偿；如果劳动者属于重大过失，则按一定的比例赔偿。

因劳动者严重失职、营私舞弊，给用人单位造成重大损害的，用人单位可以解除劳动合同。

【典型案例】

龚某系某物流公司送货员。2017年8月8日上午，龚某接受派件任务后

驾驶送货面包车出门送货。中午12时左右，龚某将车停放在路边后下车吃饭，并将腰包放置于副驾驶座位上。腰包里装有该日为客户代收的货款。龚某吃完饭发现腰包被盗，货款丢失，即向派出所报警。龚某向派出所述称腰包里有现金10,000元左右。公安机关就车内货款被盗一事予以立案，但一直未能侦破。2017年10月26日，物流公司申请仲裁，要求龚某赔偿货款损失10,102.54元。仲裁委通知不予受理。物流公司遂诉至法院。

另外，物流公司制定的《关于重申内部责任事故追究管理规定》中规定，员工因工作过错给公司造成经济损失的，应承担赔偿责任。

法院经审理后认为，龚某作为物流公司送货员，具体负责快递的收寄及货款的代收，对每日收取的货款应尽到充分的注意及保管义务。龚某将货款置于车内副驾驶位的腰包中，却离开车辆达20分钟之久，其对货款显然未能尽到合理保管的责任。因此，可以认定龚某对货款丢失存在重大过失，物流公司要求龚某赔偿，可予支持。

对于损失数额，因物流公司未能提供充分证据证明当日货款损失为10,102.54元，龚某也未能提供充分证据证明当日货款损失为7,000元，故以龚某在派出所自认的10,000元范围内确定其应当承担的赔偿数额。

由于龚某对货款的丢失具有较大过错，但考虑到物流公司作为经营者，亦应承担相应的经营风险。最后法院根据货款损失数额、员工的过错程度以及劳资双方法律地位的不同等因素，判决龚某赔偿物流公司货款损失4,500元。

【律师提示】

（1）用人单位应当通过劳动合同或规章制度明确劳动者在履行职务过程中造成单位经济损失的，应当承担赔偿责任。

（2）只有劳动者存在故意或重大过失时，才需要承担赔偿责任。

（3）用人单位可以通过劳动合同或规章制度明确劳动者承担赔偿责任的比例。若损失金额无法确定的，可设定合理的最低赔偿金额。

（4）发生经济损失事件时，应及时收集固定相关证据，包括损失发生的事实、损失金额、劳动者的具体过错等。

（5）劳动者因故意或重大过失造成单位重大经济损失，达到解雇条件的（具体标准可以通过规章制度界定），可以解雇；涉嫌构成犯罪的，可向公安机关报案。

【条文链接】

《中华人民共和国劳动合同法》第三十九条　劳动者有下列情形之一的，用人单位可以解除劳动合同：……（三）严重失职，营私舞弊，给用人单位造成重大损害的……

《广东省高级人民法院关于审理劳动争议案件疑难问题的解答》第五条　劳动者在劳动关系存续期间因故意或重大过失造成用人单位直接经济损失，用人单位在双方劳动合同解除后要求劳动者一次性赔偿的，予以支持。劳动者应承担赔偿数额根据劳动者的过错程度等具体情况酌情确定，且不得把属于用人单位应承担的经营风险扩大由劳动者承担。

《工资支付暂行规定》第十六条　因劳动者本人原因给用人单位造成经济损失的，用人单位可按照劳动合同的约定要求其赔偿经济损失。经济损失的赔偿，可从劳动者本人的工资中扣除，但每月扣除的部分不得超过劳动者当月工资的20%。若扣除后的剩余工资部分低于当地月最低工资标准，则按最低工资标准支付。

《广东省工资支付条例》第十五条　因劳动者过错造成用人单位直接经济损失，依法应当承担赔偿责任的，用人单位可以从其工资中扣除赔偿费，但应当提前书面告知扣除原因及数额；未书面告知的不得扣除。扣除赔偿费后的月工资余额不得低于当地最低工资标准。

撰稿人：孙守昌/广东衡德律师事务所律师

34. 劳动者同时与其他用人单位建立劳动关系，是否可以解雇

【观点精要】

劳动者同时与其他用人单位建立劳动关系，用人单位若单方面与劳动者解除劳动合同，应当符合下列情形之一：一、若劳动者同时与其他用人单位建立劳动关系时，对完成本单位的工作任务造成严重影响的，用人单位可以解除劳动合同；二、若劳动者同时与其他用人单位建立劳动关系时，虽然对完成本单位的工作任务没有造成严重影响，但是经过用人单位提出，劳动者拒不改正的，用人单位也可以解除劳动合同。

【典型案例】

麦某某于2004年12月25日入职某公司任导购员，并签署了《导购员/促销员入职确认书》。该《导购员/促销员入职确认书》第13条规定："导购员虚报销售额，弄虚作假擅自兼职其他厂家品牌属于严重违反公司制度，调场或淘汰并扣罚当月提成。"2007年12月29日，公司与麦某某签订劳动合同，约定双方继续维持劳动关系，期限自2008年1月1日至2013年1月2日。合同部分条款约定：9.2属于下列情形之一，甲方可以单方解除劳动合同 9.2.5劳动者同时与其他用人单位建立劳动关系，对完成本单位的工作任务造成严重影响，或者经用人单位提出，拒不改正的；12.2 在合同期内，乙方未

经甲方同意，在其他单位兼职或者违反有关服务期、保密义务或竞业限制的补充协议约定，应向甲方支付违约金并赔偿给甲方造成的损失。

2012年12月27日，在原劳动合同的合同期限即将届满之时，双方又签订续签协议约定延长合同期限至2018年1月3日。2016年4月，公司批准麦某某停薪留职，在停职申请表上批注：停职期间若在其他单位上班，则要办理离职。2016年7月6日，公司以麦某某在停薪留职期间到其他单位从事竞争性业务为由将麦某某辞退。2016年8月16日，麦某某向某市劳动人事争议仲裁委员会提出仲裁申请，要求公司支付两个月基本生活费2,160元及违法解除劳动关系赔偿金48,000元（2,000元/月×12个月×2倍）。某市劳动人事争议仲裁委员会作出仲裁裁决：一、公司须于本裁决生效后即支付麦某某违法解除劳动合同赔偿金48,000元；二、驳回麦某某其他仲裁请求。

公司不服仲裁裁决，向某市第二人民法院提起诉讼，请求公司无需向麦某某支付违法解除劳动合同赔偿金48,000元及诉讼费用由麦某某承担。一审法院认为，本案争议焦点在于公司以麦某某在停薪留职期间与其他公司建立实际劳动关系为由解除双方劳动关系是否违法。公司主张麦某某上述行为违反劳动合同第9.2.5的规定及《导购员/促销员入职确认书》第13条规定，但麦某某在停薪留职期间公司并未对其安排工作任务，不可能出现“对完成本单位的工作任务造成严重影响”的情形。公司发现麦某某在其他单位上班亦未进行提醒，要求麦某某改正，显然不符合劳动合同第9.2.5规定的解除劳动合同条件。《导购员/促销员入职确认书》第13条的规定，是仅针对在岗擅自兼职导购员、促销员，还是包括停薪留职导购员、促销员，可以作不同理解（因停薪留职人员根本没有工资、提成收入，不可能作“并扣罚当月提成”的处罚）。该确认书为公司提供给麦某某签名的，对格式条款的理解发生争议的，应当作不利于提供格式条款一方的解释。公司规章制度并未明确规定员工停薪留职期间不能从事其他工作，因此也不能认定麦某某严重违反用人单位规章制度。为此，一审法院驳回公司起诉，判决公司应于本判决生效之日起立即向麦某某支付违法解除劳动合同赔偿金48,000元，本案诉讼费用由公司负担。

公司不服一审判决，向某市中级人民法院提起上诉，二审维持原判。

【律师提示】

（1）法律并不禁止劳动者与多个用人单位建立劳动关系，只有在劳动者同时与其他用人单位建立劳动关系时对完成本单位的工资任务造成严重影响，或者经用人单位提出，劳动者拒不改正的情况下，用人单位才可以解除劳动合同。

（2）本案中，麦某某虽然在与公司劳动关系存续期间到其他单位上班，但在公司对其停薪留职且不发放任何工资的情况下进行兼职，故一审、二审法院根据《中华人民共和国劳动合同法》第三十九条第四款的规定以及《导购员/促销员入职确认书》相关条款的不同理解，作出有利于麦某某的解释，从而认定公司违法解除劳动合同。

（3）若用人单位在得知劳动者兼职时，应及时发出书面通知，通知劳动者改正；若劳动者拒不改正的，用人单位可以单方面解除劳动合同。

【条文链接】

《中华人民共和国劳动合同法》第三十九条　劳动者有下列情形之一的，用人单位可以解除劳动合同：……（四）劳动者同时与其他用人单位建立劳动关系，对完成本单位的工作任务造成严重影响，或者经用人单位提出，拒不改正的……

《中华人民共和国劳动合同法》第四十三条　用人单位单方解除劳动合同，应当事先将理由通知工会。用人单位违反法律、行政法规规定或者劳动合同约定的，工会有权要求用人单位纠正。用人单位应当研究工会的意见，并将处理结果书面通知工会。

撰稿人：罗金良/广东品政律师事务所律师

35．员工冒用他人身份证入职，用人单位可以解除劳动合同吗

【观点精要】

员工冒用他人身份入职属于欺诈行为，用人单位与劳动者之间签订的劳动合同无效。根据《中华人民共和国劳动合同法》第三十九条第五款规定，无效劳动合同用人单位有权解除合同，但劳动合同是否有效应当由劳动仲裁机构和法院确定。

【典型案例】

2014年7月21日，高某冒用刘某之名于与甲派遣公司签订劳动合同，并被派遣到乙公司工作。2015年3月，乙公司查出高某系冒用同属该公司务工人员刘某身份信息的事实，以高某的行为对集团公司人力资源管理系统造成严重干扰并产生严重不良影响为由，将高某退回派遣单位。甲派遣公司遂与高某于2015年3月31日解除了劳动合同。

高某不服，诉至法院。法院经审理认为，根据《中华人民共和国劳动合同法》第十七条规定：劳动合同应当具备以下条款：……（二）劳动者的姓名、住址和居民身份证或者其他有效身份证件号码……劳动合同必须写明劳动者的真实姓名等身份信息，而冒用身份证的行为属于欺诈行为，因此而签订的劳动合同应认定为无效。

【延伸案例】

2012年10月22日，岑某某借用黎某的身份证，冒用黎某的身份入职深圳某公司。后岑某某在工作中受伤，经社保局认定为工伤。但公司并未为其购买工伤保险。公司将市社保局诉至法院，主张岑某某冒用黎某的身份入职，劳动合同应无效。市社保局认定岑某某在日常工作中受伤属于工伤，没有事实依据。

法院审理认为，虽岑某某冒用别人身份入职，劳动合同无效，但双方仍存在事实劳动关系。市社保局认定岑某某是公司的员工，因日常工作受伤属于工伤，于法有据，本院予以确认。关于公司撤销涉案工伤认定的请求，法院予以驳回。

【律师提示】

（1）劳动者假冒身份入职后，劳动者存在欺诈的行为而致使其与用人单位所签订的劳动合同无效，劳动合同可以解除。

（2）虽然劳动合同无效，如发生工伤，仍可按照劳动者的真实身份来认定与用人单位之间存在事实劳动关系。

（3）一般认为涉及工伤保险基金负担工伤保险待遇的部分，因劳动者的原因未能获赔，应由劳动者自行承担后果；而由用人单位负担的工伤保险待遇部分（如停工留薪期间待遇、一次性伤残就业补助金等），劳动者无需分担，仍由用人单位全额支付，即劳动者假冒身份入职并不对用人单位的责任承担产生影响。但目前亦有不少案例依照用人单位与劳动者的过错比例来划分费用的承担比例。

（4）若劳动者发生工伤时未满16周岁，因其不能完全意识到自己行为的后果，故由用人单位承担主要责任。用人单位对未满16周岁的求职者身份审查不严时，将会面临巨大的用工风险。

【条文链接】

《中华人民共和国劳动合同法》第七条　用人单位自用工之日起即与劳动者建立劳动关系。用人单位应当建立职工名册备查。

《中华人民共和国劳动合同法》第十七条　劳动合同应当具备以下条款：（一）用人单位的名称、住所和法定代表人或者主要负责人；（二）劳动者的姓名、住址和居民身份证或者其他有效身份证件号码；（三）劳动合同期限；（四）工作内容和工作地点；（五）工作时间和休息休假；（六）劳动报酬；（七）社会保险；（八）劳动保护、劳动条件和职业危害防护；（九）法律、法规规定应当纳入劳动合同的其他事项。劳动合同除前款规定的必备条款外，用人单位与劳动者可以约定试用期、培训、保守秘密、补充保险和福利待遇等其他事项。

《中华人民共和国劳动合同法》第二十六条　下列劳动合同无效或者部分无效：（一）以欺诈、胁迫的手段或者乘人之危，使对方在违背真实意思的情况下订立或者变更劳动合同的……

《中华人民共和国劳动合同法》第三十九条　劳动者有下列情形之一的，用人单位可以解除劳动合同：……（五）因本法第二十六条第一款第一项规定致使劳动合同无效的。

撰稿人：徐小安/广东中亿律师事务所律师

36. 员工因涉嫌犯罪被刑事拘留，用人单位该怎么办

【观点精要】

劳动者被依法追究刑事责任的，用人单位可以解除劳动合同，但一个人最终是否构成犯罪，需要经法院审理并判决后才能确定。任何人未经法院判决，不得认为有罪。员工被公安机关或其他侦查机关采取刑事拘留措施后，仅仅是犯罪嫌疑人，并非一定构成犯罪。此时，用人单位不宜立即以“劳动者被依法追究刑事责任”为由解除劳动合同。

如果用人单位在员工未被法院判决确认有罪之前就作出解除劳动合同的决定，有可能会构成违法解除劳动合同，导致需要支付违法解除劳动合同的赔偿金的法律风险。

在员工被刑事拘留后，未被法院判决确认有罪之前，因员工客观上不能履行劳动义务，用人单位可以先行暂停劳动合同的履行，待刑事案件了结后再根据司法机关处理结果来决定是否解除劳动合同。

【典型案例】

员工黄某于2012年3月15日入职某餐饮公司任行政总厨一职。2017年4月28日，当地公安分局对被告黄某等人受贿案予以立案并拘留。2017年5月9日，餐饮公司作出书面通知，以黄某强行向员工抽水，其行为已涉嫌犯罪

为由，对黄某作出开除决定。后当地人民检察院对黄某作出《不起诉决定书》，并予以释放。2017年6月12日，黄某向劳动人事争议仲裁委员会提出仲裁申请，要求餐饮公司支付赔偿金和加班费等。仲裁委裁决餐饮公司支付黄某2015年5月22日至2017年5月22日期间法定节假日加班费31052.87元，经济赔偿金168,850元。餐饮公司不服，诉至法院。一审法院认为，法律规定劳动者被依法追究刑事责任的，用人单位可以单方解除劳动合同，餐饮公司在黄某是否构成犯罪尚无定论前即单方解除与被告的劳动关系，不符合法律规定，判决餐饮公司支付黄某2015年5月22日至2017年5月22日法定节假日加班费21,172元，经济赔偿金168,850元。

餐饮公司仍然不服，提出上诉。二审期间，黄某提交了当地人民检察院的《不起诉决定书》。《不起诉决定书》载明，黄某实施了《中华人民共和国刑法》第一百三十六规定的行为，属于柳某受贿的共犯，但鉴于黄某是在被胁从的状态下实施了犯罪，从中未参与分赃或分赃很小，犯罪情节较轻微，不需要判处刑罚，决定不对黄某进行起诉。餐饮公司认为《不起诉决定书》查明黄某确实存在向后厨员工索取贿赂款的行为，严重违反了作为管理人员的基本素养，损害了餐饮公司的人事管理制度，餐饮公司与其解除劳动合同，不属于违法解除。

二审法院经审查认为，餐饮公司2017年5月9日作出的通知中，载明开除黄某的理由为黄某违反国家法律规定，强行向员工抽水，其行为已涉嫌刑事犯罪。而诉讼中则主张黄某作为行政总厨违背了管理人员的素养，根据《中华人民共和国劳动合同法》第三十九条第三项，即“（三）严重失职，营私舞弊，给用人单位造成重大损害的”的规定解除劳动合同，故餐饮公司在本案诉讼中主张解除劳动合同的理由与其在2017年5月9日作出的通知中载明开除黄某的理由并不一致。本案应以餐饮公司作出解除劳动合同决定时的理由是否符合法律规定作为争议焦点。

根据《中华人民共和国劳动法》第二十五条的规定，劳动者被依法追究刑事责任的，用人单位才可解除与劳动者的劳动合同。餐饮公司解除与黄某的劳动合同时，黄某并未被依法追究刑事责任，现黄某也未被追究刑事责任，故餐饮公司解除与黄某的劳动合同不符合劳动法律法规规定。一审判决认定餐饮公司应向黄某支付违法解除劳动合同的赔偿金并无不当。餐饮公司上诉理由不能成立。法院据此判决驳回上诉，维持原判。

【律师提示】

劳动者因涉嫌犯罪被公安等刑事侦查机关采取刑事拘留等强制措施后，不宜立即以“被依法追究刑事责任”为由解除劳动合同，应等待法院判决确认有罪后才可以作出解除决定。在刑事案件未有结论前，用人单位可以暂时停止劳动合同的履行，不予支付工资及其福利待遇。在此期间的社会保险和公积金，可由用人单位暂时垫付或由其亲属代付，以确保其权利不受到损害。劳动者最终被确认有罪后，用人单位垫付的社会保险费和公积金可以向劳动者追偿。

劳动者若最终未被追究刑事责任的，劳动合同应恢复履行。但因其羁押期间并未实际提供劳动，用人单位可以不补发其工资。相应的收入损失，劳动者可自行申请国家赔偿。

【条文链接】

《中华人民共和国劳动法》第二十五条　劳动者有下列情形之一的，用人单位可以解除劳动合同：……（四）被依法追究刑事责任的……

《中华人民共和国劳动合同法》第三十九条　劳动者有下列情形之一的，用人单位可以解除劳动合同：……（六）被依法追究刑事责任的……

《中华人民共和国刑事诉讼法》第十二条　未经人民法院依法判决，对任何人都不得确定有罪。

《劳动部关于贯彻执行〈中华人民共和国劳动法〉若干问题的意见》第二十八条　劳动者涉嫌违法犯罪被有关机关收容审查、拘留或逮捕的，用人单位在劳动者被限制人身自由期间，可与其暂时停止劳动合同的履行。

暂时停止履行劳动合同期间，用人单位不承担劳动合同规定的相应义务。劳动者经证明被错误限制人身自由的，暂时停止履行劳动合同期间劳动者的损失，可由其依据《国家赔偿法》要求有关部门赔偿。

撰稿人：殷梅艳/广东宪鼎律师事务所律师

37. 如何合法解除旷工员工的劳动关系

【观点精要】

对员工进行考勤是企业管理的基础性工作，是企业计发工资、绩效、奖金、福利等待遇的重要依据。当员工缺勤时，企业对员工负有管理责任，应从关心员工的角度积极联系员工，了解具体情况，确认员工是否属于旷工行为，后作出相应处理。

旷工是指员工在正常工作时间无正当理由不请假或请假未经批准而缺勤的行为。员工旷工，几乎被所有企业认为是严重的违纪行为。很多企业会理所当然地就根据企业规章制度或者有的企业甚至连规章制度都没有的情况下直接开除旷工员工，又或者企业认为员工是自动离职而不予处理。企业的这些处理方式都存在重大法律风险。

现实中存在各式各样的案例，有员工无故旷工却反过来以企业未足额支付工资、未提供劳动条件或企业无故解雇等理由要求企业支付经济补偿金或赔偿金，又或是员工在旷工期间在外受到意外伤害却反过来要求企业赔偿工伤待遇等。如果企业从一开始对待员工旷工的问题处理不当，往往会面临败诉的风险。

【典型案例】

原告林某于2009年5月入职被告某市某卫浴公司，工作岗位为普工，被告没有为原告参加社会保险。2014年10月，原告离开被告，并于2014年11月向当地劳动人事争议仲裁委员会申请仲裁。原告称其向被告提出要求购买社会保险，但被告拒绝并解雇原告，故原告请求仲裁被告支付违法解除劳动关系的赔偿金。仲裁委经过开庭审理，作出仲裁裁决，驳回原告的全部仲裁请求。原告不服，遂提起诉讼。

法院经审理认为，原告虽主张其提出要求被告购买社会保险，被告拒绝并辞退原告，原告提供证人陈某为其证明，但仅有证人陈某的证言，不足以证明原告是被被告辞退的。被告主张是原告无故旷工而自动离职的，但没有证据提交。原告从2014年10月至今离开被告已超过四个月，被告没有提供通知原告上班的证明。被告作为用人单位负有管理义务，应当对劳动者的行为及时作出处理。劳动者自行离职，用人单位应当保留通知劳动者上班的告知通知或者根据其规章制度对劳动者及时作出解除劳动关系或处罚的通知。本案结合诚实信用原则及公平原则，从而认定双方在都无证据证实其主张的情况下视为双方协商一致并由用人单位向劳动者提出解除合同。最后法院判决被告需向原告支付经济补偿金。

【律师提示】

（1）企业应当具备规范的考勤管理制度，有明确的考勤方式及考勤记录，电子考勤或考勤表均需员工签字确认。当员工旷工时，考勤记录就成为证明员工旷工的最直接证据，还可根据旷工前正常的签字确认程序，证明员工旷工后未签字是由其旷工造成的。

（2）企业通过民主程序制定企业的规章制度，在规章制度中规定员工劳动纪律，明确界定旷工，明确多长时间的旷工属于严重违反用人单位的规章制度，把旷工解除条款写入规章制度和劳动合同。企业还应将规章制度告知员工，并由员工签字确认。

（3）企业向旷工员工发出《催告上班的通知函》，要求员工限期返岗并对之前的旷工行为作合理说明，否则视为旷工处理，并告知其相应的法律后果。可通过短信、微信、电话、邮件等多种方式通知员工，同时还要以书面邮寄的方式将上述通知函送达到员工的身份证地址或劳动合同上员工的通讯地址，并保存相关的送达证据。

（4）经催告后，员工仍没有上班或不予理会的，企业将解除旷工员工的事由通知工会，再向旷工员工发出解除劳动合同的通知，并保存相关的送达证据。

【条文链接】

《中华人民共和国劳动合同法》第三十九条　劳动者有下列情形之一的，用人单位可以解除劳动合同：……（二）严重违反用人单位的规章制度的……

《最高人民法院关于民事诉讼证据的若干规定》第六条　在劳动争议纠纷案件中，因用人单位作出开除、除名、辞退、解除劳动合同、减少劳动报酬、计算劳动者工作年限等决定而发生劳动争议的，由用人单位负举证责任。

《广东省高级人民法院广东省劳动人事争议仲裁委员会关于审理劳动人事争议案件的座谈会议纪要》第二十九条　劳动者与用人单位均无法证明劳动者的离职原因，可视为用人单位提出且经双方协商一致解除劳动合同，用人单位应向劳动者支付经济补偿。

撰稿人：孙守昌/广东衡德律师事务所律师

38. 员工长期病休怎么办

【观点精要】

劳动者长期病休的（不含职业病或工伤），因不能从事原工作，也不能从事用人单位另行安排的工作，在医疗期满后提前三十天通知劳动者，用人单位可以解除劳动合同；但在规定的医疗期内的，用人单位不得解除劳动合同，否则应当向劳动者支付违法解除劳动合同赔偿金。

【典型案例】

何某某于2013年5月27日入职某市某保安公司任保安，并于当日签订劳动合同，约定甲方因需完成临时安保工作，特聘请乙方何某某完成临时安保工作的保安员，负责临时保安工作；聘用期自合同生效之日起至甲方完成临时安保工作之日止；乙方基本工资为1,310元/月。

2014年2月11日，何某某驾驶电动摩托车上班，途中身体出现不适。次日，何某某被送往医院治疗，被诊断为左基底节腔隙性脑梗死、右上肢紫癜并皮肤感染。送院治疗后生活已不能自理，言语不清，住院期间一直由其妹妹照顾。2014年2月14日，保安公司以“何某某自2014年2月11日未能到岗上班，经其方多次电话联系亦无法联系，连续旷工3天”为由，对何某某作自动离职处理，但仍为何某某参加社会保险至2014年3月。

2015年5月21日，何某某向某市劳动人事争议仲裁委员会申请仲裁，请求裁决保安公司支付：一、解除劳动合同的经济补偿金40,00元（2,000元／月×2个月）；二、医疗补助费18,000元；三、2014年3月至2015年5月期间的工资30,000元；四、医疗费80,000元。2015年8月10日，该会出具中劳人仲案字（2015）2188号仲裁裁决（终局）：一、保安公司须于本裁决生效后支付何某某：（一）解除劳动合同的经济补偿金1,884.58元；（二）2014年2月12日至同年5月10日期间工资3,035.59元。以上合计4,920.17元。二、驳回申请人其余仲裁请求。

何某某不服上述仲裁裁决，向某市第一人民法院提起诉讼，请求判令保安公司向其支付：一、解除劳动合同的经济补偿金4,000元（2,000元／月×2个月）；二、代通知金2,000元；三、医疗补助费18,000元（2,000元／月×6个月×1.5倍）；四、2014年3月至2015年5月期间的正常医疗期间的工资30,000元；五、后续医疗费80,000元；六、承担诉讼费。一审法院经审理后判决：一、保安公司于判决生效之日起3日内向何某某支付解除劳动合同的赔偿金3,769.16元（1,884.58元／月×2个月）；二、保安公司于判决生效之日起3日内向何某某支付2014年2月11日至2014年5月10日期间的工资3,144元（1,310元／月×3个月×80%）；三、驳回何某某的其他诉讼请求。

何某某不服一审判决，向某市中级人民法院提起上诉，二审法院维持原判。

【律师提示】

（1）劳动者患病或者非因工负伤，在规定的医疗期内，用人单位不得以劳动者未上班属于旷工为由视为劳动者自动离职而终止双方劳动关系。本案中，何某某在2014年2月11日发病致生活不能自理，且言语不清，存在客观原因而未能按时上班，不属于无故旷工的情形。保安公司以何某某自动离职的理由不成立，属于违法解除劳动合同，应向何某某支付违法解除劳动合同的经济赔偿金。

（2）若保安公司在医疗期满后与何某某解除劳动合同，并在医疗期满后提前三十天通知何某某，则应向何某某支付经济补偿金而不是赔偿金（相当于二倍的经济补偿金）。

（3）劳动者应享有的医疗期由法律法规规定。

【条文链接】

《中华人民共和国劳动合同法》第四十条　有下列情形之一的，用人单位提前三十日以书面形式通知劳动者本人或者额外支付劳动者一个月工资后，可以解除劳动合同：（一）劳动者患病或者非因工负伤，在规定的医疗期满后不能从事原工作，也不能从事由用人单位另行安排的工作的；（二）劳动者不能胜任工作，经过培训或者调整工作岗位，仍不能胜任工作的；（三）劳动合同订立时所依据的客观情况发生重大变化，致使劳动合同无法履行，经用人单位与劳动者协商，未能就变更劳动合同内容达成协议的。

《中华人民共和国劳动合同法》第四十二条　劳动者有下列情形之一的，用人单位不得依照本法第四十条、第四十一条的规定解除劳动合同：（一）从事接触职业病危害作业的劳动者未进行离岗前职业健康检查，或者疑似职业病病人在诊断或者医学观察期间的；（二）在本单位患职业病或者因工负伤并被确认丧失或者部分丧失劳动能力的；（三）患病或者非因工负伤，在规定的医疗期内的；（四）女职工在孕期、产期、哺乳期的；（五）在本单位连续工作满十五年，且距法定退休年龄不足五年的；（六）法律、行政法规规定的其他情形。

《企业职工患病或者非因工负伤医疗期规定》第三条　企业职工因患病或非因工负伤，需要停止工作医疗时，根据本人实际参加工作年限和在本单位工作年限，给予三个月到二十四个月的医疗期：（一）实际工作年限十年以下的，在本单位工作年限五年以下的为三个月；五年以上的为六个月。（二）实际工作年限十年以上的，在本单位工作年限五年以下的为六个月；五年以上十年以下的为九个月；十年以上十五年以下的为十二个月；

十五年以上二十年以下的为十八个月；二十年以上的为二十四个月。

《广东省工资支付条例》第二十四条　劳动者因病或者非因工负伤停止工作进行治疗，在国家规定医疗期内，用人单位应当依照劳动合同、集体合同的约定或者国家有关规定支付病伤假期工资。用人单位支付的病伤假期工资不得低于当地最低工资标准的百分之八十。法律、法规另有规定的，从其规定。

撰稿人：罗金良/广东品政律师事务所律师

39. 员工工作能力不足可以解雇吗

【观点精要】

“员工工作能力不足”不是标准的法律用语，其语义范围较广，如换成法律用语，比较贴切的是“员工不胜任工作”，因此问题也可以表述为：员工不胜任本职工作是否可以直接解除劳动合同?

该情况下，不论是法律法规还是在司法实践中都不能直接解除。《中华人民共和国劳动合同法》第四十条第二款明确规定，员工不能胜任工作的，企业不能直接解除劳动合同，需要对该员工进行培训或调整工作岗位；如果员工仍然不能胜任工作的，才能提前三十天书面通知员工本人或额外支付一个月工资，方可解除劳动合同。也就是说，员工第一次不胜任工作的不能解除劳动合同，须培训或调整工作岗位后，仍不胜任工作的才能解除劳动合同。

【典型案例】

劳动者李某是一家小型初创公司的销售人员。公司规定采用360°的绩效考核方式对员工进行考核。在相关考核内容中，员工的工作态度占15%、工作能力占25%、工作成果占60%。最高分100分，60分为及格分。对于绩效考核不合格者，公司有权调岗降薪。在对李某的考核中，他的工作态度被公司折算为10分，工作能力折算为13分，工作成果折算为35分，总得分为58

分。因为他坚决不签名确认该结果，随后公司以“不胜任工作”为由对其进行调岗降薪。李某不服，公司以李某调岗后仍不胜任工作为由解除劳动合同。

而后，李某申请了劳动仲裁，仲裁裁决公司该行为违法，需继续按劳动合同约定岗位薪资履行。

【律师提示】

（1）用人单位以“不胜任工作”为由解除劳动合同应当符合法定标准，即员工不胜任工作，经过培训或调岗后仍不胜任工作，用人单位需要提前三十天书面通知员工本人或额外支付一个月工资，方可解除劳动合同。

（2）用人单位需要有明确、客观的证据证明员工不胜任工作。如有绩效考核标准，考核表或者上级主管的评价等客观方面证据并能有效证明员工不能胜任工作。

（3）在员工入职时，要与其签署岗位说明书等能够确定员工不胜任工作标准的文件，确保岗位说明书与绩效考核表的内容一致。

（4）员工不胜任工作而调岗时，①用人单位要合理进行调岗，比如将员工从会计岗位调整至搬运岗位就不具有合理性；②在进行调岗前，要将调岗通知书以书面方式送达给员工；③同时，用人单位要根据员工的工作经验、工作能力、调岗前工作内容合理进行设定岗位标准及考核标准，作为后续判断员工是否胜任新工作的标准。

（5）员工不胜任工作而培训时，①法律赋予用人单位对不胜任员工进行培训的权利，但对培训内容、培训形式、培训时间均没有规定，企业可以依据自身情况以及岗位特点进行安排，如很多大型外资企业均通过绩效改进计划（Performance Improvement Plan）对不胜任员工进行培训；②用人单位应当做好培训证据的保存工作，如可以考虑采取培训签到、培训视频或培训现场录像等形式留存培训证据。

【条文链接】

《中华人民共和国劳动合同法》第四十条　有下列情形之一的，用人单位提前三十日以书面形式通知劳动者本人或者额外支付劳动者一个月工资后，可以解除劳动合同：……（二）劳动者不能胜任工作，经过培训或者调整工作岗位，仍不能胜任工作的……

《关于〈中华人民共和国劳动法〉若干条文的说明》的通知第二十六条　本条第（二）项中的“不能胜任工作”，是指不能按要求完成劳动合同中约定的任务或者同工种、同岗位人员的工作量。用人单位不得故意提高定额标准，使员工无法完成。

撰稿人：姚苏明/广东励而德律师事务所律师

40. 如何准确运用“客观情况发生重大变化”条款解除劳动合同

【观点精要】

在经济转型升级的大背景下，因客观情况发生重大变化导致的劳动争议较为常见。如何合理界定“重大变化”“劳动合同无法继续履行”等，对判断单位是否构成违法解除劳动合同起着决定性作用。司法实践中适用该原则应注意以下三个方面。

（1）对客观情况的认定。企业作为自负盈亏、自主经营的市场经济主体，其经营过程中主要面临政策性风险及非政策性的商业风险，前者，如市政动迁导致企业整体搬迁等。而企业应对商业风险导致的变化的主动作为，如架构调整、投资方向变化、部门撤并等，存在一定的争议。

（2）对重大变化的认定。客观情况是否发生了重大变化主要从原劳动合同能否继续履行进行考量。

（3）对协商行为的认定。协商行为主要表现为客观情况发生变化后，企业调整劳动者的工作岗位是否合理：第一，调整前后岗位的适当关联度，如将撤销部门的经理调整为门卫、将不善于沟通的IT调整为销售，就明显缺乏合理性；第二，岗位调整后的计划与安排，若前后岗位有所差异，公司如何通过培训、其他制度性安排改变此种差异。审查企业是否与劳动者进行合理协商，主要为了综合评估企业有无滥用该条解除劳动合同的情形。

【典型案例】

鲁某于2010年8月4日入职珠海某公司，入职时的岗位是大包，2012年7月升为大包班长，2016年1月任小包班长，一直到2016年8月23日离职。入职时与珠海某公司签订了劳动合同，2013年12月19日与珠海某公司又签订了劳动合同，合同期限至2016年12月31日。

珠海某公司下设三个工厂，分别为新青工厂（总部）、东福工厂、华英工厂，这三个工厂均在新青工业园内，相隔很近。珠海某公司为服装企业，受国际经济环境影响，生产经营欠佳，订单数量大幅下降。公司决定关闭东福工厂，新青工厂于2016年7月底搬迁到东福工厂。因三个工厂的员工重新整合，从而导致需调整鲁某的工作岗位。珠海某公司就鲁某的工作岗位进行调整，并与鲁某进行协商，将鲁某调整为小包员工。鲁某不同意调整岗位。2016年7月19日，珠海某公司通知鲁某协商解除劳动合同，鲁某不同意解除劳动合同。2016年8月23日，珠海某公司发出解除劳动合同通知书，并同时向鲁某支付了解除劳动合同的经济补偿金和额外支付鲁某一个月工资。

鲁某不服，于2016年9月6日向当地劳动人事争议仲裁委员会提起劳动仲裁，请求珠海某公司支付违法解除劳动合同的经济赔偿金等。仲裁裁决驳回鲁某的全部仲裁请求。鲁某不服仲裁裁决，向人民法院提起诉讼。

法院经审理后认为，原签订劳动合同所依据的客观情况发生重大变化，致使劳动合同无法继续履行，珠海某公司已就鲁某的工作岗位进行调整，并与鲁某进行协商，将鲁某调整为小包员工，但鲁某不同意调整。在此种情况下，珠海某公司向鲁某支付了解除劳动合同的经济补偿金和额外支付鲁某一个月工资后，可以与鲁某解除劳动合同。珠海某公司的行为并没有违反劳动合同法的规定，属合法解除劳动合同。

【律师提示】

（1）如用人单位遇有客观情况发生重大变化，应首先将客观情况重大变化的情况采用客观的形式固定下来。

（2）如用人单位遇有客观情况发生重大变化，在与员工协商调岗时，应当妥善选择合适的调整岗位。

（3）若用人单位遇有客观情况发生重大变化，与劳动者协商调岗无法达成一致意见的，可以决定与劳动者解除劳动合同，但要将协商的情况通知工会，征求工会意见。

（4）此情况下与劳动者解除劳动合同应当支付经济补偿，并提前三十天通知或者支付一个月的代通知金。

【条文链接】

《中华人民共和国劳动合同法》第四十条　有下列情形之一的，用人单位提前三十日以书面形式通知劳动者本人或者额外支付劳动者一个月工资后，可以解除劳动合同：……（三）劳动合同订立时所依据的客观情况发生重大变化，致使劳动合同无法履行，经用人单位与劳动者协商，未能就变更劳动合同内容达成协议的……

《中华人民共和国劳动合同法》第四十六条　有下列情形之一的，用人单位应当向劳动者支付经济补偿：……（三）用人单位依照本法第四十条规定解除劳动合同的……

《中华人民共和国劳动合同法》第四十七条　经济补偿按劳动者在本单位工作的年限，每满一年支付一个月工资的标准向劳动者支付。六个月以上不满一年的，按一年计算；不满六个月的，向劳动者支付半个月工资的经济补偿。

劳动者月工资高于用人单位所在直辖市、设区的市级人民政府公布的本地区上年度职工月平均工资三倍的，向其支付经济补偿的标准按职工月平均工资三倍的数额支付，向其支付经济补偿的年限最高不超过十二年。

撰稿人：郭敏珊/广东品信律师事务所律师

41. 用人单位因经营不善与劳动者解除劳动合同的法律风险

【观点精要】

用人单位因经营不善与劳动者解除劳动合同，应当如何操作？有什么法律风险？

企业以经营不善为由，一次性裁员二十人以上或者虽裁减人员不足二十人但占用人单位职工总数百分之十以上的，性质上属于经济性裁员。经济性裁员作为用人单位单方解除劳动合同的一种方式，必须满足法定条件。这些法定条件包括实体性条件和程序性条件，只有同时具备了实体性条件和全部的程序性条件，才是合法有效的经济性裁员。

实体性条件是指裁员应当符合以下情形之一：（一）依照用人单位破产法规定进行重整；（二）生产经营发生严重困难；（三）用人单位转产、重大技术革新或者经营方式调整，经变更劳动合同后，仍需裁减人员的；（四）其他因劳动合同订立时所依据的客观经济情况发生重大变化，致使劳动合同无法履行的。另外，即使用人单位符合上述情形之一，对于特殊职工，如在观察期间的疑似职业病人、患病处于医疗期内的职工、怀孕期职工、产假期间职工等不属于被裁员的对象。裁减人员时还应当优先留用与用人单位签订无固定期限或较长期限的劳动合同的员工或家庭经济困难的员工。

程序性条件包括：（一）提前三十日向工会或者全体职工说明情况，并听取工会或者职工的意见；（二）裁减人员方案向劳动行政部门报告。

如用人单位已达到以上实体性条件及程序性条件而裁员的，只需支付被裁员工经济补偿金；未达到以上实体性条件及程序性条件而裁员的，则可能被认定为违法解除劳动合同，引起劳动争议纠纷，甚至影响社会稳定。

【典型案例】

前成公司原是一大规模的汽车配件制造业公司，在2013—2017年期间取得了较好的市场业绩。但由于同行的竞争排挤及资金链供应不足，2017年下半年开始，公司的业绩明显下滑，不得不进行裁员。前成公司行政部于2018年3月5日向A车间的35名员工发出通知：由于公司经营不善，需解散A车间，A车间于2018年4月5日开始停工，所有员工可到行政部办理离职手续并结算工资，公司为A车间员工均多发一个月的工资作为补偿。但A车间的员工因不服前成公司单方解除劳动合同的行为，集体向当地劳动人事争议仲裁委员会申请劳动仲裁。

劳动人事争议仲裁委员会审理后认为，前成公司因经营不善，行经济性裁员需符合法定程序，前成公司既无提前三十日向工会或者全体职工说明情况，听取工会或者职工的意见；又没有向劳动行政部门报告，更无审查是否有法定不可裁减的人员，属于违反法定程序单方解除劳动关系，需向被裁A车间的人员支付违法解除劳动合同的赔偿金。

【律师提示】

实行经济性裁员需注意以下几点。

（1）提前三十日向工会或者全体职工说明情况，并提供有关生产经营状况的资料。

（2）提出裁减人员方案，内容包括：被裁减人员名单，裁减时间及实施步骤，符合法律、法规规定和集体合同约定的被裁减人员经济补偿办法。

（3）将裁减人员方案征求工会或者全体职工的意见，并对方案进行修改和完善。

（4）向当地政府行政部门报告裁减人员方案以及工会或者全体职工的意见，并听取劳动行政部门的意见。

（5）由用人单位正式公布裁减人员方案，与被裁减人员办理解除劳动合同手续，按照有关规定向被裁减人员本人支付经济补偿金，出具裁减人员证明书或解除劳动关系证明。

【条文链接】

《中华人民共和国劳动合同法》第四十一条　有下列情形之一，需要裁减人员二十人以上或者裁减不足二十人但占用人单位职工总数百分之十以上的，用人单位提前三十日向工会或者全体职工说明情况，听取工会或者职工的意见后，裁减人员方案经向劳动行政部门报告，可以裁减人员：（一）依照用人单位破产法规定进行重整的；（二）生产经营发生严重困难的；（三）用人单位转产、重大技术革新或者经营方式调整，经变更劳动合同后，仍需裁减人员的；（四）其他因劳动合同订立时所依据的客观经济情况发生重大变化，致使劳动合同无法履行的。

裁减人员时，应当优先留用下列人员：（一）与本单位订立较长期限的固定期限劳动合同的；（二）与本单位订立无固定期限劳动合同的；（三）家庭无其他就业人员，有需要扶养的老人或者未成年人的。

用人单位依照本条第一款规定裁减人员，在六个月内重新招用人员的，应当通知被裁减的人员，并在同等条件下优先招用被裁减的人员。

《中华人民共和国劳动合同法》第四十二条　劳动者有下列情形之一的，用人单位不得依照本法第四十条、第四十一条的规定解除劳动合同：（一）从事接触职业病危害作业的劳动者未进行离岗前职业健康检查，或者疑似职业病病人在诊断或者医学观察期间的；（二）在本单位患职业病或者因工负伤并被确认丧失或者部分丧失劳动能力的；（三）患病或者非因工负伤，在规定医疗期内的；（四）女职工在孕期、产期、哺乳期的；（五）在本单位连续工作满十五年，且距法定退休年龄不足五年的；（六）法律、行政法规规定的其他情形。

《中华人民共和国劳动合同法》第四十六条　有下列情形之一的，用人单位应当向劳动者支付经济补偿：……（四）用人单位依照本法第四十一条第一款规定解除劳动合同的……

《中华人民共和国劳动合同法》第四十八条　用人单位违反本法规定解除或者终止劳动合同，劳动者要求继续履行劳动合同的，用人单位应当继续履行；劳动者不要求继续履行劳动合同或者劳动合同已经不能继续履行的，用人单位应当依照本法第八十七条规定支付赔偿金。

《中华人民共和国劳动合同法》第八十七条　用人单位违反本法规定解除或者终止劳动合同的，应当依照本法第四十七条规定的经济补偿标准的二倍向劳动者支付赔偿金。

撰稿人：郭敏珊/广东品信律师事务所律师

42. 用人单位解雇“三期”内女职工的法律风险

【观点精要】

常常会有用人单位的HR咨询，碰到“三期”女职工消极怠工、休完假期后仍未到单位上班，有的甚至严重违反规章制度，是否一定要等“三期”结束才能与她们解除劳动关系。很多用人单位的HR都觉得碰到“三期”女职工就非常被动，只能忍耐。尤其是刚入职不久，还没过试用期就开始请病假的，用人单位要么违法解除，要么忍到女职工“三期”结束并且合同到期终止。遇到这种情况该怎么办？能解雇吗？

“三期”女职工是指在孕期、产期、哺乳期的女职工。用人单位一般不得对处于孕期、产期或哺乳期的女职工降低工资、予以辞退。如果随意解雇“三期”女职工，用人单位可能面临要支付“三期”女职工解除劳动合同的赔偿金、补足“三期”待遇损失的法律风险。“三期”待遇损失主要指女职工在孕期、产期、哺乳期工资（或生育津贴）损失及可能无法从生育保险基金报销生育医疗费的损失。

【典型案例】

丘某某于2015年7月6日入职某公司担任人事行政主管工作，周一至周六每天上班7.5小时，以电子指纹打卡考勤，每月满勤工资4,300元。

2016年12月2日，某公司的法定代表人林某某与丘某某发生口角，林某某口头将其解雇。丘某某于当日离开某公司后没有再回去上班。2016年12月6日，丘某某以某公司违法解除劳动合同、未支付生育保险待遇等为由，向劳动人事争议仲裁委员会申请劳动仲裁，请求裁决某公司支付违反解除劳动合同的赔偿金和丘某某孕期、产期及哺乳期的工资待遇。劳动人事争议仲裁委员会未全额支持丘某某的仲裁请求。丘某某不服，向人民法院提起诉讼。经一审法院判决后，丘某某又上诉至二审法院。

二审法院审理后认为，某公司以口头方式与正处于孕期内的丘某某解除劳动关系，某公司不能举证证明其作为用人单位具有可以合法解除与丘某某劳动关系的情形，属于违法，需向丘某某支付违法解除劳动关系的赔偿金。另外，某公司非法解除劳动关系导致丘某某孕期、产期、哺乳期的工资待遇损失，应当予以补偿。

【律师提示】

（1）在处理“三期”女职工解雇问题时，应当严格按照法律规定、规章制度进行处理，如确实存在严重违反用人单位规章制度的情形，并非不能辞退，可以根据《中华人民共和国劳动合同法》第三十九条予以辞退。

（2）要注意收集用人单位规章制度合法、合规及“三期”女职工确实严重违反规章制度的证据。另外，需特别保管好与“三期”女职工签订的劳动合同、发放工资签收的工资表、考勤打卡记录等证据。如证据收集不当或不齐全，则应当慎重辞退，否则有可能会被认定为违法辞退。

（3）若用人单位没有充分的证据证明“三期”女职工严重违反规章制度（或造成重大损害），但又有必要与“三期”女职工解除劳动关系，在解雇之前可先与“三期”女职工积极协商。用人单位亦可以衡量“三期”待遇成本和继续履行劳动合同的成本，商定合理的解决方案，以免进入仲裁、诉讼程序，造成被动局面。

【条文链接】

《中华人民共和国妇女权益保护法》第二十七条　任何单位不得因结婚、怀孕、产假、哺乳等情形，降低女职工的工资，辞退女职工，单方解除劳动（聘用）合同或者服务协议。但是，女职工要求终止劳动（聘用）合同或者服务协议的除外。

《中华人民共和国劳动法》第二十九条　女职工在孕期、产期、哺乳期内，用人单位不得依据本法第二十六条、第二十七条的规定解除劳动合同。

《中华人民共和国劳动合同法》第四十二条　女职工在孕期、产期、哺乳期，用人单位不得依据本法第四十条、第四十一条的规定解除劳动合同。

《中华人民共和国劳动合同法》第三十九条　劳动者有下列情形之一的，用人单位可以解除劳动合同：（一）在试用期间被证明不符合录用条件的；（二）严重违反用人单位的规章制度的；（三）严重失职，营私舞弊，给用人单位造成重大损害的；（四）劳动者同时与其他用人单位建立劳动关系，对完成本单位的工作任务造成严重影响，或者经用人单位提出，拒不改正的；（五）因本法第二十六条第一款第一项规定的情形致使劳动合同无效的；（六）被依法追究刑事责任的。

撰稿人：孙守昌/广东衡德律师事务所律师

43. 这些特殊劳动者严重违反规章制度可以解雇吗

【观点精要】

有一些特殊的劳动者，如工伤职工、集体合同协商代表、工会主席，怀孕期、产期、哺乳期女职工等，根据《中华人民共和国劳动法》（以下简称“《劳动法》”）第二十九条，《中华人民共和国劳动合同法》（以下简称“《劳动合同法》”）第四十二条规定，用人单位不得依照《劳动法》第二十六条、第二十七条，《劳动合同法》第四十条、第四十一条的规定与上述特殊劳动者解除劳动合同。但是若上述特殊劳动者严重违反用人单位规章制度的，用人单位可以根据《劳动法》第二十五条、《劳动合同法》第三十九规定，依法与上述特殊劳动者解除劳动合同，且无需支付经济补偿金或赔偿金。也就是说，用人单位按照《劳动法》第二十五条、《劳动合同法》第三十九条规定解除劳动合同，不受其他附加条件限制。

那么，如何认定劳动者的行为是严重违反用人单位的规章制度呢？对何种行为属于严重，何种行为属于不严重，法律上并没有具体标准。用人单位应当根据劳动法律法规所规定的限度和本单位的客观情况在规章制度中予以明确，并需要做到公平合理。

【典型案例】

郭某某等14人为某涂料公司员工。涂料公司于2015年5月制订并实施《旅游基金管理办法》。该办法规定若员工有旅游出行，可向公司申请提取“旅游基金”。《就业规则》第58条第4款为“严重违反规章制度，公司给予立即解除合同处理”，其中该款第（7）项规定“伪造、提供虚假票据等骗取公司财务报支、公司财物或者挪用公款或侵占公款公物、收受佣金、客户费用报销、回扣或者其他不当利益或违反公司规定，未经公司许可向客户给予佣金、回扣或其他不当利益者”。

郭某某等人于2015年和2016年申请并使用“旅游基金”报团出游。涂料公司向旅行社划拨相应团费，但郭某某等人未实际出游，并从旅行社领取退团费。2016年12月15日，涂料公司以郭某某等人采取先报团再退团的方式骗取“旅游基金”支出，严重违反规章制度为由，解除郭某某等人劳动合同，并从工资中扣回“旅游基金”款项。

郭某某等人认为，涂料公司系具有严重职业病危害因素的危险化学品企业，郭某某等人系从事接触职业病危害因素的工作，根据《中华人民共和国职业病防治法》第三十五条第二款，从事接触职业病危害作业的劳动者未进行离岗前职业健康检查的，不得解除或者终止与其订立的劳动合同。涂料公司解除劳动合同是违法的；涂料公司直接从工资中扣款2,400元的行为也是违法的。为此，郭某某等人向当地劳动人事争议仲裁委员会申请仲裁。该会作出仲裁裁决，驳回郭某某等14人的全部仲裁请求。

郭某某等人不服仲裁裁决，向当地第一人民法院提起诉讼，请求：一、涂料公司偿付郭某某等人违法解除劳动合同赔偿金；二、涂料公司偿还郭某某等人已扣款。一审法院经审理后认为，郭某某等人采取欺骗的方式骗取涂料公司“旅游基金”的行为违反了《就业规则》第58条第4款第（7）项的规定，涂料公司根据《就业规则》的规定解除与郭某某等人劳动合同，并无不妥。涂料公司已将“旅游基金”支付给旅行社，郭某某等人的行为已造成涂料公司的损失。根据《广东省工资支付条例》第十五条的规定，涂料公司从工资中扣除“旅游基金”，并无不当。为此，一审法院判决，驳回郭某某等人的全部诉讼请求。

郭某某等人不服一审判决，提起上诉。二审法院经审理后认为，涂料公司与郭某某等人解除劳动合同，符合《中华人民共和国劳动合同法》第三十九条第二款之规定，不属违法解除劳动合同。《中华人民共和国劳动合同法》第四十二条规定“劳动者有下列情形之一的，用人单位不得依照本法第四十条、第四十一条的规定解除劳动合同：（一）从事接触职业病危害作业的劳动者未进行离岗前职业健康检查……”但该法并未限制用人单位对未进行离岗前职业健康检查的劳动者依照该法第三十九条规定解除劳动合同，故涂料公司解除与郭某某等人劳动合同，程序并无不当。二审维持原判。

（案例来源：北大法宝）

【律师提示】

（1）本案中，郭某某等人采取先报团后退团的方式收取了旅游公司的退费，具有违规占有公司“旅游基金”的意图，行为符合《就业规则》第58条第4款第（7）项规定的情形，属于严重违反规章制度。涂料公司据此解除与郭某某等人的劳动合同，符合《中华人民共和国劳动合同法》第三十九条第二款之规定，不属于违法解除劳动合同。

（2）《中华人民共和国劳动合同法》第四十二条规定“劳动者有下列情形之一的，用人单位不得依照本法第四十条、第四十一条的规定解除劳动合同：（一）从事接触职业病危害作业的劳动者未进行离岗前职业健康检查……”但该法并未限制用人单位对未进行离岗前职业健康检查的劳动者依照该法第三十九条第二款规定解除劳动合同，故涂料公司可以与郭某某等解除劳动合同。

（3）工伤职工、集体合同协商代表、工会主席，怀孕期、产期、哺乳期女职工等用人单位不得依照《中华人民共和国劳动合同法》第四十条、第四十一条的规定解除劳动合同，但劳动法律法规并未限制用人单位依照《中华人民共和国劳动合同法》第三十九条规定解除劳动合同。

（4）劳动法律法规没有规定严重违反用人单位规章制度的标准，因此用人单位应当制定好规章制度，并在规章制度中明确规定哪些情形属于严重违规、哪些情形属于重大损失，以便于依据《中华人民共和国劳动合同法》第三十九条与劳动者解除劳动合的同时有制度依据。

【条文链接】

《中华人民共和国劳动法》第二十五条　劳动者有下列情形之一的，用人单位可以解除劳动合同：（一）在试用期间被证明不符合录用条件的；（二）严重违反劳动纪律或者用人单位规章制度的；（三）严重失职，营私舞弊，对用人单位利益造成重大损害的；（四）被依法追究刑事责任的。

《中华人民共和国劳动法》第二十九条　劳动者有下列情形之一的，用人单位不得依据本法第二十六条、第二十七条的规定解除劳动合同：（一）患职业病或者因工负伤并被确认丧失或者部分丧失劳动能力的；（二）患病或者负伤，在规定的医疗期内的；（三）女职工在孕期、产期、哺乳期内的；（四）法律、行政法规规定的其他情形。

《中华人民共和国劳动合同法》第三十九条　劳动者有下列情形之一的，用人单位可以解除劳动合同：（一）在试用期间被证明不符合录用条件的；（二）严重违反用人单位的规章制度的；（三）严重失职，营私舞弊，给用人单位造成重大损害的；（四）劳动者同时与其他用人单位建立劳动关系，对完成本单位的工作任务造成严重影响，或者经用人单位提出，拒不改正的；（五）因本法第二十六条第一款第一项规定的情形致使劳动合同无效的；（六）被依法追究刑事责任的。

《中华人民共和国劳动合同法》第四十二条　劳动者有下列情形之一

的，用人单位不得依照本法第四十条、第四十一条的规定解除劳动合同：（一）从事接触职业病危害作业的劳动者未进行离岗前职业健康检查，或者疑似职业病病人在诊断或者医学观察期间的；（二）在本单位患职业病或者因工负伤并被确认丧失或者部分丧失劳动能力的；（三）患病或者非因工负伤，在规定的医疗期内的；（四）女职工在孕期、产期、哺乳期的；（五）在本单位连续工作满十五年，且距法定退休年龄不足五年的；（六）法律、行政法规规定的其他情形。

《中华人民共和国职业病防治法》第三十五条第二款　从事接触职业病危害作业的劳动者未进行离岗前职业健康检查的，不得解除或者终止与其订立的劳动合同。

撰稿人：史宏斌/广东永隆律师事务所律师

44. 解除或终止劳动合同而不出具解除或终止证明的风险

【观点精要】

用人单位应当在解除劳动合同时出具解除劳动合同的证明，用人单位违反规定未向劳动者出具解除劳动合同的书面证明，致劳动者未能正常就业，客观上已给劳动者造成损害的，应当承担赔偿责任。

【典型案例】

2009年8月，顾某涛到南通某公司工作。双方签订了劳动合同，期限自2009年8月至2013年12月。2013年2月22日，顾某涛向南通某公司邮寄了辞职报告，并从2013年2月23日起再未去上班。2013年2月27日，顾某涛向南通某公司寄送了“要求支付函”，要求南通某公司出具解除劳动关系证明。2013年7月31日，经劳动监察部门限期改正，南通某公司为顾某涛开具了退工通知单。顾某涛自行缴纳2013年3月至2013年9月的养老保险和基本医疗保险。2013年，南通市职工最低月工资标准为1,320元。顾某涛认为，由于公司长达五个月没有为其出具解除劳动关系证明，导致其无法就业，造成五个月工资收入损失，遂于2013年10月8日申请仲裁。劳动人事争议仲裁委员会作出南通某公司向顾某涛出具解除劳动合同书面证明，支付工资损失6,600元（1,320元×5个月）的裁决。南通某公司不服，起诉至一审法院。

一审法院认为，《中华人民共和国劳动合同法》第五十条第一款规定：用人单位应当在解除或终止劳动合同时出具解除或者终止劳动合同的证明。顾某涛于2013年2月22日递交辞职报告，且此后未再向南通某公司提供劳动，双方的劳动关系应当自2013年2月23日解除。2013年2月27日的“要求支付函”中明确要求南通某公司出具解除劳动合同的书面证明，但南通某公司收到后并未及时出具，违反了上述法律规定。由于南通某公司未及时出具解除劳动合同的证明而导致顾某涛在2013年3—7月期间无法寻求工作。南通某公司也没有证据证明在此期间顾某涛是否在工作。因此法院对顾某涛要求南通某公司支付工资损失6,600元的请求予以支持，判决南通某公司赔偿顾某涛工资损失6,600元。南通某公司不服判决而提起上诉。

二审法院经审理后认为，用人单位应当在解除劳动合同时出具解除劳动合同的证明，用人单位违反规定未向劳动者出具解除劳动合同的书面证明，给劳动者造成损害的，应当承担赔偿责任。关于顾某涛主张的工资损失，《中华人民共和国劳动合同法》第九十一条规定，用人单位招用与其他用人单位尚未解除或者终止劳动合同的劳动者，给其他用人单位造成损失的，应当承担连带赔偿责任。根据这一法律规定，劳动者再次就业时有可能需要提供相应的离职证明。南通某公司作为用人单位未能依法为顾某涛出具解除劳动合同证明，影响了顾某涛的再次就业，应当赔偿顾某涛由此产生的工资损失。2013年3—7月期间，由于南通某公司未按法律规定出具解除劳动合同证明，致顾某涛未能正常就业，客观上已给顾某涛造成损失，以南通市职工最低月工资标准支付顾某涛的损失并无不当。法院判决驳回上诉，维持原判。

【律师提示】

（1）劳动合同解除或终止之时，用人单位应及时向劳动者出具解除或终止劳动合同证明。

（2）用人单位所出具的解除或终止劳动合同证明内容应符合法律规定。

（3）用人单位在向劳动者出具的解除或终止劳动合同证明时，应要求劳动者签收收讫回执，并至少保管两年。

（4）用人单位未能及时出具解除劳动关系证明的，应注意离职劳动者是否再就业或自主创业，离职劳动者未能再就业与用人单位未能及时出具解除劳动关系证明之间是否存在因果关系。

【条文链接】

《中华人民共和国劳动合同法》第五十条第一款　用人单位应当在解除或者终止劳动合同时出具解除或者终止劳动合同的证明，并在十五日内为劳动者办理档案和社会保险关系转移手续。

《中华人民共和国劳动合同法》第八十九条　用人单位违反本法规定未向劳动者出具解除或者终止劳动合同的书面证明，由劳动行政部门责令改正；给劳动者造成损害的，应当承担赔偿责任。

《中华人民共和国劳动合同法实施条例》第二十四条　用人单位出具的解除、终止劳动合同的证明，应当写明劳动合同期限、解除或者终止劳动合同的日期、工作岗位、在本单位的工作年限。

撰稿人：黄彦斌/广东万里海天律师事务所律师

45．员工不辞而别是否等于解除劳动合同，企业是否可以要求员工赔偿

【观点精要】

现在越来越多人喜欢用一次“说走就走的旅行”来释放工作压力，但匆忙离开而没有办理任何离职手续的员工，是否还属于单位的员工呢？实际上，员工不辞而别，单位并没有收到个人要辞职的任何告知，因此双方的劳动关系实际上处于不确定状态。用人单位不能想当然地认为双方的劳动关系已经自然解除或终止。不辞而别的员工一旦反悔，要求用人单位继续履行劳动合同，或者主张用人单位违法解雇，用人单位很可能处于不利的境地。

对于不辞而别的员工，用人单位应依据双方签订的劳动合同或规章制度及时作出处理。例如，依据规章制度作旷工处理，在达到解除劳动合同条件时，及时通知解除劳动合同。值得注意的是，用人单位解除劳动合同，应当及时将解除劳动合同通知送达给员工。若联系不到员工本人，或员工拒绝签收，则应当采取邮寄方式送达，保全邮寄凭证，及时终止双方的劳动关系。

【典型案例】

江某于2013年7月1日到某琴行从事乐器教学工作。双方签订了自2013年

7月1日至2019年8月31日止为期六年的教师聘用合同。聘用合同约定，若江某违反劳动纪律，某琴行有权提前解除劳动合同。2014年9月28日，某琴行发现江某未在岗工作，且拒接某琴行电话，立即派人到单位公寓寻找，发现江某已搬离公寓。2014年10月10日，某琴行向江某发出了《关于解除劳动关系决定书》。2014年10月17日，某琴行向当地劳动人事争议仲裁委员会申请仲裁，请求江某赔偿某琴行经济损失50,000元。该委以申请仲裁的事项不属于其受案范围为由，裁定对某琴行的仲裁申请不予受理。后某琴行诉至法院，要求江某赔偿其经济损失50,000元。

法院经审理后认为，江某未提前30日通知某琴行，即自2014年9月28日起未上班，属于擅自离岗行为，双方劳动关系依然存续。依据双方合同约定，江某违反劳动纪律，某琴行有权解除劳动合同。另外，江某未提前通知某琴行而擅自离岗，给某琴行的工作安排造成不便，应对某琴行造成的经济损失予以赔偿。但某琴行提供的现有收据等证据尚不足以证明所涉费用确与江某的离职有关。考虑到在江某离职后某琴行确需一定时间安排他人接替教学任务，某琴行同时也应尽量合理安排琴行业务以避免损失扩大，故法院在综合某琴行教学周课时量、收费行情等因素的基础上酌定江某赔偿某琴行经济损失600元。

【律师提示】

（1）员工不辞而别，用人单位应当立即联系员工，要求返岗（注意保存证据）；如果员工不返岗，单位应按规章制度处理（必须确保规章制度的合法性）。符合解除劳动合同条件的，用人单位应当及时将解除劳动合同通知送达员工。

（2）对用人单位来说，应当及早防范风险，要从制定规章制度入手，在日常管理当中加强规章制度培训，同时规范自身管理流程，做好证据保全措施，减少员工擅自离职的情况，以及给用人单位工作安排造成的不便。

（3）员工不辞而别给用人单位造成损失的，用人单位还可以要求员工承担赔偿责任。

【条文链接】

《中华人民共和国劳动合同法》第三十七条　劳动者提前三十日以书面形式通知用人单位，可以解除劳动合同。劳动者在试用期内提前三日通知用人单位，可以解除劳动合同。

《中华人民共和国劳动合同法》第三十九条　劳动者有下列情形之一的，用人单位可以解除劳动合同：……（二）严重违反用人单位的规章制度的……

《中华人民共和国劳动合同法》第九十条　劳动者违反本法规定解除劳动合同，或者违反劳动合同中约定的保密义务或者竞业限制，给用人单位造成损失的，应当承担赔偿责任。

撰稿人：殷梅艳/广东宪鼎律师事务所律师

46. 用人单位能否以每年预付经济补偿金的方式买断工龄

【观点精要】

经济补偿金是指在企业与员工解除或终止劳动合同时按照法律规定的情形，由企业按照法律规定的标准支付给员工的经济补助。

《中华人民共和国劳动合同法》第四十六条及《中华人民共和国劳动合同法实施条例》第二十二、二十三条对企业需向员工支付经济补偿金的情形作出明确规定，发生劳动合同解除事件或符合法律规定的企业需支付经济补偿金的情形，即产生经济补偿金的法律后果。那么，企业预付经济补偿金是否合法呢？在司法实践中大体有两种不同的观点。

第一种观点认为不合法。企业相较于劳动者处于强势地位，企业预付经济补偿金容易发生以变相形式损害劳动者利益的情况，可能导致劳动者的年终奖、各种福利会以预付经济补偿金的名义变相发放，不利于保障劳动者的合法权益。因此，即使双方有事先约定也属无效条款。

第二种观点认为有条件合法。主要理由是企业具有用工自主权，企业根据自身经济状况分散经营风险，实行每年提前预付经济补偿金的方式对劳动者为企业已作贡献的累计所给予的经济补偿，对劳动者有利；且《中华人民共和国劳动合同法》及相关法律并未明确禁止企业在劳动关系存续期间提前向劳动者预付工作年限的经济补偿金。只要企业事先与劳动者协商一致并以书面形式对此进行约定，且没有损害劳动者的利益，那么，企业预付经济补偿金应认定为有效，可在将来双方解除或终止劳动关系时予以抵扣。

随着我国市场经济体制的不断完善和发展，社会中存在的劳动关系也日益市场化、复杂化，经济补偿金制度的发展也进入了重要的转折时期。目前司法实践对待企业预付经济补偿金是否有效的问题尚存争议，还需要根据具体的案情进行分析判定。

【典型案例】

杨某于2012年3月5日入职某市某电器制造公司任技术部工程师。双方有签订劳动合同。公司于2015年6月30日以合同期满不再续签劳动合同为由与杨某解除劳动关系。2015年7月10日，杨某向当地劳动人事争议仲裁委员会提起劳动仲裁，请求裁决公司支付解除劳动合同的经济补偿金166,666元。仲裁委作出裁决；要求公司向杨某支付解除劳动合同经济补偿金余额39,300元。杨某不服，遂于2015年9月21日诉至法院。

法院开庭审理，被告某电器制造公司提交2012年至2014年度经济补偿金确认书三份，拟证明被告已预付原告杨某经济补偿金。原告确认该确认书签名的真实性，但主张提前支付经济补偿金违反法律规定，且该款项实际是支付其年终奖，并不是经济补偿金。经法院查明，经济补偿金确认书反映当年年终补偿金，包含加班补偿金、车补、餐补、住宿补、差旅费补等补偿，且包含公司年终适当福利；若日后发生离职情况（含辞退、除名、解除劳动合同等等离开公司的行为），公司将不再支付该年度补偿，即此次补偿为年度个人全部补偿结算，公司按劳动法规定及劳动合同签订内容，提前支付年度补偿金，后有原告的书写签名。

法院认为，上述经济补偿金确认书所约定的加班补偿金、车补、餐补、住宿补、差旅费补或福利等年终补偿金不能代替解除劳动合同的经济补偿金。该经济补偿金确认书中的“经济补偿金”不能作为解除劳动合同的“经济补偿金”来解释。因此，该经济补偿金确认书中的“经济补偿金”与解除劳动合同的“经济补偿金”不相等同。法院认定被告已支付的2012年至2014年度经济补偿金不得用于扣减解除劳动合同的经济补偿金，遂判决被告支付原告解除劳动合同的经济补偿金166,666元。

【律师提示】

（1）企业与员工事先以书面方式约定企业可预付经济补偿金，且对经济补偿金的性质有明确约定的，该笔经济补偿金有可能被视为在劳动关系存续期间企业已预付员工日后解除或终止劳动合同的经济补偿金。

（2）具体操作如下：①企业应在劳动合同上明确约定企业可以提前预付解除或终止劳动合同经济补偿金的内容，并注明此经济补偿金可与日后解除或终止劳动合同时产生的经济补偿金相互抵扣。②企业通过民主程序制定企业的规章制度，在规章制度中规定企业可以提前预付解除或终止劳动合同经济补偿金的内容，该内容应与劳动合同关于预付经济补偿金的内容一致。企业还应将规章制度告知员工，并由员工签字确认。③建议企业可以每年年终支付当年经济补偿金的方式预付，企业应单独制作“经济补偿金签收单”，注明该经济补偿金的性质仅为解除或终止劳动合同经济补偿金。经济补偿金额应按照员工当年度的平均工资计付发放，不宜超额或减少发放。经济补偿金应单独发放，不宜与年终奖、加班费、带薪年休假工资、绩效奖金、销售提成、社保补偿等工资或其他待遇混同发放。“经济补偿金签收单”应由员工签名确认，企业妥善保管。

（3）企业预先支付经济补偿并不意味着劳动合同解除，在连续用工的情况下，员工工龄仍然是连续计算的。符合签订无固定期限劳动合同的条件的员工，仍需与之订立无固定期限劳动合同。

【条文链接】

《中华人民共和国劳动合同法》第四十六条 有下列情形之一的，用人单位应当向劳动者支付经济补偿：（一）劳动者依照本法第三十八条规定解除劳动合同的；（二）用人单位依照本法第三十六条规定向劳动者提出解除劳动合同并与劳动者协商一致解除劳动合同的；（三）用人单位依照本法第四十条规定解除劳动合同的；（四）用人单位依照本法第四十一条第一款规定解除劳动合同的；（五）除用人单位维持或者提高劳动合同约定条件续订劳动合同，劳动者不同意续订的情形外，依照本法第四十四条第一项规定终止固定期限劳动合同的；（六）依照本法第四十四条第四项、第五项规定终止劳动合同的；（七）法律、行政法规规定的其他情形。

《中华人民共和国劳动合同法》第四十七条 经济补偿按劳动者在本单位工作的年限，每满一年支付一个月工资的标准向劳动者支付。六个月以上不满一年的，按一年计算；不满六个月的，向劳动者支付半个月工资的经济补偿。劳动者月工资高于用人单位所在直辖市、设区的市级人民政府公布的本地区上年度职工月平均工资三倍的，向其支付经济补偿的标准按职工月平均工资三倍的数额支付，向其支付经济补偿的年限最高不超过十二年。

本条所称月工资是指劳动者在劳动合同解除或者终止前十二个月的平均工资。

《中华人民共和国劳动合同法实施条例》第二十二条 以完成一定工作任务为期限的劳动合同因任务完成而终止的，用人单位应当依照《中华人民共和国劳动合同法》第四十七条的规定向劳动者支付经济补偿。

撰稿人：芦道宾/广东德元律师事务所律师

47. 劳动合同期满终止，用人单位需要支付经济补偿吗

【观点精要】

劳动合同期满终止，用人单位是否需要支付经济补偿金？答案是不一定。《中华人民共和国劳动合同法》出台前，劳动合同因合同期满自然终止的，用人单位不需要支付劳动者经济补偿金。但《中华人民共和国劳动合同法》自2008年1月1日实施后，根据该法第四十六条第五项的规定，除用人单位维持或者提高劳动合同约定条件续订劳动合同，劳动者不同意续订的情形外，固定期限劳动合同期满导致劳动合同终止的，用人单位应当依法向劳动者支付经济补偿。法律的规定是反向列举的，下面细化一下这个规定。

【应当支付】如果用人单位不愿意续签劳动合同的，则需要向劳动者支付经济补偿。这种情况不再考虑合同条件，只要是用人单位不愿意续签的，就应当支付经济补偿金。

【应当支付】如果用人单位降低原来劳动条件，即使是劳动者不愿意续签的，用人单位也应当向劳动者支付经济补偿。

【无须支付】如果用人单位维持或者提高原来劳动条件，劳动者不愿意签订的，用人单位无须向劳动者支付经济补偿。

【无须支付】如果用人单位维持原来的劳动条件，劳动者不同意，要求提高原来的劳动条件的，这种情况下导致不能签订劳动合同的，用人单

位无须支付经济补偿。

对于劳动合同期满终止后，要不要向劳动者支付经济补偿，既要考虑劳动者与用人单位双方的意愿，也要考虑劳动合同的条件，并且严格区分上述四种情况来决定用人单位是否要支付经济补偿。这里最关键的因素是劳动条件，劳动条件可能与原来合同不完全一致，而是一个综合考虑的条件。因此，用人单位在协商续签劳动合同的过程中，对于具体的劳动条件应当注意取证，以便将来可以拿出对自己有利的证据。

【典型案例】

李某良于2015年6月1日入职某区击剑协会担任教练一职，约定月薪为8,000元，每月10日发放工资。劳动合同期限为2015年8月1日至2016年8月1日，无试用期，采用不定时工作制等。2016年7月26日，某区击剑协会向李某良发出《劳动合同期满劳动关系通知书》告知合同到期后不再续签。李某良遂于2016年11月30日向某区劳动人事争议仲裁委员会申请仲裁，仲裁请求事项：某区击剑协会支付李某良经济补偿金12,000元；没有提前一个月书面通知乙方工作到期，要求补偿8,000元。该会作出仲裁，裁决支持某区击剑协会支付经济补偿金12,000元。李某良对裁决结果不服，向法院提出诉讼。

法院经审理认为，本案的争议焦点是某区击剑协会是否应当向李某良支付经济补偿及代通知金，根据《中华人民共和国劳动合同法》第四十六条第五项规定，因双方劳动合同于2016年8月1日期满，某区击剑协会以劳动合同期满为由终止劳动合同的，不违反法律规定，但应当依法支付原告终止劳动合同的经济补偿12,000元。根据《中华人民共和国劳动合同法》第四十条规定，因本案系劳动合同正常到期终止，不符合支付代通知金的情形，因此李某良请求支付代通知金8,000元没有法律依据。据此，判决某区击剑协会支付李某良终止合同经济补偿12,000元，驳回李某良的其他诉讼请求。

【律师提示】

在上述案例中，原告李某良与被告某区击剑协议签订的劳动合同正常到期，但某区击剑协会以书面形式通知李某良不续签劳动合同，因此根据《中华人民共和国劳动合同法》第四十六条第五项的规定，某区击剑协会应当向李某良支付经济补偿。

另外，本案中某区击剑协议还有一个严重的失误，双方签订的劳动合同应当是一年期限，但劳动合同期限写的是2015年8月1日至2016年8月1日，一年的劳动合同应当最后日期是7月31日，但本案中劳动合同期限实际上是一年零一天，恰恰多这一天，经济补偿多半个月，即4,000元。因为经济补偿一年支付一个月工资，不满半年的支付半个月，劳动合同期限一年零一天，也按1.5个月计算。所以，签订劳动合同时应当格外注意这些细节。

【条文链接】

《中华人民共和国劳动合同法》第四十四条　有下列情形之一的，劳动合同终止：（一）劳动合同期满的；（二）劳动者开始依法享受基本养老保险待遇的；（三）劳动者死亡，或者被人民法院宣告死亡或者宣告失踪的；（四）用人单位被依法宣告破产的；（五）用人单位被吊销营业执照、责令关闭、撤销或者用人单位决定提前解散的；（六）法律、行政法规规定的其他情形。

《中华人民共和国劳动合同法》第四十六条　有下列情形之一的，用人单位应当向劳动者支付经济补偿：（一）劳动者依照本法第三十八条规定解除劳动合同的；（二）用人单位依照本法第三十六条规定向劳动者提出解除劳动合同并与劳动者协商一致解除劳动合同的；（三）用人单位依照本法第四十条规定解除劳动合同的；（四）用人单位依照本法第四十一条第一款规定解除劳动合同的；（五）除用人单位维持或者提高劳动合同约定条件续订劳动合同，劳动者不同意续订的情形外，依照本法第四十四条第一项规定终止固定期限劳动合同的；（六）依照本法第四十四条第四项、第五项规定终止劳动合同的；（七）法律、行政法规规定的其他情形。

撰稿人：徐小安/广东中亿律师事务所律师

48. 员工达到法定退休年龄，用人单位需要支付经济补偿吗

【观点精要】

员工达到法定退休年龄，或者虽未达到法定退休年龄，但已享受养老保险待遇或领取退休金的，劳动合同终止，根据《中华人民共和国劳动合同法》的相关规定，不属于应当支付经济补偿的情形，用人单位无需根据其工作年限支付经济补偿。

员工达到法定退休年龄，或者已享受养老保险待遇或领取退休金后，仍留在用人单位工作的，双方形成的用工关系按劳务关系处理。

【典型案例】

黄某姣2008年9月入职某市保安集团公司押运分公司从事押运调度工作。2016年9月1日，押运公司就劳动合同续签与黄某姣谈话，告知其根据国家相关规定，女职工满55周岁（注：干部身份）退休，黄某姣将于2016年12月23日达到法定退休年龄。2017年1月25日，押运公司向黄某姣发出告知函，内容为：鉴于您已达到法定退休年龄，依照法律规定，公司将为您办理退休手续，以便您尽快享受相关退休待遇，请您于2017年2月8日之前到公司人力资源部提交以下材料，材料清单如下：1.个人书面退休申请；2.职工原始档案。后因黄某姣身份证年龄与档案年龄不一致，未能办理退休手

续。2017年4月27日，黄某姣向劳动人事争议仲裁委员会申请仲裁。该委以劳动者主体资格不适格为由作出不予受理通知书。黄某姣不服，向法院起诉，请求判令押运公司为其办理退休手续；若无法办理退休手续，押运公司向其支付违法解除劳动合同的赔偿金68,020.4元。

案经一审、二审法院审理后认为，用人单位向劳动者支付解除劳动合同赔偿金的前提是用人单位违法解除或终止劳动合同。本案中，双方劳动关系终止的原因是押运公司以黄某姣2016年12月23日达到法定退休年龄为由而终止。押运公司作出上述终止与黄某姣劳动关系的决定，是依据黄某姣在入职时提供的身份信息。押运公司在2016年12月23日终止与黄某姣的劳动关系不存在过错，亦不存在违法情形。故法院对黄某姣要求押运公司支付解除劳动合同赔偿金的请求不予支持。

【律师提示】

（1）员工即将达到法定退休年龄时，用人单位可提前一个月左右书面通知员工劳动合同终止事宜，并协助其办理劳动合同终止手续和退休手续。

（2）员工即将达到法定退休年龄，但劳动合同期限已经届满的，可与员工协商续订至达到法定退休年龄时止，以避免支付经济补偿。

（3）员工劳动合同期限虽已届满，但距离法定退休年龄不足五年，且已在该单位连续工作满十五年的，应当顺延至退休。

（4）员工达到法定退休年龄后继续留在单位工作的，应及时签订劳务协议，明确相关权利、义务。

（5）要注意防范部分员工在即将退休前制造被解雇的假象，导致不必要的经济补偿或赔偿。

【条文链接】

《中华人民共和国劳动合同法》第四十四条　有下列情形之一的，劳动合同终止：（一）劳动合同期满后；（二）劳动者开始依法享受基本养老保险待遇的；（三）劳动者死亡或者被人民法院宣告死亡或者宣告失踪的；（四）用人单位被依法宣告破产的；（五）用人单位被吊销营业执照、责令关闭、撤销或者用人单位决定提前解散的；（六）法律、行政法规规定的其他情形。

《中华人民共和国劳动合同法》第四十六条　有下列情形之一的，用人单位应当向劳动者支付经济补偿：……（五）除用人单位维持或者提高劳动合同约定条件续订劳动合同，劳动者不同意续订的情形外，依照本法第四十四条第一项规定终止固定期限劳动合同的；（六）依照本法第四十四条第四项、第五项规定终止劳动合同的；（七）法律、行政法规规定的其他情形。

《中华人民共和国劳动合同法实施条例》第二十一条　劳动者达到法定退休年龄的，劳动合同终止。

《最高人民法院关于审理劳动争议案件适用法律若干问题的解释（三）》第七条　用人单位与其招用的已经依法享受养老保险待遇或领取退休金的人员发生用工争议，向人民法院提起诉讼的，人民法院应当按劳务关系处理。

附：企业员工法定退休年龄一览表

<table>
<tr><td colspan="2">普通岗位</td><td colspan="2">从事井下、高温、高空，特别繁重体力劳动或其他有害身体健康工作的</td><td colspan="2">因病或非因工致残，由医院证明并由劳动能力鉴定委员会确认完全丧失劳动能力的</td></tr>
<tr><td>男性</td><td>60岁</td><td>男</td><td>55岁</td><td>男</td><td>50岁</td></tr>
<tr><td>女职工</td><td>50岁</td><td rowspan="2">女</td><td rowspan="2">45岁</td><td rowspan="2">女</td><td rowspan="2">45岁</td></tr>
<tr><td>女干部</td><td>55岁</td></tr>
</table>

撰稿人：郭敏珊/广东品信律师事务所律师

49. 如果用人单位愿意支付赔偿金，是否可以随意解除劳动合同

【观点精要】

对于如何节省开支与劳动者解除劳动关系，一直是用人单位的难题，但也有的用人单位很豪气，宁愿向劳动者支付赔偿金也要解除劳动关系。那么，用人单位真的只要愿意支付赔偿金就能达到解雇的目的吗？

用人单位违法解除或终止劳动合同，劳动者要求继续履行劳动合同的，用人单位应当继续履行；劳动者不要求继续履行劳动合同或者劳动合同已经不能继续履行的，用人单位应当向劳动者支付赔偿金。赔偿金的金额是补偿金的两倍。

但是，这并不意味着用人单位支付了高出补偿金两倍的赔偿金后，就可以随意解除劳动合同。即使愿意向劳动者支付高额的赔偿金，还必须注意审查自身劳动用工有无其他违法现象（如无拖欠工资、加班费或未签订劳动合同），审查该劳动者是否属于限制解除劳动合同的特殊劳动者，例如“三期”女职工、停工留薪期内的工伤职工等，否则除了支付赔偿金外，还可能要额外支付其他款项。用人单位随意解雇，可能会付出远远超出法定赔偿金的高昂代价。

【典型案例】

张某于2018年6月入职某电器制造公司任仓管员。双方未签订劳动合同。张某每月上班26天，有考勤打卡记录，每月工资为3,500元。工资以转账方式发放至张某的账户。2019年5月，某电器制造公司以老板亲戚顶替张某岗位为由，单方面与张某解除劳动关系，并愿意支付张某两个月的工资共7,000元作为赔偿金。张某不同意某电器制造公司的做法，向劳动仲裁委员会提起劳动仲裁，要求某电器制造公司支付未签订劳动合同的二倍工资、加班费、赔偿金合计45,325元。

劳动仲裁委员会审理后认为，一、某电器制造公司自用工之日起超过一个月不满一年未与劳动者订立书面劳动合同的，应当向张某每月支付二倍工资；二、根据考勤打卡记录显示，张某的每月工作时间已超出法定工作时间，有加班的现象，但某电器制造公司每月发放工资却没有让张某签收工资条，无法证明其支付的工资已包含加班工资，而应向张某支付加班工资；三、某电器制造公司没有合法理由与张某解除劳动关系，应向张某支付赔偿金。法院判决某电器制造公司向张某支付未订签劳动合同的二倍工资、加班费、赔偿金合计45,325元。

【律师提示】

（1）用人单位不宜以愿意支付高额赔偿金为由任意与劳动者解除劳动关系。

（2）在与劳动者解除劳动关系之前，先审查自身是否有违法劳动法用工的行为，例如未按时签订劳动合同、未足额支付工资（包含加班费）、未缴纳社会保险等；否则，如存在违法用工行为，不仅要支付赔偿金，还要支付其他款项。

（3）尽量与劳动者协商一致解除劳动合同，并及时签订解除劳动合同协议书，协议书内需要约定双方的权利、义务就此终结，互不追究双方的法律责任。

（4）即使用人单位愿意支付赔偿金也未必能达到解除劳动关系的目的，因为劳动者还有权选择继续履行劳动合同，不接受拿钱走人。注意具有因工负伤、患病、“三期”等特殊情形的劳动者，他们更有可能选择要求继续履行劳动合同。

【条文链接】

《中华人民共和国劳动合同法》第四十八条　用人单位违反本法规定解除或者终止劳动合同，劳动者要求继续履行劳动合同的，用人单位应当继续履行；劳动者不要求继续履行劳动合同或者劳动合同已经不能继续履行的，用人单位应当依照本法第八十七条规定支付赔偿金。

《中华人民共和国劳动合同法》第八十七条　用人单位违反本法规定解除或者终止劳动合同的，应当依照本法第四十七条规定的经济补偿标准的二倍向劳动者支付赔偿金。

撰稿人：张爱文、谢晓林/广东广中律师事务所律师

50. 只要是劳动者提出辞职，用人单位就一定不用支付经济补偿吗

【观点精要】

劳动者提出辞职分为两种情况，一种是主动提出辞职，一种是被动提出辞职，这两种情况应该分开讨论。

第一种，劳动者主动提出辞职。根据《中华人民共和国劳动合同法》第三十七条规定，正式员工提前三十日以书面形式向用人单位提出辞职的，试用期内员工提前三日向用人单位提出辞职的，用人单位无需支付经济补偿金。

第二种，劳动者被动提出辞职。如是因用人单位不为劳动者购买社保、拖欠劳动者工资、不按合同约定提供相应的保护或条件、做出损害劳动者权益的行为等而导致劳动者被迫提出辞职的，用人单位应当支付经济补偿金。

若用人单位出现以暴力、威胁或者非法限制人身自由等手段强迫劳动者劳动，或出现一些其他危及劳动者人身安全的情形，劳动者此时不受“提前三十天（试用期内提前三天）通知用人单位”的限制，可立即与用人单位解除劳动合同，并要求用人单位支付经济补偿金。

【典型案例】

王某于1993年4月13日入职被某市某铝品公司，月平均工资为4,000元。

2016年3月、4月，某铝品公司拖欠王某工资共计8,000元，并自2014年2月起拒绝为其参加社会保险。后王某以某铝品公司拖欠其工资及拒绝为其购买社会保险为由，与某铝品公司解除劳动合同，并于2014年6月23日向某市劳动人事争议仲裁委员会申请仲裁，请求裁决某铝品公司支付拖欠的工资并赔偿解除劳动合同的经济补偿金。

后经仲裁委审理，仲裁员认为，某铝品公司拖欠工资及自2014年2月起未为王某参加社会保险是事实，根据《中华人民共和国劳动合同法》第三十八条第一款、第四十六条、第四十七条及第九十七条第三款的规定，王某以此为由提出解除劳动关系，并主张经济补偿金，理据充足，应予支持。某铝品公司以王某系主动辞职为由主张无需支付经济补偿金的抗辩不能成立。法院裁决某铝品公司应向王某支付经济补偿金。

【条文链接】

《中华人民共和国劳动合同法》第三十七条　劳动者提前三十日以书面形式通知用人单位，可以解除劳动合同。劳动者在试用期内提前三日通知用人单位，可以解除劳动合同。

《中华人民共和国劳动合同法》第三十八条　用人单位有下列情形之一的，劳动者可以解除劳动合同：（一）未按照劳动合同约定提供劳动保护或者劳动条件的；（二）未及时足额支付劳动报酬的；（三）未依法为劳动者缴纳社会保险费的；（四）用人单位的规章制度违反法律、法规的规定，损害劳动者权益的；（五）因本法第二十六条第一款规定的情形致使劳动合同无效的；（六）法律、行政法规规定劳动者可以解除劳动合同的其他情形。

用人单位以暴力、威胁或者非法限制人身自由的手段强迫劳动者劳动的，或者用人单位违章指挥、强令冒险作业危及劳动者人身安全的，劳动者可以立即解除劳动合同，不需要事先告知用人单位。

《中华人民共和国劳动合同法》第四十六条　有下列情形之一的，用人单位应当向劳动者支付经济补偿：（一）劳动者依照本法第三十八条规定解除劳动合同的；（二）用人单位依照本法第三十六条规定向劳动者提出解除劳动合同并与劳动者协商一致解除劳动合同的；（三）用人单位依照本法第四十条规定解除劳动合同的；（四）用人单位依照本法第四十一条第一款规定解除劳动合同的；（五）除用人单位维持或者提高劳动合同约定条件续订劳动合同，劳动者不同意续订的情形外，依照本法第四十四条第一项规定终止固定期限劳动合同的；（六）依照本法第四十四条第四项、第五项规定终止劳动合同的；（七）法律、行政法规规定的其他情形。

《中华人民共和国劳动合同法》第四十七条　经济补偿按劳动者在本单位工作的年限，每满一年支付一个月工资的标准向劳动者支付。六个月以上不满一年的，按一年计算；不满六个月的，向劳动者支付半个月工资的经济补偿。

劳动者月工资高于用人单位所在直辖市、设区的市级人民政府公布的本地区上年度职工月平均工资三倍的，向其支付经济补偿的标准按职工月平均工资三倍的数额支付，向其支付经济补偿的年限最高不超过十二年。

本条所称月工资是指劳动者在劳动合同解除或者终止前十二个月的平均工资。

撰稿人：黄保玲/广东优游涵泳律师事务所律师

51. 离职手续办理有瑕疵的法律风险

【知识要点】

在办理离职手续的时候可能出于各种原因导致离职手续办理出现瑕疵，继而产生不必要的纠纷，甚至导致用人单位额外支出费用。据统计，在劳动合同纠纷案件中，有90%是发生在离职期间以及离职后。用人单位因离职手续办理有瑕疵而带来的常见法律风险如下。

（1）在达成离职协议的情况下没有签订书面协议，或者虽有签订，但协议条款不合法、不严谨。

（2）离职手续不规范、不完整，例如不开具离职证明或随意开具离职证明，产生不必要的纠纷。

（3）离职未办好离职交接手续，部门之间互不通气。

（4）涉及保密和竞业限制事项，没有签订协议，或之前已签订，离职时未进行必要的提醒。

【典型案例】

2016年10月8日，杨某入职杭州某公司。2017年5月，杨某向公司董事长张某提出辞职，要求解除劳动合同关系。后杭州某公司与杨某就离职补偿进行协商，口头达成协议：公司一次性支付补偿款30万元给杨某，并帮助杨某交纳2016年6—8月三个月的社会保险费。口头协议达成后，杭州某公司向杨某一次性支付补偿款30万元。2017年6月21日，杨某向杭州某劳动人事争议仲裁委员会申请劳动仲裁，提出新的赔偿请求，要求杭州某公司另行支付未签订劳动合同的二倍工资差额、非法解除劳动合同的赔偿金、年休假工资等，并在庭审中认为杭州某公司支付的一次性补偿款30万元是杨某8个月的工资差额。杭州某公司认为，双方口头达成的离职协议包含了杨某所要求的全部经济补偿，包括未签订劳动合同的补偿以及其他所有补偿，双方劳动合同已经合法解除劳动合同关系且不存在其他劳动纠纷。

仲裁委经审理后认为，根据本案双方当事人陈述和相关证据可以认定，杭州某公司应支付杨某2016年10月至2017年5月工资差额、未签订劳动合同的二倍差额、协商一致解除劳动合同的经济补偿金、年休假工资等共计33万余元。现公司于杨某离职时已支付30万元，认为双方已一次性了结所有争议，但并未签订书面协议，也无其他证据证明，杨某不予确认。因此，公司仍需支付杨某3万余元。

【律师提示】

（1）用人单位和劳动者就解除劳动关系达成协议，建议采取书面形式。

（2）用人单位在劳动者不辞而别的情况下，应积极履行通知解除劳动关系的程序，以避免可能发生的争议和风险。

（3）在劳动者不辞而别的情况下，劳动者已提供劳动部分对应报酬不应被剥夺。若用人单位有条件支付剩余工资的，应及时足额支付，如劳动者的银行卡并未销毁，可通过转账支付并加备注的形式。

（4）用人单位在劳动者离职后应及时办理档案和社保关系转移手续。

【条文链接】

《中华人民共和国劳动合同法》第五十条　用人单位应当在解除或者终止劳动合同时出具解除或者终止劳动合同的证明，并在十五日内为劳动者办理档案和社会保险关系转移手续。

劳动者应当按照双方约定，办理工作交接。用人单位依照本法有关规定应当向劳动者支付经济补偿的，在办结工作交接时支付。

用人单位对已经解除或者终止的劳动合同的文本，至少保存两年备查。

第五章

工资福利与休息休假

撰稿人：郭敏珊/广东品信律师事务所律师

52. 薪酬结构设计不当的法律风险

【观点精要】

对于企业来说，设计一个好的薪酬结构可以在有效激励员工的同时合理控制成本。但是薪酬结构的设计需要兼顾和平衡的方面很多，如公平、合理、经济、激励、合法等，其中法律风险规避和防范是必不可少的。

常见的法律风险如下。

（1）员工每月应发放工资低于当地的最低工资标准，引起员工投诉和劳动监察部门的调查处理。

（2）薪酬构成过于简单，并无区分正常工作时间工资、平日加班工资、休息日加班工资，造成“拖欠”员工加班工资的现象。

（3）工资表未列明依法给员工购买相应社会保险、公积金等，企业及员工个人应承担本该承担的缴交费，以及明示企业逃避社会责任，企业将面临相关部门处罚的行政风险。

【典型案例】

徐某系都美公司处员工，2014年7月因腿部滑膜炎向都美公司申请病假。都美公司在徐某病假期间未通过任何复工或其他沟通的情况下向徐某发出以旷工为由的劳动合同解除通知书。徐某通过多方途径与都美公司沟通都未果，后申请劳动仲裁。仲裁委裁决后，徐某又诉至法院，请求法院依法判令：一、都美公司支付徐某2011—2014年防暑降温费1,400元、取暖费2,080元；二、都美公司支付徐某2012—2014年休息日加班费38,919元、延时加班费1,223.4元；三、都美公司支付徐某违法解除劳动合同赔偿金13,440元；四、都美公司支付徐某工资报酬损失每月1,680元，直至劳动争议解决之日。

对于徐某主张的第二项诉请，法院认为，徐某为证明自己的加班情况提交了2013年5月至2014年3月的部分考勤卡照片打印件。都美公司为证明徐某的出勤情况提交了有徐某部分签字的2014年1—6月考勤表。对于徐某2014年之前的考勤情况，如徐某主张自己存在加班应当自行提交相应证据证明。现徐某只能提交2013年5—12月的部分考勤卡照片打印件。对于徐某主张的2012年至2013年4月的加班情况，徐某并无证据证明。故对上述期间的休息日加班费，法院不予支持。对于徐某提交的2013年5—12月的部分考勤卡照片打印件，都美公司虽不认可其真实性，但亦不能对此提交反证，故法院对徐某提交的上述证据予以认可。

根据该证据记载的徐某考勤情况核算，徐某2013年5—12月期间共加班12天，都美公司应支付其休息日加班费1,655元（$1,500 \div 21.75 \times 12 \times 2$）；关于徐某2014年1—6月的加班情况，核算徐某此期间共加班18天，都美公司应支付徐某休息日加班费2,631元（$1,500 \div 21.75 \times 9 \times 2+1,680 \div 21.75 \times 9 \times 2$）；关于徐某主张的2012—2014年延时加班费1,223.4元，徐某认为自己每天均存在延时。从徐某的考勤情况看，徐某确实存在延时工作的情况。现徐某主张92小时的延时加班费1,223.4元，不超过法律规定的标准，法院予以认可。另外，根据都美公司提交的工资表，并无明显区分正常工作时间工资、平日加班工资、休息日加班工资，也没有徐某的确认签名，都美公司无法证明已向徐某支付加班费。综上，都美公司应支付徐某在职期间的休息日加班费共计4,286元，延时加班费共计1,223.4元。

【律师提示】

（1）薪酬结构设计不能违反用人单位住所地关于最低工资标准的法规规定，如员工个人应当缴存的五险一金是否应当包括在最低工资内，各地规定不同。

（2）薪酬结构设计构成应区分正常工作时间工资、平日加班工资、休息日加班工资，其中平日加班、周末加班和法定节假日加班分别按正常工作时间工资的1.5倍、2倍、3倍设计和核算。

（3）薪酬结构设计应当考虑社会保险和住房公积金等法律福利，要依法给员工购买相应社会保险、住房公积金等。企业应承担本该承担的缴交费用，不能不交、少交或将本应企业自身承担的费用全额或部分转嫁给员工。

【条文链接】

《中华人民共和国劳动合同法》第三十条　用人单位应当按照劳动合同约定和国家规定，向劳动者及时足额支付劳动报酬。

《中华人民共和国劳动合同法》 第三十一条　用人单位应当严格执行劳动定额标准，不得强迫或者变相强迫劳动者加班。用人单位安排加班的，应当按照国家有关规定向劳动者支付加班费。

《广东省工资支付条例》第七条　用人单位应当依法制定本单位的工资支付制度，并书面告知本单位全体劳动者。工资支付制度包括如下事项：（一）工资的分配形式、项目、标准及其确定、调整办法；（二）工资支付的周期和日期；（三）加班、延长工作时间和特殊情况下的工资及支付办法；（四）工资的代扣、代缴及扣除事项；（五）其他有关事项。劳动者有权向用人单位查询有关工资支付制度的内容。

《广东省工资支付条例》第八条　用人单位与劳动者应当在劳动合同中依法约定正常工作时间工资，约定的工资不得低于所在地政府公布的本年度最低工资标准。未约定的或者约定不明确的，以用人单位所在地县级人民政府公布的上年度职工月平均工资作为正常工作时间工资；实际支付的工资高于当地政府公布的上年度职工月平均工资的，实际支付的工资视为与劳动者约定的正常工作时间工资。

撰稿人：黄彦斌/广东万里海天律师事务所律师

53．员工医疗期和停工留薪期有何区别，用人单位分别需要支付什么待遇

【观点精要】

劳动者在工作中难免出现伤病情况。这个时候，用人单位懂得医疗期、停工留薪期的区别至关重要。那么，医疗期和停工留薪期二者具体有什么区别呢？

首先，两者概念不同。医疗期分为非因公医疗期和工伤医疗期。非因公医疗期，指企业职工因患病或非因工负伤停止工作治病休息而不得解除劳动合同的时限；工伤医疗期，指职工因工负伤或者患职业病需要停止工作接受治疗的期限。停工留薪期，指职工因工作遭受事故伤害或者患职业病需要暂停工作接受工伤医疗，原工资、薪资、福利、保险等待遇不变的期限。

其次，两者期限不同。非因公医疗期是根据职工实际参加工作年限和在本单位工作年限，给予三个月到二十四个月的医疗期。工伤医疗期的期限则由劳动能力鉴定委员会作出认定，具体期限法律并没有明确规定。而停工留薪期同样是由劳动能力鉴定委员会作出认定，一般不超过十二个月，伤情严重或者情况特殊，经设区的市级劳动能力鉴定委员会确认，可以适当延长，但延长不得超过十二个月。

最后，两者待遇不同。非因公医疗期内，用人单位不得因劳动者非过

错原因而解除劳动合同，且工资不能低于当地最低工资标准的80%。而停工留薪期内，用人单位不得终止劳动关系，原工资、福利、待遇不变，标准为负伤前十二个月的平均工资收入。

【典型案例】

廖某于2012年8月19日入职L公司任职磨床工。双方有签订劳动合同。L公司有为廖某参加工伤保险。2015年3月15日起，廖某停职就医，并于同年7月1日由某市疾病预防控制中心诊断为“疑似尘肺病”。同年11月10日，该中心诊断廖某为尘肺病一期。L公司对上述诊断有异议。该中心于2016年4月1日出具粤中卫职鉴[2016]第1号职业病诊断鉴定书，认为应维持原诊断，诊断鉴定廖某为尘肺病一期。2016年5月3日，某市人力资源和社会保障局认定廖某为工伤。同年6月3日，某市劳动能力鉴定委员会鉴定廖某为七级伤残，后经该会复鉴、某省劳动能力鉴定委员会再次鉴定，均维持原诊断。2017年1月13日，某市劳动能力鉴定委员会确认廖某停工留薪期为一个月。同年3月27日，该会确认廖某医疗期至2017年9月30日。2018年1月8日，该会确认廖某延长医疗期至2018年6月30日。另查，L公司从2015年4月起以同期最低工资标准按月支付廖某工资。

2017年8月8日，某市劳动人事争议仲裁委员会立案受理廖某与L公司之间的劳动争议仲裁申请。廖某的仲裁请求之一：要求L公司支付2015年3月15日至2017年9月30日期间的工资差额131,629元（计算方式：负伤前十二个月平均工资－L公司每月已支付的最低工资）。

仲裁委不支持廖某上述主张，认为廖某的医疗期虽延长至2017年9月30日，但没有证据证明劳动能力鉴定部门就该期间的停工留薪期作出新的确认，而L公司按照最低工资标准支付廖某病假期间工资，符合《广东省工资支付条例》第二十四条的规定，故认为廖某主张该部分工资差额的请求缺乏事实依据，不予支持。

廖某对上述仲裁裁决不服，认为L公司应在医疗期内支付其全额工资，遂诉至一审法院。一审法院认为，L公司在廖某鉴定为工伤前按最低工资标准向廖某支付工资，确已尽到保障其生活、医疗的义务，故廖某要求L公司支付其2015年3月15日至2016年5月3日期间的工资差额无事实、法律依据，不予支持；但对于某市劳动能力鉴定委员会确认延长的医疗期（2017年3月27日至2017年9月30日）应采取损失填补原则，可参照停工留薪期待遇填补其工资，并以此判令L公司应支付廖某2017年3月27日至2017年9月30日期间工资差额27,797.75元。

L公司对一审判决不服，向二审法院提起上诉。L公司认为医疗期与停工留薪期是不同概念，不能互相等同，劳动能力鉴定部门延长的是医疗期，而非停工留薪期，不应当参照停工留薪期待遇支付廖某工资。对此，二审法院认为，虽然廖某的医疗期于2017年3月27日被某市劳动能力鉴定委员会确认延长至2017年9月30日，但廖某未举证证明某市劳动能力鉴定委员会就其该期间的停工留薪期作出新的确认，L公司按最低工资标准向廖某支付该医疗期的工资符合法律规定。一审按停工留薪期工资标准计算廖某该医疗期间的工资，并判决L公司向廖某支付该期间的工资差额不当，应予纠正，故撤销了一审判决的该判项。

【律师提示】

医疗期和停工留薪期的区别是两者设立的目的不同。医疗期的主要作用是保障劳动者因伤病休息而不被解雇；而停工留薪期主要作为弥补劳动者因工伤而产生的误工损失。因此，用人单位需区分概念，对不同期间的伤病职工支付不同待遇，以免张冠李戴。

【条文链接】

《中华人民共和国劳动合同法》第四十条　有下列情形之一的，用人单位提前三十日以书面形式通知劳动者本人或者额外支付劳动者一个月工资后，可以解除劳动合同：（一）劳动者患病或者非因工负伤，在规定的医疗期满后不能从事原工作，也不能从事由用人单位另行安排的工作的……

《中华人民共和国劳动合同法》第四十二条　劳动者有下列情形之一的，用人单位不得依照本法第四十条、第四十一条的规定解除劳动合同……（三）患病或者非因工负伤，在规定的医疗期内的……

《工伤保险条例》第三十三条　职工因工作遭受事故伤害或者患职业病需要暂停工作接受工伤医疗的，在停工留薪期内，原工资、福利、待遇不变，由所在单位按月支付。停工留薪期一般不超过十二个月。伤情严重或者情况特殊，经设区的市级劳动能力鉴定委员会确认，可以适当延长，但延长不得超过十二个月。工伤职工评定伤残等级后，停发原待遇，按照本章的有关规定享受伤残待遇。工伤职工在停工留薪期满后仍需治疗的，继续享受工伤医疗待遇。生活不能自理的工伤职工在停工留薪期需要护理的，由所在单位负责。

《企业职工患病或非因工负伤医疗期规定》第三条　企业职工因患病或非因工负伤，需要停止工作医疗时，根据本人实际参加工作年限和在本单位工作年限，给予三个月到二十四个月的医疗期：（一）实际工作年限十年以下的，在本单位工作年限五年以下的为三个月五年以上的为六个月。（二）实际工作年限十年以上的，在本单位工作年限五年以下的为六个月；五年以上十年以下的为九个月；十年以上十五年以下的为十二个月；十五年以上二十年以下的为十八个月；二十年以上的为二十四个月。

《企业职工患病或非因工负伤医疗期规定》第五条　企业职工在医疗期内，其病假工资、疾病救济费和医疗待遇按照有关规定执行。

撰稿人：陈秋霞/广东洋三律师事务所

54. 带薪年休假管理的法律风险

【观点精要】

带薪年休假是指连续工作一年以上的劳动者依据国家规定享有的除法定休假日、休息日以外的假期，并且职工在年休假期间享受与正常工作期间相同的工资收入。

现在用人单位基本上都会遵守国家法律法规的有关规定，在周末双休日、法定节假日安排员工放假，或对周六日加班依法给予调休或支付加班工资，却往往忽视了应依法制定企业的带薪年休假制度，或者虽然有制定相应的带薪年休假制度，却没有给予有效管理，导致出现一定的法律风险。在司法实践中，企业在带薪年休假管理环节经常出现的法律风险点主要如下。

（1）用人单位认为员工必须在本单位工作在一年以上，才可以在本单位享受带薪年休假；事实上，按照《企业职工带薪年休假实施办法》第三条的规定，只要职工连续工作满十二个月以上（既包括职工在同一用人单位连续工作满十二个月以上的情形，也包括职工在不同用人单位连续工作满十二个月以上的情形），即可在本单位享受带薪年休假。因此即使入职本单位不到一年，也是可以享受年休假待遇的。

（2）用人单位往往误认为，员工带薪年休假的天数应是按照员工本人在本单位的工龄来计算，而不应该按照职工本人的累计工龄来计算。但是按照法律规定却是相反的，员工享有的带薪年休假天数是根据职工累计工作时间确定的。

（3）用人单位在规章制度中规定，职工不申请休年休假，视为放弃或过期作废，这是违法的，没有任何法律依据。根据《企业职工带薪年休假实施办法》第十条第二款的规定，只有员工书面提出不休年休假的，才可以视为放弃。

（4）用人单位虽已安排员工放假，但若没有充分证据证明安排的假期性质是带薪年休假或已支付未休带薪年休假工资的，仍会被认定为未安排员工休年休假以及需承担未休带薪年休假工资的法律后果。

【典型案例】

2017年5月26日，刘某生向仲裁委申请仲裁，请求裁决某市电器公司支付其2008年1月至2016年7月期间的未休带薪年休假工资28,671.23元。该委员会逾期未受理。刘某生诉至一审法院，主张前述实体权利。在诉讼中，某市电器公司抗辩主张其已通过增加法定节假日休假、增加周六休息时间、增加工作日休息时间以及在2016年8月15日开始停工停产休假这四种年休假调休方式安排刘某生的带薪年休假，并提交面向全厂发出的节日放假通知及公告通知签收表等材料，拟证明其方已面向全厂员工实施该放假制度。但一审法院以某市电器公司未提交证据证明公司已安排员工休带薪年休假或已支付未休带薪年休假工资为由，判令某市电器公司支付刘某生相应的带薪年休假工资。一审判决作出后，某市电器公司上诉至中级法院，并在上诉理由中主张其已经足额支付年休假工资。二审法院经审理认为，某市电器公司所主张的四种调休方式没有依法考虑职工本人意见，亦没有提供相应的休假考勤记录等证据证明，应承担举证不能的法律后果。二审判决维持原判。

【律师提示】

（1）用人单位如果打算在春节期间除法定节假日、休息日外还向员工增加假期，并希望将多放的假期纳入年休假的，则应该依法履行相关的告知程序以及征得员工的确认，并保存好有关考勤记录等证据，以证明公司已安排员工休年休假。

（2）用人单位应在规章制度中依法制定关于职工带薪年休假的具体管理制度并执行，正确厘清认识上的误区，如即使入职本单位不到一年，也可以享受年休假待遇；带薪年休假天数是按照职工本人的工龄计算，而并非按照“司龄”（即职工在公司的工作年限）计算等，避免日后发生劳资纠纷因此承担支付带薪年休假工资的法律风险。

（3）用人单位在安排年休假时应依法考虑职工本人意见，如确因工作需要不能安排职工年休假或需跨年度安排时，必须征得职工本人同意。

【条文链接】

《中华人民共和国劳动法》第四十五条　国家实行带薪年休假制度。

劳动者连续工作一年以上的，享受带薪年休假。具体办法由国务院规定。

《职工带薪年休假条例》第二条　机关、团体、企业、事业单位、民办非企业单位、有雇工的个体工商户等单位的职工连续工作一年以上的，享受带薪年休假（以下简称年休假）。单位应当保证职工享受年休假。职工在年休假期间享受与正常工作期间相同的工资收入。

《职工带薪年休假条例》第三条　职工累计工作已满一年不满十年的，年休假五天；已满十年不满二十年的，年休假十天；已满二十年的，年休假十五天。国家法定休假日、休息日不计入年休假的假期。

《企业职工带薪年休假实施办法》第四条　年休假天数根据职工累计工作时间确定。职工在同一或者不同用人单位工作期间，以及依照法律、行政法规或者国务院规定视同工作期间，应当计为累计工作时间。

《企业职工带薪年休假实施办法》第九条　用人单位根据生产、工作的具体情况，并考虑职工本人意愿，统筹安排年休假。用人单位确因工作需要不能安排职工年休假或者跨一个年度安排年休假的，应征得职工本人同意。

《企业职工带薪年休假实施办法》第十条　用人单位经职工同意不安排年休假或者安排职工休假天数少于应休年休假天数的，应当在本年度内对职工应休未休年休假天数，按照其日工资收入的300%支付未休年休假工资报酬，其中包含用人单位支付职工正常工作期间的工资收入。

用人单位安排职工休年休假，但是职工因本人原因且书面提出不休年休假的，用人单位可以只支付其正常工作期间的工资收入。

撰稿人：黄彦斌/广东万里海天律师事务所律师

55. 员工在试用期内患病，能否享受医疗期待遇

【观点精要】

一般情况下，用人单位对处于医疗期内的员工，不得与之解除劳动合同。然而，在试用期内，用人单位如能证明员工不符合录用条件，可以与之解除劳动合同。那么，当试用期撞上医疗期，员工能否享受医疗期待遇呢？答案是肯定的。

医疗期的适用对象为与企业建立劳动关系员工。试用期是指用人单位和劳动者相互考察，用以确定对方是否符合自己的录用条件而约定的考察期。根据《中华人民共和国劳动合同法》第十九条规定，试用期包含在劳动合同期限内，也就是说，试用期只是劳动合同期限内的一个特殊阶段，并不影响双方间存在劳动关系的认定。此外，参照原劳动部办公厅在《关于合同制工人在试用期内患病医疗问题的复函》（已失效）的观点：劳动者在试用期内，患病或非因工负伤可以享受医疗待遇，医疗期限为三个月。综上，一般认为劳动者在试用期内可以享受医疗期的相关待遇。

然而，对于试用期内的员工，用人单位能否顺延试用期？又能否以劳动者不符合录用条件为由，解除劳动合同？对此，有不同的观点。

一种观点认为，试用期是一个不可变期间，员工在试用期内请病假不影响试用期。试用期虽是考察期，但包含在正式的劳动合同期限内，并不

影响双方已存在的劳动关系。因此，试用期内企业无权单方剥夺其权益或延长试用期。

另一种观点则认为，员工在试用期内请病假，单位有权作相应顺延，甚至以劳动者不符合录用条件而终止试用期。因为试用期是用人单位与劳动者彼此进行考核的期限。如果劳动者请病假却不得顺延试用期，那么约定的考核期限就不能实际贯彻落实，这显然违背了立法目的。此外，劳动者身体素质也应当属于试用期考核的内容之一，因此，用人单位有权以劳动者不符合录用条件而终止试用期。

上述两种观点都有合理之处。在实践中也存在不同的判例。但对于用人单位而言，为防范风险，应当在订立劳动合的同时完善试用期条款，作出如“试用期如遇病假顺延”等约定，并明示试用期考核标准。

【典型案例】

林某2005年3月被某木艺制品厂录用。双方签订了为期5年的劳动合同，合同约定林某试用期为6个月。2005年6月20日，林某患病住院，经医院诊治半个月后仍未痊愈。林某住院期间，用人单位停发了全部工资，并以不能适应工作，不符合录用条件为由解除了林某的劳动合同。林某认为，厂方在自己疾病未治愈的情况下不能解除劳动合同，要求用人单位收回解除劳动合同的决定，继续履行合同，享受病假待遇。厂方则认为，林某属于试用阶段，不享受医疗待遇，其生病不适应工作要求，厂方可以辞退。双方多次协商未果，林某无奈向劳动争议仲裁委员会提出仲裁。仲裁委在经过庭审调查后裁决用人单位解除林某劳动合同的决定无效，并要求厂方补发林某住院期间的医疗期工资。

【律师提示】

用人单位为防范风险，可以采取下列方式。

（1）在通过民主程序依法制定的规章制度中声明，在试用期间无论何种原因，累计缺勤十个工作日（包括事假、病假等各类假期和旷工导致的缺勤）以上视为不符合录用条件，用人单位可以视其为不符合录用条件；同时明确“试用期如遇病假、医疗期则顺延”。

（2）劳动者进入医疗期后不应立即解除劳动合同，而是在缺勤满一段时间（根据规章制度规定的期限）后立即出具劳动合同解除通知书告知劳动者，由于其缺勤已满十天，已不符合录用条件，但由于劳动者处在医疗期内，故解除劳动合同之日为医疗期满之日。这种做法主要依据《中华人民共和国劳动合同法》第四十条第一款的规定，劳动者可以享有一定期限的医疗期。此外，劳动合同的试用期出现了阻碍情形，应当视为试用期中止。

【条文链接】

《中华人民共和国劳动合同法》第十九条　劳动合同期限三个月以上不满一年的，试用期不得超过一个月；劳动合同期限一年以上不满三年的，试用期不得超过两个月；三年以上固定期限和无固定期限的劳动合同，试用期不得超过六个月。

《中华人民共和国劳动合同法》第四十二条　劳动者有下列情形之一的，用人单位不得依照本法第四十条、第四十一条的规定解除劳动合同：……（三）患病或者非因工负伤，在规定的医疗期内的……

《企业职工患病或非因工负伤医疗期规定》第三条　企业职工因患病或非因工负伤，需要停止工作医疗时，根据本人实际参加工作年限和在本单位工作年限，给予三个月到二十四个月的医疗期……

《企业职工患病或非因工负伤医疗期规定》第五条　企业职工在医疗期内，其病假工资、疾病救济费和医疗待遇按照有关规定执行。

撰稿人：赖初帆/广东洋三律师事务所律师

56. 工资通过银行转账发放，可以不用员工签收吗

【观点精要】

工资的计付形式属于用人单位可以自主确定的范围，只要不违反法律、行政法规的强制性规定，法律一般不予干涉。工资项目一般包含基本工资、岗位工资、各种津贴福利、加班工资、绩效工资等。那么用人单位通过银行转账的方式向劳动者支付工资，还需要劳动者签收工资条吗？

观点一，不需要签收工资条。签收工资条的目的是证明劳动者收取了工资，但用人单位通过银行转账的方式已能够证明劳动者收取了工资，因此不需要签收。

观点二，需要签收工资条。工资条的作用除了证明劳动者收取了工资外，还记载了工资的构成。用人单位对包括员工工资构成在内的工资支付台账负有管理义务。

【典型案例】

周某于2018年5月28日以追索劳动报酬为由提请劳动仲裁，向某管理公司主张休息日的加班工资、相应月份的工资差额以及相应年份的高温津贴和带薪年休假。某管理公司辩称其已足额支付加班工资和高温津贴，并提供工资发放记录为证，包括银行转账流水和工资表。银行转账流水反映

公司每月均有支付周某相应金额的工资。工资表上载明周某的工资是以基本工资、绩效工资、岗位工资、加班工资、补贴及福利的形式计付，但该表中并未反映高温津贴和带薪年休假项目，亦无周某签名。仲裁委认为，周某在每月领取工资的时候并未提出异议，应当视为周某同意用人单位的工资计付方式。至于周某的休息日加班工资是否足额的问题，经仲裁委折算，某管理公司所支付的工资总额已包含周某每周一天的休息日加班工资，即周某的工资结构已包含固定的加班工资金额，故认定某管理公司支付周某的工资数额并未违反法律禁止性的规定，并对申请人周某关于休息日加班工资的请求不予支持；对高温津贴和带薪年休假的请求也未支持。

周某不服，诉至法院。法院认为，高温津贴与带薪年休假工资应属于劳动报酬范畴，根据《广东省工资支付条例》，用人单位负有保存两年工资台账的义务，现某管理公司未提供证据证明已支付上述两项报酬，即工资表上未显示反映有高温津贴和带薪年休假项目，故其应向申请人周某支付相应的高温津贴和带薪年休假工资。

【律师提示】

工资签收的作用不仅是证明劳动者已收取工资，还反映了工资的各类构成，因此，用人单位仅通过银行转账的方式发放工资，一旦发生劳动纠纷，存在一定的举证不能的风险。因此，用人单位作为企业管理方，不能因贪图方便仅通过银行转账方式发放工资，应当科学、合理地针对各个劳动者的情况，制作相应工资条，并保证是劳动者本人签收；如代签的，需要出示委托书并留下委托证据，以此避免用人单位在仲裁或诉讼中的风险。

【条文链接】

《广东省工资支付条例》第十六条　用人单位应当按照工资支付周期如实编制工资支付台账。工资支付台账应当至少保存两年。工资支付台账应当包括支付日期、支付周期、支付对象姓名、工作时间、应发工资项目及数额，代扣、代缴、扣除项目和数额，实发工资数额，银行代发工资凭证或者劳动者签名等内容。

《广东省工资支付条例》第十七条　用人单位支付工资时，应当向劳动者提供其本人的工资清单。用人单位延长劳动者工作时间或者在休息日、法定休假日安排劳动者工作的，应当在工资清单中列明相应的工资报酬；未列明且无法举证已支付的，视为未支付相应的工资报酬。工资清单项目及数额应当与工资支付台账相一致。劳动者有权查询和核对本人工资清单。

《国家统计局关于工资总额组成的规定》第四条　工资总额由下列六个部分组成：（一）计时工资；（二）计件工资；（三）奖金；（四）津贴和补贴；（五）加班加点工资；（六）特殊情况下支付的工资。

撰稿人：赖初帆/广东洋三律师事务所律师

57. 用人单位拖欠工资有哪些法律后果

【观点精要】

用人单位拖欠工资所面临的后果，不仅是要向劳动者立即付清所欠工资，还可能要承担行政处罚和刑事处罚等多种法律责任。

（1）用人单位依法要承担民事责任。用人单位克扣或者无故拖欠劳动者工资的，以及拒不支付劳动者延长工作时间工资报酬的，劳动者可以随时通知用人单位解除劳动合同并要求用人单位赔偿。用人单位除在规定的时间内全额支付劳动者工资报酬外，还需支付经济补偿。

（2）用人单位可能要承担行政责任。用人单位无故拖欠劳动者工资，劳动者可以到劳动行政部门举报，劳动行政部门有权责令用人单位支付劳动者的工资报酬并按应付金额的百分之五十至百分之百加付赔偿金。

（3）用人单位可能要承担刑事责任。用人单位以转移财产、逃匿等方法来逃避支付劳动者的劳动报酬，或者数额较大，经过人力资源社会保障部门或者政府其他有关部门依法以限期整改指令书、行政处理决定书等文书责令支付劳动者的劳动报酬后，在指定期限内仍然一直不支付的，可能会构成拒不支付劳动报酬罪而被追究刑事责任。

（4）股东个人可能负清偿责任。用人单位为有限公司的，未履行或未全面履行出资义务的股东应在未出资本息范围内对公司拖欠劳动者的工资债权承担补充赔偿责任。

【典型案例】

杨某丽于2016年3月10日入职某市某服饰公司。2016年8月5日，杨某丽等24人以某服饰公司拖欠工资为由诉至某市劳动人事争议仲裁委员会，请求某服饰公司支付杨某丽等24人2016年4—6月的工资共210,652.5元。该会于2016年10月14日作出仲裁裁决：某服饰公司支付杨某丽等24人2016年4—6月的工资共210,045.9元。2017年2月8日，杨某丽等再次诉至某市劳动人事争议仲裁委员会，请求某服饰公司支付杨某丽等因拖欠工资导致解除劳动关系的经济补偿金137,832.1元。该会于2017年4月20日作出仲裁裁决，认定杨某丽等无证据证明其系以欠薪为由通知某服饰公司解除劳动关系，驳回杨某丽等的仲裁请求。杨某丽不服该裁决，且考虑到某服饰公司对于拖欠劳动报酬的生效判决已无履行能力并无财产可提供执行的情况下，把某服饰公司未出资的股东赵某某、刘某某一并起诉至法院。

法院经审理查明，某服饰公司因拖欠杨某丽的工资而导致双方解除劳动关系，故某服饰公司应该根据杨某丽的入职时间及工资收入情况支付其解除劳动关系经济补偿金。另查明某服饰公司于2015年3月19日登记成立，其股东分别为赵某某、刘某某，认缴出资分别为600,000元、400,000元，但两股东的实缴出资额至今仍为0元。

法院遂判决某服饰公司支付杨某丽解除劳动关系的经济补偿金1,650.3元；股东赵某某对某服饰公司的上述债务在未出资600,000元范围内承担补充赔偿责任；股东刘某某对某服饰公司上诉债务在未出资400,000元范围内承担补充赔偿责任。

【律师提示】

（1）用人单位发生拖欠劳动者工资情形的，应及时与劳动者、工会或职工代表协商延期支付事宜，协商一致后制作相应的书面文件以证明延期支付的合法性。

（2）依法计算并及时足额加班工资。对加班实行补休的，要及时补休完毕。如合理期限内未能补休完毕，须及时支付加班工资差额。

（3）被劳动监察部门调查时，应尽快付清拖欠的工资，或与劳动者协商支付期限，避免被劳动监察部门责令加付赔偿金。

（4）拖欠工资数额巨大，达到犯罪标准，而企业又无法解决时，可通过停产、变卖设备货物、破产等方式来确保职工实现获得劳动报酬的权利，避免被追究刑事责任。

【条文链接】

《中华人民共和国劳动合同法》第三十八条、第四十六条　劳动者以用人单位未及时足额支付劳动报酬为由解除劳动关系的，用人单位应当向劳动者支付经济补偿金。

《最高人民法院关于适用〈中华人民共和国公司法〉若干问题的规定（三）》第十三条　股东未履行出资义务，公司或者其他股东请求其向公司依法全面履行出资义务的，人民法院应予支持。公司债权人请求未履行或未全面履行出资义务的股东在未出资本息范围内对公司债务不能清偿的部分分担补充赔偿责任的，人民法院应予以支持。

《劳动保障监察条例》第二十六条　用人单位有下列行为之一的，由劳动保障行政部门分别责令限期支付劳动者的工资报酬、劳动者工资低于当地最低工资标准的差额或者解除劳动合同的经济补偿；逾期不支付的，责令用人单位按照应付金额50%以上一倍以下标准计算，向劳动者加付赔偿金：（一）克扣或者无故拖欠劳动者工资报酬的；（二）支付劳动者的工资低于当地最低工资标准的；（三）解除劳动合同未依法给予劳动者经济补偿的。

撰稿人：孙守昌/广东衡德律师事务所律师

58．未及时足额支付加班费的法律风险

【观点精要】

用人单位未及时足额支付劳动报酬的，劳动者可以解除劳动合同，并可以主张经济补偿金。这里的劳动报酬既包括正常工作时间工资，也包括加班费，一般不包括高温津贴和年休假待遇。

用人单位未及时足额支付劳动报酬的，劳动行政部门可以责令用人单位限期支付劳动报酬、加班费；逾期不支付的，劳动行政部门可以责令用人单位按应付金额百分之五十以上百分之一百以下的标准向劳动者加付赔偿金。用人单位在规定期限内拒不执行行政处理决定的，劳动行政部门可以依法申请人民法院强制执行。

未及时支付，即无故拖欠，指用人单位无正当理由超过规定发薪时间未支付劳动者工资。用人单位因以下情况延迟发放工资的不属于无故拖欠工资：一、用人单位遇到非人力所能抗拒的自然灾害、战争等原因、无法按时支付工资；二、用人单位确因生产经营困难、资金周转受到影响，在征得本单位工会同意后，可暂时延期支付劳动者工资。延期时间的最长限制可由各省、自治区、直辖市劳动行政部门根据各地情况确定。其他情况下拖欠工资，均属无故拖欠。

未足额支付，即克扣，指用人单位无正当理由扣减劳动者应得工资（即在劳动者已提供正常劳动的前提下用人单位按劳动合同规定的标准应

当支付给劳动者的全部劳动报酬，包括加班费）。用人单位因以下情况扣减劳动者工资的不属于克扣工资：一、国家的法律、法规中有明确规定的，包括：（一）用人单位代扣代缴的个人所得税；（二）用人单位代扣代缴的应由劳动者个人负担的各项社会保险费用；（三）法院判决、裁定中要求代扣的抚养费、赡养费；（四）法律、法规规定可以从劳动者工资中扣除的其他费用。二、依法签订的劳动合同中有明确规定的。三、用人单位依法制定并经职代会批准的厂规、厂纪中有明确规定的。四、企业工资总额与经济效益相联系，经济效益下浮时，工资必须下浮的（但支付给劳动者工资不得低于当地最低工资标准）。五、因劳动者请事假等相应减发工资等。

计时工加班费的计算，在符合法定标准工作时间的制度工时（根据国家关于职工每日工作8小时，每周工作时间40小时的规定，每月制度工时天数为21.75天）以外延长工作时间及安排休息日和法定休假节日工作应支付的工资，是根据加班加点的多少，以劳动合同确定的正常工作时间工资标准的一定倍数所支付的劳动报酬。即凡是安排劳动者在法定工作日延长工作时间或安排在休息日工作而又不能补休的，均应支付给劳动者不低于劳动合同规定的劳动者本人小时或日工资标准150%、200%的工资；安排在法定休假节日工作的，应另外支付给劳动者不低于劳动合同规定的劳动者本人小时或日工资标准300%的工资。

计件工加班费的折算，对于计件工，可以按照计件单价的150%、200%、300%计算在不同加班时间的计件工资，也可以根据劳动者日工资进行折算。由于劳动定额等劳动标准都与制度工时相联系，因此，劳动者日工资可统一按劳动者本人的月工资标准除以每月制度工作天数进行折算，即根据国家关于职工每日工作8小时，每周工作时间40小时的规定，每月制度工时天数为21.75天折算。

【典型案例】

董某某于2001年8月27日入职某制衣厂担任裁床部文员。2016年9月29日，双方签订自2016年10月1日起的无固定期限劳动合同，且补充协议书约定董某某的职务为PPC部门副主管，薪金由每月工资2,000元、加班费2,676元、津贴1,324元组成，即月工资为6,000元。2016年11月30日至2016年12月17日期间，董某某因病请假。2016年12月19日，董某某回去上班时，制衣厂认为董某某存在消极怠工情形，周六未按规定出勤，没有加班，故此后未再发放其加班费及津贴，工资降至按2,000元/月发放。2017年3月29日，董某某向公司发出解除劳动合同通知书。在该通知书中，董某某称公司未提供劳动条件又克扣工资，及经本人多次要求恢复劳动条件和补发工资而公司未予纠正，决定依据《中华人民共和国劳动合同法》第三十八条规定要求解除与公司的劳动合同，并要求公司支付经济补偿金。2017年4月10日，董某某向某市劳动人事争议仲裁委员会申请仲裁，请求裁决某制衣厂支付：一、解除劳动合同经济补偿金96,000元；二、2016年12月至2017年3月工资差额16,000元。

案经仲裁和诉讼一审，裁判结果均为制衣厂仅需向董某某支付2016年12月至2017年3月工资差额12,820.94元，驳回董某某关于经济补偿的请求。董某某不服，向某市中级人民法院提起上诉。二审法院经审理后认为，根据制衣厂提交的工资单显示，董某某工资由每月工资、加班费、津贴三部分组成，但三部分均相对固定，其中无论加班时数为4.5小时还是75.75小时，加班费均为2,542元（2016年2—5月）或2,676元（2016年6—11月），即加班费实际上与加班时间并不挂钩。制衣厂称因董某某周六未加班而自2016年12月扣除其加班费的主张并无依据。另外，工资单中同时有津贴和绩效奖金两栏，其中津贴为每月固定发放至2016年11月，而绩效奖金则每月均为空白，并未实际发放。制衣厂称因董某某未加班及怠工而自2017年12月扣除其绩效奖金（实际扣除津贴）的主张，并无依据。综上，制衣厂自2016年12月开始扣发董某某加班费及津贴，并无依据。董某某以制衣厂克扣工资为由提出解除双方劳动关系并主张制衣厂支付解除劳动合同的经济补偿金，符合上述法律规定。

综上，二审判决某制衣厂于本判决发生法律效力之日起七日内支付董某某解除劳动合同的经济补偿金90,372.16元。

【律师提示】

（1）加班工资也是劳动报酬之一，用人单位未及时足额支付劳动者加班工资的，也可能构成劳动者依据《中华人民共和国劳动合同法》第三十八条解除劳动合同并主张经济补偿的理由

（2）用人单位应当注重工资结构的设计，应当设立正常工作时间工资、加班费、奖金（绩效奖金）、津贴（高温津贴）、补贴（工龄补贴）、年休假工资等项目，避免一旦发生纠纷时，用人单位承担举证不能的后果。

（3）即使部分用人单位对于工资表的结构设计一般没有问题，但对于其中每一个项目的数字填写也会有问题。如本案中，无论董某某加班时间是多少，其在工资表中的加班费都是固定的，与加班时间不挂钩，从而导致二审法院认定制衣厂克扣工资。因此用人单位应当根据劳动者的实际加班时间计算加班费并填写入工资表中。工资表中的其他项目也应当符合法律规定。

（4）司法实践中，劳动者以用人单位未及时足额支付劳动报酬而解除劳动合同的，应当特别注意未及时支付和未足额支付的含义，并非所有未及时足额支付劳动报酬的情形均可解除劳动合同，未及时、未足额支付劳动报酬也存在合法的情况。用人单位对此也需要把握清楚，避免造成无谓损失。

【条文链接】

《中华人民共和国劳动合同法》第三十八条　用人单位有下列情形之一的，劳动者可以解除劳动合同：（一）未按照劳动合同约定提供劳动保

护或者劳动条件的；（二）未及时足额支付劳动报酬的……

《中华人民共和国劳动合同法》第四十六条　有下列情形之一的，用人单位应当向劳动者支付经济补偿：（一）劳动者依照本法第三十八条规定解除劳动合同的……

《中华人民共和国劳动合同法》第八十五条　用人单位有下列情形之一的，由劳动行政部门责令限期支付劳动报酬、加班费或者经济补偿；劳动报酬低于当地最低工资标准的，应当支付其差额部分；逾期不支付的，责令用人单位按应付金额百分之五十以上百分之一百以下的标准向劳动者加付赔偿金：（一）未按照劳动合同的约定或者国家规定及时足额支付劳动者劳动报酬的；（二）低于当地最低工资标准支付劳动者工资的；（三）安排加班不支付加班费的；（四）解除或者终止劳动合同，未依照本法规定向劳动者支付经济补偿的。

撰稿人：赖初帆/广东洋三律师事务所律师

59. 实行计件工资制的情况下是否存在加班费

【观点精要】

计件工资制是指按照生产的合格品的数量（或作业量）和预先规定的计件单价来计算报酬，而不是直接用劳动时间来计量的一种工资制度。计件工资制是间接用劳动时间来计算工资的制度，是计时工资制的转化形式，指需要按已确定的定额和计件单价支付给个人的工资。它的一般表现形式有超额累进计件、直接无限计件、限额计件、超定额计件等。计件工资制仍需遵守法定的工作时间，如果劳动者在完成计件定额任务后，单位安排其在法定工作时间之外继续工作的，应当视为存在加班情况。关于计件定额如何确定，一方面需要参考地区的有关规定，另一方面需要考虑应当以大部分劳动者能够在法定工作时间内完成的数量来确定。

【典型案例】

吉某在某制衣公司任从事车板工作，需要考勤，实行计件工资制。2017年，吉某以公司未足额支付加班工资提起劳动仲裁，经审理查明，吉某的月正常工作时间工资为1,310元，每周一至周六上班，每天工作8小时。2016年12月至2017年4月，吉某在正常工作日出勤712小时、休息日工出勤144小时、法定节假日出勤8小时；2016年12月至2017年4月工资总额为

14,942.62元。因吉某的月工资标准低于同时某市最低月工资标准，仲裁委以1,510元/月核算吉某的工资后，认定公司已足额支付吉某的加班工资。案经法院审理，亦作出与仲裁相同的判决。

【延伸案例】

马某于2004年4月进入上海某机械设备有限公司担任操作工。双方签订了一份2014年4月1日至2015年3月31日的劳动合同。合同约定马某实行标准工时制，工资实行计件工资制，计件单价以不同产品实际单价为准。工作多年后，马某认为自2012年6月25日起，公司除了在法定节假日安排其休息，平时的工作日及双休日均有加班情况，公司应当支付其加班工资。本案主要焦点有二：一、马某是否存在加班；二、加班工资应当如何计算。仲裁委认定，公司统一安排包括马某在内的车间员工整体按班组进行加班，马某其间从事计件工作，由公司记载了马某当日的工作时间及其全部计件产量。该记载是双方对于工作时间及工作量的确认依据，因马某系标准工时制，公司未举证证明除计件工资外还另行支付过加班工资，故公司应向马某支付延时加班工资及双休日的加班工资。另，虽然马某实行的是计件工资制，但是对于马某在完成计件定额任务后，由公司安排延长工作时间的，应分别按照法律规定支付其加班工资。

【律师提示】

加班费是指劳动者按照用人单位生产和工作的需要在规定工作时间之外继续生产劳动或者工作所获得的劳动报酬。用人单位延长劳动者工作时间、增加额外的劳动量，应当得到合理的报酬。加班费，一方面是对劳动者加班的一种补偿，因为其付出了过量的劳动；另一方面，对于用人单位而言，支付加班费能够有效地抑制用人单位随意地延长工作时间，保护劳动者的合法权益。因此，即使是实行计时工资制的用人单位，在额外安排劳动者工作或满足其他情形外，仍需按照法律规定向劳动者支付加班工资。为避免日后争议，实施计件工资制的，用人单位应当根据合理的工作时长，科学制定劳动定额和计件单价，并向职工公布。在劳动者完成定额任务外，用人单位又另行安排工作延长工作时间的，应当按照法律规定支付加班工资。

【条文链接】

《中华人民共和国劳动法》第三十七条　对实行计件工作的劳动者，用人单位应当根据本法第三十六条规定的工时制度合理确定其劳动定额和计件报酬标准。

《工资支付暂行规定》第十三条第二款　实行计件工资的劳动者，在完成计件定额任务后，由用人单位安排延长工作时间的，应根据上述规定的原则，分别按照不低于其本人法定工作时间计件单价的150%、200%、300%支付其工资。

《广东省工资支付条例》第二十一条　实行计件工资的，用人单位应当科学合理确定劳动定额和计件单价，并予以公布。确定的劳动定额原则上应当使本单位同岗位百分之七十以上的劳动者在法定劳动时间内能够完成。用人单位在劳动者完成劳动定额后，安排劳动者在正常工作时间以外工作的，应当依照本条例第二十条规定支付加班或者延长工作时间的工资。

《国家统计局关于工资总额组成的规定》第四条　工资总额由下列六个部分组成：（一）计时工资；（二）计件工资；（三）奖金；（四）津贴和补贴；（五）加班加点工资；（六）特殊情况下支付的工资。

撰稿人：姚苏明/广东励而德律师事务所律师

60. 用人单位是否可以随意调整劳动者的业务提成比例

【观点精要】

从薪酬管理的角度来看，薪酬会区分为固定薪酬和浮动薪酬，业务提成（又称提成工资、提成奖金、佣金等）属于典型的浮动薪酬。业务提成等浮动薪酬基于激励的需要产生，而激励会随着市场变化和公司战略目标而调整。因此，现实中包括业务提成在内的激励制度的调整通常会以年度为单位或一段时间会依照经营的实际进行调整，具备比较强的变动性。

业务提成制度本身一般比较复杂，依据不同行业、企业的情况，会设定各种不同的提成条件，如某楼盘将业务佣金区分为认购佣、签约佣、后勤佣、收楼佣等。每一项佣金发放又设定不同发放条件，根据业务来源的不同设定不同提成比例等。因此，业务提成制度通常以附件或者公司内部制度形式存在，劳动合同中通常不会记载业务提成或仅提及工资结构包括业务提成而无具体提成规定。

在劳动关系的前提下，业务提成属于劳动报酬的一部分，劳动报酬亦属于劳动合同的必备条款。法律未对业务提成存在特殊规定，因此业务提成适用法律法规中有关工资的一般规定，用人单位一般无权随意调整业务提成比例，通常裁判规则如下。

（1）通常劳动者与用人单位需要与劳动者协商一致才能变更业务提成比例。

（2）若用人单位提高提成比例，劳动者又没有提出异议的，可以视为劳动者对此默认。

（3）若擅自降低提成比例，并据此发放业务提成款，会严重侵害劳动者的合法权利。劳动者可以要求按照原提成条件支付提成并有权依据《中华人民共和国劳动合同法》第三十八条第一款第（二）项“未及时足额支付劳动报酬”的规定，提出异议或提出解除劳动合同。用人单位要对此承担支付经济补偿等法律责任。

【典型案例】

2015年11月1日，范某燕到某公司任客服主管一职。某公司没有与范某燕签订书面劳动合同。双方之间形成事实劳动关系。2017年年初，某公司有新的股东入股，新股东入股后，销售提成的结算方式发生改变。2017年6月20日，某公司与范某燕解除劳动关系，公司以销售提成的结算方式已发生改变为由未向范某燕支付剩余销售提成。范某燕为此提起劳动仲裁，要求公司按原标准支付销售提成。

案经仲裁和诉讼一审，并上诉至二审。二审法院审理后认为，根据范某燕在一审和仲裁时所提交的证据，可以认定其工资是由基本工资加提成构成，且某公司也承认有销售提成的事实，并以提成结算方式已发生改变的理由而未向范某燕支付，但并未提供证据证明已按《中华人民共和国劳动合同法》第四条制定变更提成结算方式并公示或告知范某燕。此外，根据《中华人民共和国劳动争议调解仲裁法》第六条的规定，某公司应举证确定范某燕的提成数额，现其怠于行使举证权利，未能举证确定范某燕的提成数额，应承担举证不能的不利后果。一审法院根据范某燕的主张认定其2016年5月至2017年3月的销售总额提成为19,023元正确，二审法院予以维持。

【律师提示】

因业务提成属于劳动报酬的一部分，具备工资的刚性，而作为浮动薪酬又需要保持相应的弹性，确保用人单位可以依据市场和经营情况在一定时间内进行相应调整；但如随意调整业务提成制度导致员工的提成收入减少，容易引起纠纷。建议企业就业务提成管理做好如下几点。

（1）应当事前在劳动合同或业务提成制度中进行约定，企业拥有单方调整权利，并在调整时告知员工并留存记录。

（2）通常按照年度调整业务提成制度的情况下，可以约定业务提成制度的适用时间，如某提成制度适用于2019年全年。

（3）如无事前约定，应当与员工协商一致或民主程序进行修改，并以书面形式确认，以免发生纠纷。

（4）变更调整业务提成未采用书面形式，但已经实际履行口头变更的劳动合同超过一个月，亦属有效。

【条文链接】

《中华人民共和国劳动合同法》第三十五条　用人单位与劳动者协商一致，可以变更劳动合同约定的内容。变更劳动合同，应当采用书面形式。变更后的劳动合同文本由用人单位和劳动者各执一份。

《中华人民共和国劳动合同法》第三十八条　用人单位有下列情形之一的，劳动者可以解除劳动合同：……（二）未及时足额支付劳动报酬的……

《最高人民法院关于审理劳动争议案件适用法律若干问题的解释（四）》第十一条　变更劳动合同未采用书面形式，但已经实际履行口头变更的劳动合同超过一个月，且变更后的劳动合同内容不违反法律、行政法规、国家政策以及公序良俗，当事人以“未采用书面形式”为由主张劳动合同变更无效的，人民法院不予支持。

撰稿人：王方强、郭南海/广东凯行律师事务所律师、实习律师

61. 退休人员返聘工作的待遇与普通劳动者有什么不同

【观点精要】

（1）因工作而致人身损害，是否适用工伤保险？在劳动关系中，工伤保险是法定基本社会保险之一，它的投保具有法律强制性。然而，在聘用单位与退休返聘人员之间建立的是劳务关系，除建筑项目等特定情形外，法律则没有规定其可以加入工伤保险。

（2）加班是否支付加班费用？返聘人员在劳动后所受领的经济利益属于工资还是劳务报酬，关系到加班是否应当支付劳动法所规定的加班费用问题。根据现行法律规定，其签订的合同性质属于劳务合同，故其受领的经济利益属于劳务报酬，不适用劳动法规定的加班费用的相关规定。

（3）劳务关系解除时是否有经济补偿？在劳动关系中，除法定情形，用人单位与劳动者解除劳动关系时，应当给予劳动者一定的经济补偿。但在返聘人员与聘用单位间存在的劳务关系则不存在经济补偿的规定。基于此，一般认为聘用单位与返聘人员解除劳务关系时，没有法律依据支付经济补偿。

（4）年终奖、年休假等福利待遇，是否要支付？劳动者退休后被用人单位返聘，双方形成的是劳务关系，而不是劳动关系，不受劳动合同法调整，所以劳动法约定的相关福利、待遇，暂不适用于劳务关系。

【典型案例】

2016年4月1日，某公司与梁某签订退休人员返聘劳动合同，对梁某受聘后的福利、待遇约定如下：1.在聘用期间，受聘人的退休费由社保局发给；2.聘用期间，受聘人退休补差工资（退休费与退休前工资的差额计2,700元）由聘用单位发给，并视其工作成绩适当发给奖金……合同期限为2016年4月1日至2019年3月31日。合同还约定了其他事项。某公司支付梁某工资至2016年11月，此后未再支付。梁某遂提起仲裁，要求公司支付2016年12月至2017年12月期间工资及2017年年终奖。

2018年1月11日，劳动人事争议仲裁委员会以申请人的仲裁请求不属于劳动人事争议处理范围为由，对梁某的劳动争议仲裁申请不予受理。

梁某诉至法院。法院经审理认定，该案为离退休人员返聘合同纠纷。某公司与梁某签订的返聘合同系双方真实意思表示，未违反法律、法规的强制性规定，双方应予恪守履行。2016年12月至2017年12月期间，梁某有正常出勤提供劳务，某公司应依约支付其上述期间的劳务报酬35,100元（2,700元/月×13个月）。关于年终奖的问题，梁某提交的证据不足以证明其与某公司之间有就年终奖的发放及标准作出明确约定，现其主张中山某公司按一个月工资标准2,700元支付2017年度的年终奖，理据不足，法院不予支持。

【律师提示】

（1）聘用单位应与退休人员签订返聘协议。在协议中一般要明确以下几个方面。①退休人员因病由社保报销医疗费，与聘用单位无关，因病亡故是否要聘用单位承担部分补偿责任。②聘用单位是否可以随时解除聘用协议，并不给予经济补偿。③发生工伤是否需要补偿及其补偿范围。④享有哪些报酬要明确统一，如需约定奖金、加班费、补助、补贴等福利、待遇需要在协议中明确。

（2）为离退休人员购买商业保险。在聘用退休人员因工负伤一般是参照工伤保险由聘用单位承担赔偿责任，而退休人员往往没有参加工伤保险，故为分散聘用单位的风险，可由聘用单位为退休人员投人身意外雇主责任险。

【条文链接】

《中华人民共和国劳动合同法》第四十四条　劳动者开始享受养老保险待遇的，劳动合同终止。

《最高人民法院关于审理劳动争议案件适用法律若干问题的解释（三）》第七条　用人单位与其招用的已经依法享受养老保险待遇或领取退休金的人员发生用工争议，向人民法院提起诉讼的，人民法院应当按劳务关系处理。

《劳动部关于实行劳动合同制度若干问题的通知》第十三条　已享受养老保险待遇的离退休人员被再次聘用时，用人单位应与其签订书面协议，明确聘用期内的工作内容、报酬、医疗、劳保待遇等权利和义务。

撰稿人：曾兴风/广东国融律师事务所律师

62. 女职工产假和奖励假工资怎么算

【观点精要】

从“单独二孩”到“全面二孩”，不难发现，身边准备或已经进入二孩时代的家庭比比皆是，产假待遇也越来越成为女职工和企业HR尤其关注的问题。那么，对于符合政策生育的女职工，产假怎么放？产假工资怎么算？工资怎么发？生育津贴与产假工资是一样的吗？

一、产假天数：98天+80天+N天

在广东省，依据《广东省实施〈女职工劳动保护特别规定〉办法》及《广东省人口与计划生育条例》规定，符合法律、法规规定生育子女的女职工生育假期由基本产假+奖励假组成。换言之，一般顺产产假为基本产假98天+ 80天奖励假 = 178天。如有难产或多胎生育情况的，依规定增加基本产假天数。

二、产假待遇

以顺产女职工为例，由社会保险机构计发98天顺产假期内的生育津贴。生育津贴发放前，用人单位按原工资标准先行垫付，再由社保机构向用人单位拨付（也有的地区直接发给职工，单位可以不先行垫付）。生育津贴高于职工原工资标准的，用人单位应当将生育津贴余额支付给职工；生育津贴低于职工原工资标准的，差额部分由用人单位承担。另外80天奖励假期间的工资，按职工正常出勤情况下的应得工资计算，但加班工资、高温津贴、支付周期超过一个月或未确定支付周期的劳动报酬除外。

【典型案例】

王某于2014年10月入职某公司任会计。2016年8月，王某向公司申请事假和休产假至2017年1月，休假前平均工资为3,852.85元。2016年9月，王某剖宫产二胎。休产假期间，王某已领取生育津贴8,376.29元。2017年1月，公司以王某假满未归为由停发工资和停缴社会保险。同年4月，王某以公司未足额支付工资等为由向公司要求解除劳动合同。同年6月，王某申请劳动仲裁。因公司不服仲裁裁决，诉至法院。

法院认为，根据《女职工劳动保护特别规定》第七条等的规定，王某享有产假208天（产假98天+难产假30天+奖励假80天），即其产假应休至2017年4月11日，王某在其原请假期（2017年1月）届满后是否办理延长产假手续，并不影响其实际可依法享受的产假天数。王某的产假工资为26,584.66元（3,852.85元/月×6个月+3,852.85元/月÷30天/月×27天），扣减其已领取的生育津贴8,376.29元，公司应支付王某产假工资差额18,208.37元（26,584.66元−8,376.29元）。公司在王某产假期间停发工资等待遇，王某以公司未足额支付劳动报酬等为由提出解除劳动关系，符合《中华人民共和国劳动合同法》第三十八条规定，公司应支付王某解除劳动关系的经济补偿金。

【律师提示】

（1）用人单位不应以女职工未请产假或未及时续假等为由擅自在产假期间停发工资和停缴社会保险。以旷工等为由擅自与休产假女职工解除劳动关系更不可取，极容易构成违法解除劳动关系。

（2）用人单位在女职工产假期间仅支付最低工资，或不支付工资，或以女职工已领取生育津贴为由不支付工资差额（女职工平均工资高于生育津贴时），或以女职工休假期满后返回上班才支付产假工资的，均已违反法律规定，女职工随时有权以用人单位违反《中华人民共和国劳动合同法》第三十八条的规定为由解除劳动关系并要求经济补偿。

（3）用人单位仅给女职工休1—3个月产假，或给符合计划生育政策的女职工只放基本产假98天的行为均已违反法律规定。

（4）如女职工要求提前结束休假上班的，应尽量不予安排。若女职工坚持自愿申请提前上班的，应办理好确认手续。

【条文链接】

《中华人民共和国妇女权益保护法》第二十七条　任何单位不得因结婚、怀孕、产假、哺乳等情形，降低女职工的工资，辞退女职工，单方解除劳动（聘用）合同或者服务协议。但是，女职工要求终止劳动（聘用）合同或者服务协议的除外。

《广东省人口与计划生育条例》第三十条　符合法律、法规规定生育子女的夫妻，女方享受八十日的奖励假，男方享受十五日的陪产假。在规定假期内照发工资，不影响福利待遇和全勤评奖。

《广东省实施〈女职工劳动保护特别规定〉办法》第十一条　女职工生育享受98天产假，其中产前可以休假15天；生育时遇有难产的，增加30天产假；生育多胞胎的，每多生育1个婴儿，增加15天产假；符合法律、法规规定生育子女的，按照《广东省人口与计划生育条例》的有关规定享受奖励假。

《广东省实施〈女职工劳动保护特别规定〉办法》第十三条　女职工按照规定休产假或者计划生育手术假的，享受国家和省规定的生育保险待遇。用人单位未参加生育保险或者欠缴生育保险费，造成女职工不能享受生育保险待遇的，由用人单位按照本省及所在统筹地区规定的生育保险待遇标准向女职工支付费用；其中生育津贴低于女职工原工资标准的，用人单位还应补足差额部分。

前款所称女职工原工资标准，是指女职工依法享受产假或者计划生育手术假前十二个月的月平均工资。前十二个月的月平均工资按照女职工应得的全部劳动报酬计算，包括计时工资或者计件工资以及奖金、津贴、补贴等货币性收入。前十二个月的月平均工资低于女职工正常工作时间工资的，按照正常工作时间工资标准计算。女职工享受假期前在用人单位工作未满十二个月的，按照其实际参加工作的月份数计算。

《广东省高级人民法院广东省劳动人事争议仲裁委员会关于劳动人事争议仲裁与诉讼衔接若干意见》第六条　女职工按照《女职工劳动保护特别规定》第七条的规定休产假的，原工资标准按照《广东省实施〈女职工劳动保护特别规定〉办法》第十三条第二款的规定确定。根据《广东省人口与计划生育条例》第三十条的规定，符合法律、法规规定生育子女的，女方享受八十日的奖励假，男方享受十五日的陪产假，在规定假期内照发工资，不影响福利待遇和全勤评奖。奖励假和陪产假期间的工资应按职工正常出勤情况下的应得工资计算，但加班工资、高温津贴、支付周期超过一个月或未确定支付周期的劳动报酬除外。

第六章

社会保险、工伤与劳动安全卫生

撰稿人：赵继明/广东保信律师事务所律师

63．达到法定退休年龄的职工在工作中受伤，单位是否承担工伤保险责任

【观点精要】

达到法定退休年龄的职工在工作中受伤，单位是否要承担工伤保险责任？在司法实践中，该问题要分两种情况讨论。

第一种，达到法定退休年龄，已享受养老保险待遇或者已经领取退休金的职工因工负伤。达到法定退休年龄，已享受养老保险待遇或者已经领取退休金的职工因工负伤，应按照劳务关系处理，不适用《中华人民共和国劳动法》及《中华人民共和国劳动合同法》的调整。此种情形下，用人单位与职工是平等的民事主体关系，要按照各自的过错承担责任。如招用单位已按项目参保等方式为职工缴纳工伤保险费的，用人单位应承担社保赔付之外的工伤保险责任。

第二种，达到法定退休年龄，未办理退休手续或者未依法享受城镇职工基本养老保险待遇的职工因工负伤。

达到法定退休年龄，未办理退休手续或者未依法享受城镇职工基本养老保险待遇的职工因工负伤后，用人单位是否承担工伤保险责任，在司法实践中存在分歧。

一种观点认为，用人单位应承担工伤保险责任，理由如下。

（1）根据《国务院关于工人退休、退职的暂行办法》等相关法律法

规，国家并未规定农民及私营企业的工人的退休年龄，即对于达到法定退休年龄却仍然从事劳动的人员，法律并不禁止其与用人单位建立劳动关系。

（2）农业户口人员领取的新型农村社会养老保险与城镇职工养老保险在保障对象、保障强度、缴费标准等方面均存在较大差异，其仅仅是对农村基本生活的补充性保障，而非城镇居民基本养老保险待遇。

（3）劳务关系与劳动关系的界定应以是否享受基本养老保险待遇或领取退休金为界限，享受的就是劳务关系，没享受的就是劳动关系。

另一种观点认为，用人单位无需承担工伤保险责任。理由是根据《中华人民共和国劳动合同法》《中华人民共和国劳动合同法实施条例》等相关法律法规规定，劳动者在达到法定退休年龄时，其劳动合同自动终止，不具备签订劳动合同的合法的主体资格，因此劳动者与用人单位之间只存在劳务关系。此种情况下，如用人单位无过错，就不用承担工伤保险责任。

综上所述，达到法定退休年龄的职工在工作中受伤，用人单位是否要承担工伤保险责任，需要根据具体案情具体分析，不能够一概而论。在前述第二种情形下，即已超过法定退休年龄但没有享受基本养老保险待遇的职工与用人单位之间的关系认定，广东省司法实践更倾向于劳务关系，不适用工伤保险条例调整。但若经劳动行政部门认定为工伤的，职工仍可请求用人单位参照工伤保险待遇支付有关费用，只是不包括一次性就业补助金。因此，对于前述这种情况的职工在工作中发生伤害，能否认定为工伤，目前实践中仍无统一做法。

【典型案例】

黄某女，女，1947年出生，已经享受其户籍所在地的新型农村社会养老待遇。2016年2月，入职某餐厅任餐厅服务员。2017年12月10日，黄某女在铺台布时摔倒。事发后，黄某女送往医院抢救无效死亡。

黄某女的儿子梁某向餐厅所在地人力资源和社会保障部门（以下简称“人社部门”）申请工伤认定，人社部门作出工伤认定决定书，认定餐厅应承担黄某女于2017年10月10日死亡的工伤保险责任。

餐厅不服，向法院提起诉讼，请求撤销被告作出的工伤认定决定书，责令被告重新作出决定。经审理，法院认为，黄某女于1947年出生，其于2017年入职时已经达到法定退休年龄，且黄某女已经享受其户籍所在地的新型农村社会养老待遇。即使其是在工作时间、工作地点因工作原因伤亡，也不适用《工伤保险条例》有关规定进行工伤认定。因此，人社部门作出认定工伤决定，认定餐厅应承担黄某女死亡的工伤保险责任，明显不当。对餐厅不应承担黄某女死亡的工伤保险责任的主张，法院予以支持。人社部门应于本判决发生法律效力之日起60日内重新作出行政决定。

梁某不服，提起上诉，请求撤销一审判决，维持人社部门作出的工伤认定决定。

二审法院审理认为，自《国务院关于工人退休、退职的暂行办法》1978年施行以来，国务院及下属各部委发布了一系列关于退休退职问题的法律、行政法规、规章及相关文件。依据上述规定，我国基本建立了退休制度，但该项制度的适用范围主要是针对机关、军队、事业单位及全民所有制企业、集体所有制企业的干部、职工及工人，上述规定确定了不同的干部、职工 、工人相应的退休年龄。但对农民及私营企业的工人，国家并没有确立其退休制度并规定退休年龄。本案中，黄某女作为进城务工的农民，并无相应法律或政策规定其在年届五十岁后或六十岁后即达到法定退休年龄，从而丧失与他人建立劳动关系的资格条件及因此而进行工伤认定的条件。虽然黄某女年满七十岁，但其与餐厅之间存在劳动关系，因而在年龄方面并不影响人社部门作出涉案工伤认定。虽然黄某女已享受新型农村社会养老保险，但该保险与城镇职工养老保险在保障对象、保障强度、缴费标准等方面均有巨大差异，新型农村养老保险仅仅是对农村居民基本生活的补充保障，不能据此认定黄某女已享受基本养老保险待遇。原审判决以黄某女已享受基本养老保险待遇为由不适用《中华人民共和国工伤保险条例》的有关规定进行工伤认定是错误的。据此，法院判决撤销一审行政判决，维持人社部门的工伤认定决定。

【律师提示】

（1）用人单位在招用已达到法定退休年龄员工之前，应做好职工个人基本信息调查，对其身体素质、工作技能、是否已办理退休手续或享受城镇居民基本养老保险待遇等情况须进行全面审核，严把审核关，减少发生人身意外和患病的风险。

（2）用人单位根据自身生产经营特点及招聘岗位需求，与已达到法定退休年龄的职工签订聘用合同明确约定双方是劳务关系，并对劳务报酬、工作时间、工作职责等内容作出明确约定。

（3）用人单位要避免安排已达法定退休年龄员工做高强度、高压力工作。由于年龄、精力上的原因，已达法定退休年龄员工可能难以从事高强度、高压力的工作，工作时间也相对较短，很难根据企业的要求或临时性的工作要求做经常性加班、出差等工作。

（4）考虑到聘用退休人员的用工风险较高，建议用人单位购买雇主险和重大疾病险。在雇主责任险中，人身损害赔偿的受益人是单位，雇主可以在赔偿额度内减轻或免除其赔偿责任。重大疾病险可在职工出现重大疾病的情况下，弥补雇主险的不足，减轻用人单位的经济补偿责任。

【条文链接】

《中华人民共和国劳动合同法》第四十四条　有下列情形之一的，劳动合同终止：……（二）劳动者开始依法享受基本养老保险待遇的……

《中华人民共和国劳动合同法实施条例》第二十一条　劳动者达到法定退休年龄的，劳动合同终止。

《中华人民共和国侵权责任法》第三十五条　个人之间形成劳务关系，提供劳务一方因劳务造成他人损害的，由接受劳务一方承担侵权责任。提供劳务一方因劳务自己受到损害的，根据双方各自的过错承担相应的责任。

《最高人民法院关于审理劳动争议案件适用法律若干问题的解释（三）》第七条　用人单位与其招用的已经依法享受养老保险待遇或领取退休金的人员发生用工争议，向人民法院提起诉讼的，人民法院应当按劳务关系处理。

《人力资源社会保障部关于执行〈工伤保险条例〉若干问题的意见（二）》第二条　达到或超过法定退休年龄，但未办理退休手续或者未依法享受城镇职工基本养老保险待遇，继续在原用人单位工作期间受到事故伤害或患职业病的，用人单位依法承担工伤保险责任。

用人单位招用已经达到、超过法定退休年龄或已经领取城镇职工基本养老保险待遇的人员，在用工期间因工作原因受到事故伤害或患职业病的，如招用单位已按项目参保等方式为其缴纳工伤保险费的，应适用《工伤保险条例》。

《广东省工伤保险条例》第六十五条　劳动者达到法定退休年龄或者已经依法享受基本养老保险待遇的，不适用本条例。前款规定的劳动者受聘到用人单位工作期间，因工作原因受到人身伤害的，可以要求用人单位参照本条例规定的工伤保险待遇支付有关费用。双方对损害赔偿存在争议的，可以依法通过民事诉讼方式解决。

《最高人民法院行政审判庭关于超过法定退休年龄的进城务工农民因工伤亡的，应否适用〈工伤保险条例〉请示的答复》　用人单位聘用的超过法定退休年龄的务工农民，在工作时间内、因工作原因伤亡的，应当适用《工伤保险条例》的有关规定进行工伤认定。

《广东省高级人民法院广东省劳动人事争议仲裁委员会关于审理劳动人事争议案件若干问题的座谈会纪要》第十一条　用人单位招用已达到法定退休年龄但尚未享受基本养老保险待遇或领取退休金的劳动者，双方形成的用工关系按劳务关系处理。

《广东省高级人民法院广东省劳动人事争议仲裁委员会关于劳动人事

争议仲裁与诉讼衔接若干意见》第十六条　劳动者达到法定退休年龄或者已经享受基本养老保险待遇的，劳动关系终止。劳动者所受伤害如被社会保险行政部门认定为工伤，劳动者要求用工单位参照《广东省工伤保险条例》规定的工伤保险待遇支付有关费用的，应予支持，但不包括一次性就业补助金。

撰稿人：曾兴风/广东国融律师事务所律师

64. 劳动者拒绝缴纳或申请不缴纳社会保险怎么办

【观点精要】

国家建立社会保险制度，保障公民在年老、疾病、工伤、失业、生育等情况下依法从国家和社会获得物质帮助的权利。用人单位与劳动者必须依法参加社会保险，缴纳社会保险费，职工应当缴纳的社会保险费由用人单位代扣代缴。

劳动者拒绝缴纳或者申请不缴纳社会保险，或者要求用人单位将应缴纳的社会保险费以现金等方式直接支付给劳动者本人的行为，均不能免除用人单位与职工缴纳社会保险的法定义务。未缴纳社会保险导致的法律责任将可能全部由用人单位承担。

当用人单位不依法缴纳社会保险时，劳动者可依法提出解除劳动关系并要求经济补偿，但因劳动者拒缴或申请不缴的可除外。

【典型案例】

叶某是某旅店员工。因叶某认为自己为下岗职工，属于灵活就业人员，在流动窗口缴纳费用较低并且对以后办理退休有好处，更为重要的是以后可以享受各项补贴政策，故叶某要求领取社会保险补贴自行缴纳。旅店予以同意并每月支付社保补贴50元。2008年6月至2014年9月期间，叶某自行缴纳保险费用共计36,487.87元。在此期间，旅店每月向叶某支付50元社会保险补贴，共计3,800元。

2014年10月，叶某与旅店经理李某因工作安排发生纠纷。叶某遂以旅店不为其办理各项社会保险违反法律规定为由提出解除劳动关系并申请劳动仲裁，请求支付解除劳动合同的经济补偿金12,600元、赔偿各项保险损失40,000多元。后双方不服裁决结果，诉至人民法院。

法院认为,虽然用人单位同意劳动者不缴纳社会保险这种行为本身违法，但这种违法行为应该由相关行政机关进行处罚，而不应以不问缘由就支持劳动者任意索赔来惩罚用人单位的违法行为，更不能让部分劳动者因为自己的不诚信行为得益。用人单位依法为劳动者缴纳社会保险费是其基本义务，如果用人单位未缴纳社会保险是出于主观恶意而未缴纳的，可以作为劳动者解除劳动合同的理由；但因劳动者自身不愿缴纳等不可归责于用人单位的原因导致未能缴纳社会保险的，不能作为解除合同并要求经济补偿的依据。

依据《中华人民共和国劳动法》第七十二条的规定，用人单位与劳动者必须依法参加社会保险，缴纳社会保险费，即办理社会保险是法律赋予用人单位的义务。叶某缴纳的社会保险费共计36,487.87元。旅店未为叶某缴纳该社会保险，仅以现金形式向叶某发放了该期间的社会保险补贴共计3,800元，旅店应当对叶某的社会保险损失予以补偿。故法院对叶某要求旅店支付其社会保险费用损失的请求予以支持，旅店应支付叶某社会保险费用损失32,687.87元（36,487.87元−3,800元）。

【律师提示】

（1）用人单位愿意缴纳社会保险，但劳动者希望每月多拿些工资等原因不愿意缴纳社会保险时，该如何处理？第一，告知缴纳社会保险的好处、告知社会保险已可转接等，争取说服参加社会保险。第二，如经解释说明，其仍不愿意办理社会保险，可以行使用人单位的代扣代缴权，先强行办理社会保险并扣缴劳动者应承担的部分。第三，在劳动合同和规章制度中明确，如果拒绝缴纳社会保险的，用人单位可随时解除劳动关系并不给予经济补偿。第四，取得劳动者签名确认的其自身不愿意缴纳社会保险并愿意为此承担法律后果的证据，比如申请书、声明等。

（2）对于因种种原因不能缴纳社保的劳动者，用人单位可为其参保雇主责任险。现实中很多用人单位认为投保团体意外险等人身保险可以转嫁用人单位的赔偿责任，而忽略了为劳动者缴纳社会保险。依照法律规定，劳动者依人身保险或商业保险合同获得的赔偿，用人单位不得在工伤待遇中扣除，但用人单位为劳动者办理的雇主责任险理赔的部分除外。因此，人身保险并不能替代用人单位的赔偿责任，雇主责任险可一定程度上替代用人单位的赔偿责任。

【条文链接】

《社会保险费征缴暂行条例》第十二条第一款　缴费单位和缴费个人应当以货币形式全额缴纳社会保险费。

《社会保险费征缴暂行条例》第十二条第二款　缴费个人应当缴纳的社会保险费，由所在单位从其本人工资中代扣代缴。

《社会保险费征缴暂行条例》第十二条第三款　社会保险费不得减免。

《广东省工伤保险条例》第五十六条　用人单位少报职工工资，未足额缴纳工伤保险费，造成工伤职工享受的工伤保险待遇降低的，工伤保险待遇差额部分由用人单位向工伤职工补足。

《广东省高级人民法院广东省劳动人事争议仲裁委员会关于审理劳动人事争议案件若干问题的座谈会纪要》第二十五条　用人单位与劳动者约定无需办理社会保险手续或将社会保险费直接支付给劳动者，劳动者事后反悔并明确要求用人单位为其办理社会保险手续及缴纳社会保险费的，如用人单位在合理期限内拒不办理，劳动者以此为由解除劳动合同并请求用人单位支付经济补偿，应予支持。

撰稿人：陈秋霞/广东洋三律师事务所律师

65. 用人单位和员工签订不缴纳社会保险协议，到底有没有用

【观点精要】

在司法实践中我们经常会发现，用人单位和员工签订协议书约定员工放弃或者不缴纳社会保险，这种做法违反了强制性的法律规定，当然是无效的。在确定这种约定无效的前提下，对于劳动者能否以用人单位未缴纳社保为由离职并主张支付经济补偿金，在司法实践中有两种不同的观点。

第一种观点是约定无需缴纳社会保险无效，但劳动者以此离职可以获得经济补偿金。主要理由是缴纳社会保险是用人单位的法定义务，在建立劳动关系期间，用人单位必须为员工参加社会保险，否则员工可以用人单位未为其缴纳社会保险为由辞职。依照《中华人民共和国劳动合同法》第三十八条及第四十六条的规定，这种情形下员工属被迫离职，用人单位须向员工支付经济补偿金。

第二种观点是约定无需缴纳社会保险无效，但如果在职期间职工曾向用人单位提出要求补缴，或曾向当地劳动监察部门投诉并明确提出要求单位购买在职期间的社会保险的，用人单位有义务为员工补缴在职期间的社会保险；否则，如单位在员工提出补缴要求后仍拒绝办理补缴手续的，仅以员工已与单位约定不缴纳社会保险或者已直接将社会保险费支付给员工作为抗辩理由，则员工亦可以此为由提出解除劳动合同并要求单位支付经

济补偿金。

可见，如果在员工向用人单位提出要求补缴后，用人单位若能够积极回应并向及时办理补缴社会保险手续的，则员工不能以此为由提出解除劳动合同并要求单位支付经济补偿金。

【典型案例】

2012年6月1日，林某秀入职某市纺织公司任职仓管员。在职期间，公司与林某秀签订《参加社会养老保险协议书》，约定不缴纳社会保险。2016年8月3日，林某秀向当地劳动监察部门投诉时明确提出要求购买在职期间的社会保险以及要求公司赔偿经济补偿金。但由于某市纺织公司不同意，拒绝办理补缴手续。双方因此调解不成。事后，林某秀向仲裁委申请仲裁，以公司未为其缴纳社会保险为由要求公司支付解除劳动关系经济补偿金、应休未休年休假工资、退还罚款等多项仲裁请求。2016年10月8日，仲裁委作出仲裁裁决书，对其仲裁请求予以支持。某市纺织公司不服该裁决，向法院提起诉讼。

一审、二审法院经审理后均认为，关于经济补偿金问题，林某秀虽曾签订《参加社会养老保险协议书》约定不缴纳社会保险，但是用人单位为劳动者办理社会保险手续并依法缴纳相应的社会保险费系用人单位的法定义务，此系法律的强制性规定，不因双方的约定而免除。而且，林某秀在向当地劳动监察部门投诉时明确提出要求购买在职期间的社会保险，在此情形下，某市纺织公司仍拒绝办理补缴手续，故林某秀有权根据《中华人民共和国劳动合同法》第三十八条第一款第（三）项之规定提出解除劳动合同，并要求支付经济补偿。法院判决某市纺织公司向林某秀支付解除劳动关系补偿金50,000元。

【律师提示】

（1）用人单位应依法缴纳社会保险，为员工缴纳社会保险系用人单位的法定义务，不能以约定方式予以免除，故双方约定放弃或者不缴纳社会保险，因此约定违反法律的强制性规定会被认定无效。

（2）基于各种原因，如劳动者在入职时要求不缴纳社会保险，为降低自身用工风险，则用人单位应做到：①与劳动者签订书面协议书，明确约定系劳动者自身原因提出要求不缴纳社会保险，并且细化约定日后补缴费用、滞纳金、待遇损失由哪一方承担等有关条款。②每月应将单位依法应缴纳的社会保险费用直接支付给劳动者，并且须在工资清单中相应栏目中有所显示。③在职期间，劳动者如提出要求补缴，用人单位应及时补缴，不得以双方已达成协议为由拒绝。

【条文链接】

《中华人民共和国社会保险法》第五十八条　用人单位应当自用工之日起三十日内为其职工向社会保险经办机构申请办理社会保险登记。未办理社会保险登记的，由社会保险经办机构核定其应当缴纳的社会保险费。

自愿参加社会保险的无雇工的个体工商户、未在用人单位参加社会保险的非全日制从业人员以及其他灵活就业人员，应当向社会保险经办机构申请办理社会保险登记。

国家建立全国统一的个人社会保障号码。个人社会保障号码为公民身份号码。

《中华人民共和国劳动合同法》第三十八条　用人单位有下列情形之一的，劳动者可以解除劳动合同：（一）未按照劳动合同约定提供劳动保护或者劳动条件的；（二）未及时足额支付劳动报酬的；（三）未依法为劳动者缴纳社会保险费的；（四）用人单位的规章制度违反法律、法规的规定，损害劳动者权益的；（五）因本法第二十六条第一款规定的情形致使劳动合同无效的；（六）法律、行政法规规定劳动者可以解除劳动合同的其他情形。

《广东省高级人民法院广东省劳动人事争议仲裁委员会关于审理劳动

人事争议案件若干问题的座谈会纪要》第二十五条　用人单位与劳动者约定无需办理社会保险手续或将社会保险费直接支付给劳动者，劳动者事后反悔并明确要求用人单位为其办理社会保险手续及缴纳社会保险费的，如用人单位在合理期限内拒不办理，劳动者以此为由解除劳动合同并请求用人单位支付经济补偿，应予支持。

撰稿人：肖金/广东优游涵泳律师事务所

66. 员工入职后，单位没有及时缴纳工伤保险费的风险

【观点精要】

员工入职后，单位没有及时缴纳工伤保险费有很大风险。与以前相比，现在的自然环境和社会环境有了很大的变化，经济下行，人们生存压力大，社会矛盾突出，天灾人祸时有发生，纠纷不断，即使用人单位严格管理，强化员工的安全意识，也难免发生工伤事故。职工所在用人单位未依法缴纳工伤保险费，发生工伤事故的，由用人单位支付工伤保险待遇。

如果员工入职后，用人单位已为其办理工伤保险申报，但还没有到工伤保险缴费日，或因其他客观原因导致没有缴费成功就发生工伤事故，则社保机构仍有可能按工伤保险法规承担员工工伤保险待遇。如果因用人单位原因没有依法缴纳工伤保险费用，发生工伤后，用人单位仍可以及时补缴应当缴纳的工伤保险费、滞纳金。此时，工伤保险基金和用人单位可依照工伤保险法规的规定支付新发生的费用。

【典型案例】

2015年3月8日，张某武进入某公司从事石材切割工作并签订劳动合同，合同期限为2015年3月8日起至2016年1月31日，合同约定张某武基本工资为2600元每月。

2015年3月28日13时30分，张某武在大切车间修理机台时，被叉车前轮碾压右脚掌受伤，后被送往福州市第二医院住院治疗。2015年7月20日，福州市人力资源和社会保障局作出《工伤认定决定书》，认定张某武为工伤。2015年8月27日，福州市劳动能力鉴定委员会鉴定张某武为五级伤残。2015年12月4日，张某武就工伤待遇问题向罗源县劳动争议仲裁委员申请仲裁，经裁决后又向人民法院起诉。

法院经审理后认为，张某武在工作时间和工作场所内，因工作原因受到伤害，经福州市劳动和社会保障局认定为工伤，应当享受工伤保险待遇。由于某公司在张某武入职后未及时为张某武办理工伤保险手续，应支付张某武应享受的各种工伤保险待遇。故法院判决：一、被告某公司应向原告张某武支付工伤保险待遇、经济补偿等共计372473.56元；二、驳回原告张某武的其他诉讼请求。

【律师提示】

（1）用人单位和职工应当遵守有关安全生产的法律法规，执行安全卫生规程和标准，预防工伤事故的发生。

（2）要求员工入职时真实、准确填写入职登记表，及时安排员工健康检查，进行用人单位规章制度教育，培养员工的安全意识。

（3）员工入职后，及时为员工办理工伤保险申报手续并确保按时缴纳工伤保险费。

（4）如果因用人单位自身原因没有为员工缴纳工伤保险费，发生工伤事故后，则用人单位应及时补缴应当缴纳的工伤保险费和滞纳金，争取由工伤保险基金依照工伤保险法规的规定支付新发生的费用，减轻用人单位负担。

【条文链接】

《中华人民共和国社会保险法》第三十三条　职工应当参加工伤保险，由用人单位缴纳工伤保险费，职工不缴纳工伤保险费。

《中华人民共和国社会保险法》第四十一条　职工所在用人单位未依法纳工伤保险费，发生工伤事故的，由用人单位支付工伤保险待遇。用人单位不支付的，从工伤保险基金中先行支付。

从工伤保险基金中先行支付的工伤保险待遇应当由用人单位偿还。用人单位不偿还的，社会保险经办机构可以依照本法第六十三条的规定追偿。

《中华人民共和国工伤保险条例》第十条　用人单位应当按时缴纳工伤保险费。职工个人不缴纳工伤保险费。

用人单位缴纳工伤保险费的数额为本单位职工工资总额乘以单位缴费费率之积。

对难以按照工资总额缴纳工伤保险费的行业，其缴纳工伤保险费的具体方式，由国务院社会保险行政部门规定。

《中华人民共和国工伤保险条例》第六十二条　用人单位依照本条例规定应当参加工伤保险而未参加的，由社会保险行政部门责令限期参加，补缴应当缴纳的工伤保险费，并自欠缴之日起，按日加收万分之五的滞纳金；逾期仍不缴纳的，处欠缴数额1倍以上3倍以下的罚款。

依照本条例规定应当参加工伤保险而未参加工伤保险的用人单位职工发生工伤的，由该用人单位按照本条例规定的工伤保险待遇项目和标准支付费用。

用人单位参加工伤保险并补缴应当缴纳的工伤保险费、滞纳金后，由工伤保险基金和用人单位依照本条例的规定支付新发生的费用。

撰稿人：蓝国/广东邦杰律师事务所律师

67. 用人单位没有给员工缴纳社会保险，导致员工无法享受基本医疗保险待遇怎么办

【观点精要】

由于用人单位没有给员工缴纳社会保险，导致员工非因公负伤或患病治疗而无法享受基本医疗保险的，员工有权要求用人单位赔偿。根据社会保险法规，用人单位和员工应依法参与社会保险，员工依法享有社会保险待遇。员工因患病、非因公负伤发生医疗的，依法在医保范围内享有医疗保险待遇。劳动法也规定员工因患病、非因公负伤，享有医疗保险待遇。因此，若非因公负伤或患病治疗的员工确因用人单位导致其无法依法享受医疗保险待遇的，则该员工可以向用人单位要求赔偿医疗保险待遇损失，用人单位应予赔偿。

如果出于员工自身原因，例如明确拒绝参加社会保险，导致非因工负伤或患病后无法享受医疗保险待遇的，司法实践中也有不支持员工要求单位赔偿损失的相关案例。

【典型案例】

陈某于2011年12月12日入职某公司任普工。双方已签订劳动合同。某公司未为陈某办理社会保险。陈某于2012年11月20日晚上发生交通事故受伤，

事故发生被送往某人民医院住院治疗，产生医疗费总额为231,335.1元。陈某确认其受伤不属于工伤。经社会保险基金管理局核算后，陈某非因工负伤而产生的医疗费中属“基本医疗保险统筹基金”应报销的医疗费为133,434元。2013年3月19日，陈某申请仲裁，其中一项仲裁请求为要求裁决某公司支付其医疗费231,335.1元。2013年4月26日，劳动争议仲裁委员会作出裁决，裁决某公司应支付陈某医疗费差额113,434元。

某公司不服该仲裁裁决，诉至法院。案经一审审理后认为，陈某与某公司之间存在劳动关系，陈某在某公司工作期间非因工负伤依法享有社会医疗保险待遇。因某公司未为陈某参加社会医疗保险，导致陈某无法享受社会医疗保险待遇造成的损失，某公司理应赔偿。现经社会保险基金管理局核算，陈某住院医疗费用231,335.1元中，属于“基本医疗保险统筹基金”应报销的医疗费用为133,434元，故一审判决某公司应向陈某支付医疗费133,434元。一审判决后，某公司不服，提出上诉。二审维持原判。

【律师提示】

（1）为尽可能减轻或避免未交社会保险可能带来的风险，建议在日常管理中，可适当购买符合自身需求的商业保险，并对商业保险的收益权益等事宜与员工进行必要的技术处理，以尽可能真正达到办理商业保险以减轻或避免自身负担的目的。

（2）根据社会保险法规，用人单位仅对未予购买基本医疗保险期间所导致员工无法医疗保险理赔的损失范围内承担赔偿责任。因此，为进一步避免扩大医疗保险待遇的损失，建议用人单位在员工一旦发生重大非因公负伤或患病情形时，第一时间为该员工交办基本医疗保险。在交付后，根据现行有关规定，则该员工自缴费月的次月1日起即可享受相应医疗保险待遇。

【条文链接】

《中华人民共和国劳动法》第七十三条　劳动者在下列情形下，依法享受社会保险待遇：（一）退休；（二）患病、负伤；（三）因工伤残或者患职业病；（四）失业；（五）生育。

《中华人民共和国社会保险法》第二十三条　职工应当参加职工基本医疗保险，由用人单位和职工按照国家规定共同缴纳基本医疗保险费。

《中华人民共和国社会保险法》第二十八条　符合基本医疗保险药品目录、诊疗项目、医疗服务设施标准以及急诊、抢救的医疗费用，按照国家规定从基本医疗保险基金中支付。

《最高人民法院关于审理劳动争议案件适用法律若干问题的解释（三）》第一条　劳动者以用人单位未为其办理社会保险手续，且社会保险经办机构不能补办导致其无法享受社会保险待遇为由，要求用人单位赔偿损失而发生争议的，人民法院应予受理。

《广东省高级人民法院广东省劳动人事争议仲裁委员会关于审理劳动人事争议案件若干问题的座谈会纪要》第一条　适用《中华人民共和国社会保险法》的若干意见中的第三点：用人单位未依法为劳动者参加基本医疗保险或者缴纳基本医疗保险费，但劳动者符合享受基本医疗保险待遇的条件，劳动者请求用人单位参照基本医疗保险待遇标准报销医疗费用的，应予支持。

撰稿人：黄彦斌/广东万里海天律师事务所律师

68. 患职业病的职工能否要求工伤待遇和人身损害双重赔偿

【观点精要】

公民的身体健康权受法律保护，用人单位应按照相关法律规定为劳动者提供劳动条件及劳动保护，劳动者受到工伤伤害有权获得工伤保险待遇。职业病是特殊工伤，劳动者被诊断患有职业病的，除依法享有工伤保险待遇外，还可依照《民法通则》第一百一十九条和《中华人民共和国职业病防治法》第五十九条的规定向用人单位请求损害赔偿，但该损害赔偿应扣除劳动者因职业病享有的工伤社会保险待遇。如果患职业病的劳动者认为工伤赔偿不足以弥补其受到的损失的，并且有证据证明人身损害赔偿标准更高的，即未被工伤保险项目所涉及的范围，可以按照人身损害的民事赔偿范围及标准，向用人单位请求赔偿工伤保险未覆盖的差额部分，以弥补其所受民事权益的损失。

【典型案例】

原告朱某于2002年9月开始在被告某煤业公司工作。2013年1月，被告为原告参加了工伤保险。2015年11月12日，原告经疾病预防控制中心确诊为尘肺病三期。2016年3月10日，人力资源和社会保障局认定原告的尘肺病三期为工伤。2016年7月1日，原告经劳动能力鉴定委员会鉴定为三级伤残。原告主张工伤事故保险待遇后，于2017年5月9日向人民法院提起与被告之间的健康权纠纷一案，要求被告赔偿其伤残赔偿金和精神损害抚慰金。

法院经审理认为，依照《中华人民共和国职业病防治法》第五十八条的规定，原告除依法享有工伤保险待遇外，还可依法请求民事赔偿。另根据《侵权责任法》的相关规定，环境污染责任采用的是无过错责任的归责原则。煤矿掘进工作中会产生煤矿粉尘，原告从2002年9月至2015年8月在被告处从事煤矿掘进工作，被诊断为尘肺病三期，并鉴定为三级伤残。被告未能举证证明不承担责任或者减轻责任的情形及其行为与损害之间不存在因果关系，应对原告的损害承担民事侵权责任。该法院同时认为，用人单位缴纳工伤保险费用，旨在分散工伤损害的赔偿风险，如果用人单位缴纳了工伤保险费用后仍旧要求用人单位继续按照人身损害标准赔偿劳动者，本身对用人单位也不公平，故劳动者受到职业病伤害时，可以同时获得工伤保险待遇和民事赔偿。但这种民事赔偿是从民事侵权的角度提出赔偿请求，侵权责任赔偿的范围以补足劳动者的实际损失为限，也即劳动者具有工伤保险和民事赔偿双重赔偿请求权，但二者不是并行赔偿，而是将民事侵权赔偿作为工伤赔偿差额部分的补充，即采取补充赔偿模式，应扣除工伤保险赔偿已覆盖的项目。

由于一次性伤残补助金及伤残津贴与残疾赔偿金属于性质相同的项目，原告在庭审中确认已经领取一次性伤残补助金及每月的伤残津贴，故原告诉请的残疾赔偿金应当扣除已经领取的一次性伤残补助金及每月的伤残津贴。残疾赔偿金的计算要根据受害者的伤残等级来计算，由于本案系民事侵权法律关系，故受害者的伤残等级鉴定应适用《人体损伤致残程度分级》。本案中，原告经劳动能力鉴定委员会鉴定为三级伤残，其依据的鉴定标准是《劳动能力鉴定职工工伤与职业病致残等级》（GB/T16180-2014），该标准只适用于职工在职业活动中因工负伤和因职业病致残程度的鉴定。因此，原告主张的残疾赔偿金因无法确定伤残等级而无法计算，而原告对此负有举证责任。至本案法庭辩论终结前，原告仍未提出要求依据《人体损伤致残程度分级》进行人身损害致残程度等级鉴定，故对原告的残疾赔偿金诉请不予支持。精神损害抚慰金属于工伤保险待遇没有的项目，应予支持。根据原告伤残情况及本地经济发展水平等因素，法院酌定被告支付精神损害抚慰金为35,000元。

【律师提示】

（1）为维护劳动者合法权益、保障劳动者的身心健康，用人单位应当为劳动者提供符合国家职业卫生标准和卫生要求的工作环境和条件，同时采取措施保障劳动者获得职业卫生保护。对于容易发生工伤、产生职业病危害的岗位，更应该严格按照法律规定保证劳动者的生命安全及身体健康。

（2）用人单位应当及时为劳动者投保社会保险，如社保购买基数较低的，也可以购买雇主责任险进行补充保障。

【条文链接】

《中华人民共和国职业病防治法》第五十八条　职业病病人除依法享有工伤保险外，依照有关民事法律，尚有获得赔偿的权利的，有权向用人单位提出赔偿要求。

《中华人民共和国职业病防治法》第五十九条　劳动者被诊断患有职业病，但用人单位没有依法参加工伤保险的，其医疗和生活保障由该用人单位承担。

《广东省高级人民法院关于审理劳动争议案件疑难问题的解答》第十五条　因生产安全事故受到伤害的从业人员及职业病患者主张工伤保险待遇后，又请求人身损害赔偿的，如何处理：劳动者因安全生产事故或患职业病获得工伤保险待遇后，以人身损害赔偿为由请求用人单位承担赔偿责任的，如人身损害赔偿项目与劳动者已获得的工伤保险待遇项目本质上相同，应当在人身损害赔偿项目中扣除相应项目的工伤保险待遇数额；若相应项目的工伤保险待遇数额高于人身损害赔偿项目数额，则不再支持劳动者相应人身损害赔偿项目请求。

撰稿人：史宏斌/广东永隆律师事务所律师

69. 冒用他人身份入职的员工，发生工伤后能否获得工伤保险待遇

【观点精要】

冒用他人身份入职，发生工伤后社保机构是否应当给付工伤保险待遇？司法实践中有两种不同的观点。

第一种观点是应给付。主要理由是劳动者在受到事故伤害被认定为工伤后，获得相应工伤保险待遇，是公民作为劳动者的基本权利。冒名入职行为，欺诈的对象是企业主，并非社保机构，故不能以冒名入职为由认定该行为在工伤保险关系中也构成欺诈。用人单位为冒名入职的职工缴纳工伤保险费用，社保登记机构已承保，那么，该职工即与社保机构构成工伤保险法律关系。

第二种观点是不应给付。主要理由是《广东省社会保险基金监督条例》第六十一条规定：以欺诈、伪造证明材料、冒用他人证件、虚构劳动关系等手段办理社会保险业务的，保险行政部门、社会保险费征收机构、社会保险经办机构不予办理。社保基金局对冒用他人身份参加工伤保险的决定不予办理工伤保险待遇于法有据。冒用他人身份违反了《中华人民共和国劳动合同法》第八条规定的“如实说明”的法定义务，也违反了诚实信用原则，由此产生的不利后果只能由劳动者自行承担。

【典型案例】

2015年9月，蒯某持“雍某”的身份证原件，以“雍某”的名义入职某线路板公司。公司根据蒯某提供的“雍某”身份信息，以“雍某”名义为蒯某参加社会工伤保险。2016年10月1日7时5分许，蒯某因交通事故经抢救无效死亡，被人力资源社会保障局作出工伤认定决定。同年11月30日，蒯某的父亲向社保基金局申报工伤死亡待遇。经调查，市社保基金局于同年12月16日作出工伤保险待遇处理决定书，认为蒯某冒用他人证件，遂根据《广东省社会保险基金监督条例》第六十一条的规定，决定不予办理蒯某的工伤保险待遇。蒯某父母不服，诉至法院，请求撤销市社保基金局作出的工伤保险待遇处理决定书，并给付工伤待遇。

法院经审理后认为，根据《中华人民共和国居民身份证法》第三条第二款“公民身份号码是每个公民唯一的、终身不变的身份代码”和《中华人民共和国社会保险法》第五十八条第三款“国家建立全国统一的个人社会保障号码。个人社会保障号码为公民身份号码”的规定，本案中，蒯某冒用“雍某”的身份证入职，并冒用“雍某”姓名和公民身份号码参加社会工伤保险，根据《广东省社会保险基金监督条例》第六十一条“以欺诈、伪造证明材料、冒用他人证件、虚构劳动关系等手段办理社会保险业务的，社会保险行政部门、社会保险费征收机构、社会保险经办机构不予办理……”的规定，蒯某冒用他人证件，作为社会保险经办机构的市社保基金局不予办理工伤保险待遇并无不当。此外，蒯某冒用他人证件参加社会保险，明显违背了诚实信用原则，应承担相应责任。法院判决驳回蒯某父母的诉讼请求。

蒯某父母不服，提起上诉，中院判决维持原判。蒯某父母仍不服，向广东高院申请再审。高院裁定驳回再审申请。

【律师提示】

用人单位在招聘员工时，应告知应聘人员对与劳动合同直接相关的基本情况负有如实说明的义务，并在入职登记表中明确载明应当如实说明以及不如实说明的责任及后果。

如果用人单位对于员工冒用他人身份入职负有过错的，当员工不能获得工伤保险待遇时，有可能导致用人单位承担相应责任。

【条文链接】

《中华人民共和国劳动合同法》第八条　用人单位招用劳动者时，应当如实告知劳动者工作内容、工作条件、工作地点、职业危害、安全生产状况、劳动报酬，以及劳动者要求了解的其他情况；用人单位有权了解劳动者与劳动合同直接相关的基本情况，劳动者应当如实说明。

《广东省社会保险基金监督条例》第六十一条　以欺诈、伪造证明材料、冒用他人证件、虚构劳动关系等手段办理社会保险业务的，社会保险行政部门、社会保险费征收机构、社会保险经办机构不予办理，将有关情况记入其信用档案；情节严重的，处涉案金额一倍以上三倍以下的罚款。

以欺诈、伪造证明材料、虚构劳动关系或者其他手段骗取社会保险待遇的，由社会保险行政部门责令退还已骗取的社会保险待遇，并处骗取金额两倍以上五倍以下的罚款。

撰稿人：殷梅艳/广东宪鼎律师事务所律师

70. 员工职业健康检查的重要性

【观点精要】

职业病是指企业、事业单位和个体经济组织等用人单位的劳动者在职业活动中，因接触粉尘、放射性物质和其他有毒、有害因素而引起的疾病。职业健康检查是对接触职业性有害因素的劳动者进行筛查性的医学健康检查，包括上岗前、在岗期间、离岗时健康检查。

职业健康检查是劳动者应享受的合法权益，对从事接触职业病危害因素的劳动者安排上岗前、在岗期间、离岗前的职业健康检查，是用人单位的法定义务。这既是为了保障劳动者的切身权益，也是为了督促用人单位切实履行对劳动者的劳动保护责任。

但在现实中，很多企业对这项规定置若罔闻，或敷衍了事，一旦发生职业病事件，企业可能面临较大的法律后果及严重的经济损失。因此，企业严格执行职业病健康检查，减少职业病的发生，保障劳动者身体健康，可极大地减轻企业的经济负担。

【典型案例】

黄某于2013年10月9日入职某生物科技公司。双方签有期限自2013年10月9日至2016年10月8日止的劳动合同。黄某自2015年7起因患病未再上班。公司为黄某缴纳社会保险至2016年2月，向黄某发放工资至2015年12月。黄某于2016年4月29日至2016年5月13日在某省职业病防治院、某市中毒急救中心住院检查，出院诊断为粉尘作业职检（待诊断）。双方发生争议，黄某向当地仲裁委提起仲裁申请。仲裁委裁决后，双方均不服该仲裁裁决，先后向法院提起诉讼。

黄某主张其患职业病，被认定为工伤，提交职业病诊断有关处理通知书、职业病诊断证明书、工伤认定书及劳动能力鉴定结论作证。公司答辩称，黄某患有尘肺病并非在其公司处工作所致，公司的生产环境没有造成尘肺病的条件和可能性，黄某患有三级尘肺病是由于其先前在煤矿、造船厂任职电焊工，黄某的目的在于诬赖公司。

法院经审理后认为，黄某被诊断患职业病，被相关行政部门认定为工伤，法院予以确认，黄某依法享受工伤保险待遇。对于某公司抗辩黄某隐瞒其入职前在某船厂当焊工的事实，根据《中华人民共和国职业病防治法》的相关规定，对从事接触职业病危害作业的劳动者，用人单位应当按照国务院安全生产监督管理部门、卫生行政部门的规定组织上岗前、在岗期间和离岗时的职业健康检查，并将检查结果书面告知劳动者。本案中，某公司未举证证明其在黄某入职前安排了职业健康检查，未举证证明黄某在入职其单位前已患职业病，故法院对其抗辩不予采信，遂判决某公司败诉。

【律师提示】

（1）企业应严格执行职业健康检查规定，在劳动者上岗前、在岗期间、离岗时均应安排劳动者进行职业病健康检查；否则，存在如下法律风险。①若劳动者在上岗前已在前工作单位患有职业病，企业未安排其进行入职健康检查，未能了解劳动者的健康状况，就难以避免已有职业健康损害或已患有职业病的劳动者进入企业，企业可能需要额外承担劳动者因在前单位工作患职业病所产生的工伤待遇。②若劳动者在岗期间已患有职业病，企业因未定期安排其进行职业病健康检查，未能尽早发现职业病患者和可疑职业病患者，从而进行及时治疗；待劳动者职业病愈发严重后，既不能减少因疾病给劳动者带来的痛苦，企业还可能承担由此增加的经济损失。③若劳动者在离岗时未进行职业病健康检查，事后劳动者要求企业承担责任，企业不能提供其未对劳动者健康造成损害的证据，因此不能免责。同时，若双方就此解除劳动关系的，企业还可能面临违法解除劳动合同的法律风险。

（2）企业还应制定员工职业健康检查的管理制度，制定职业健康宣传教育事项、相关检查计划、周期、程序、检查结果处理及员工健康档案的管理等实施细则。

【条文链接】

《中华人民共和国劳动合同法》第四十二条　劳动者有下列情形之一的，用人单位不得依照本法第四十条、第四十一条的规定解除劳动合同：（一）从事接触职业病危害作业的劳动者未进行离岗前职业健康检查，或者疑似职业病病人在诊断或者医学观察期间的；（二）在本单位患职业病或者因工负伤并被确认丧失或者部分丧失劳动能力的……

《中华人民共和国职业病防治法》第三十五条　对从事接触职业病危害的作业的劳动者，用人单位应当按照国务院卫生行政部门的规定组织上岗前、在岗期间和离岗时的职业健康检查，并将检查结果书面告知劳动者。职业健康检查费用由用人单位承担。

《中华人民共和国职业病防治法》第三十六条　用人单位应当为劳动者建立职业健康监护档案，并按照规定的期限妥善保存。

职业健康监护档案应当包括劳动者的职业史、职业病危害接触史、职业健康检查结果和职业病诊疗等有关个人健康资料。

《中华人民共和国职业病防治法》第五十五条　用人单位应当及时安排对疑似职业病病人进行诊断；在疑似职业病病人诊断或者医学观察期间，不得解除或者终止与其订立的劳动合同。

疑似职业病病人在诊断、医学观察期间的费用，由用人单位承担。

撰稿人：芦道宾/广东德元律师事务所律师

71. 员工非因工死亡，用人单位需要赔偿吗

【观点精要】

企业生产经营过程中经常会碰到员工在工作时间，或者是在工作地点死亡的情况，但并不是工伤导致的死亡。他们死亡的原因可能是身体患有突发性疾病（如心脏病、急性高血压等），或自杀，或者其他因素。这时，员工非因工死亡，用人单位需要赔偿吗？

答案是肯定的。根据相关法律规定，对于非因工死亡的员工，用人单位应当支付丧葬补助费、供养直系亲属一次性救济金（或供养直系亲属生活补助费）、一次性抚恤金。如果该员工参加了基本养老保险的，丧葬补助费和一次性抚恤金由社保基金支付，具体标准由地方政策确定。

【典型案例】

谢某为A公司员工，工作岗位为夜班巡查员。入职时，A公司为谢某办理了入职手续和签订了劳动合同。2018年5月，谢某想着周末休息，约好友周五晚下班后在公司附近的宵夜档畅饮。一轮过后，谢某的好友因临时有事离场。谢某自饮一个多小时后，独自一人开车离开宵夜档。因酒精的作用，谢某在驶出宵夜档500米后，与一辆大货车发生碰撞，谢某当场死亡。据交警认定，谢某当时酒精含量高达190.8mg/100ml，属于严重醉酒驾驶机

动车，承担事故的全部责任。事发后，谢某家属找到了A公司，认为谢某是在下班途中发生的交通事故，应当认定为因工死亡，享有工伤保险赔偿。

那么，谢某是否属于工伤？根据《中华人民共和国工伤保险条例》第十六条“职工符合本条例第十四条、第十五条的规定，但是有下列情形之一的，不得认定工伤或者视同工伤：（一）故意犯罪的；（二）醉酒或者吸毒的；（三）自残或者自杀的”的规定，即使职工死亡符合因工死亡的条件，但如果存在故意犯罪、醉酒或者吸毒、自残或者自杀的，不认定为因工死亡。

谢某醉酒驾驶机动车，且在交通事故中承担全部责任，是谢某自身的违法行为导致的死亡结果，不将其认定为工伤。谢某非因工死亡，用人单位就可以置身事外了吗？

根据《广东省企业职工假期待遇死亡抚恤待遇暂行规定》规定，职工（含离退休人员）因病或非因工负伤死亡，发给丧葬补助费、供养直系亲属一次性救济金（或供养直系亲属生活补助费）、一次性抚恤金。在职职工因病或非因工负伤死亡，由企业按上述标准发给死亡抚恤待遇。本案中，谢某虽因自身过错而导致交通事故死亡，但其家属依法享有从企业获得上述非因工死亡抚恤待遇的权利。

【律师提示】

（1）非因工死亡待遇是对死亡员工家属所提供的必要物质援助和抚恤，因此，即使职工是非因工死亡，其家属依然享有获得相应待遇的权利。

（2）企业要重视员工入职前身体检查，同时要经常教育员工多注意人身安全，以减少非因工伤残和死亡给企业带来的成本支出。

（3）企业在依法为员工参加社会保险的同时，最好能够购买雇主责任险或团体人身意外险，尽可能减少企业的成本支出。

【条文链接】

《中华人民共和国社会保险法》第十七条　参加基本养老保险的个人，因病或非因工死亡的，其遗属可以领取丧葬补助金和抚恤金。

《广东省企业职工假期待遇死亡抚恤待遇暂行规定》第十条　职工(含离退休人员)因病或非因工负伤死亡，发给丧葬补助费，供养直系亲属一次性救济金（或供养直系亲属生活补助费）、一次性抚恤金。（一）丧葬补助费的标准：三个月工资（月工资按当地上年度社会月平均工资计，下同）；（二）供应直系亲属一次性救济金标准：六个月工资；（三）一次性抚恤金标准：在职职工六个月工资；离退休人员三个月工资。

撰稿人：蓝国/广东邦杰律师事务所律师

72．工伤员工在停工留薪期满后仍需要停工休息的，用人单位还需要支付工资吗

【观点精要】

用人单位是否应支付工伤员工在停工留薪期间的停工留薪期工资？这个答案毫无悬念。但是，如果工伤员工在停工留薪期满后，因工伤病情需要仍需要继续停工休息的，用人单位是否还应继续支付其继续停工休息期间的工资呢？

鉴于现行工伤保险法规对于在停工留薪期满后，仍一直处于继续停工休息期间的工资应否支付问题，尚无明文规定。因此，司法实践中对以上问题存在认识不同、裁判结果不一的情形。

一种观点认为，既然现行工伤法规仅明确规定用人单位应支付工伤员工在停工留薪期间的工资，而对停工留薪期满后的继续停工休息期间的工资应否由用人单位负责，尚无明文规定，则要求用人单位支付该待遇，法律依据不足。

另一种观点认为，对于停工留薪期满后的继续停工休息期间的工资待遇应否支付问题，应遵循以人为本的司法原则，参照国家有关病假工资待遇规定，本着兼顾各方权益的原则进行处理。既然员工在非因工负伤或疾病停工治疗期间，用人单位依法应向员工支付病假工资待遇，那么对于工

伤员工而言，其在停工留薪期满后的继续停工休息期间的工资待遇，当然更应参照病假工资的相关规定，给予公平对待，这样才公平合理。

综上，工伤员工在停工留薪期满后的继续停工休息期间是否享受工资待遇，用人单位是否应按照病假工资标准给付问题，司法实践中更倾向于后一种观点，即工伤员工在停工留薪期满后的继续停工休息期间的工资待遇，用人单位应参照病假规定给付工伤员工病假工资。

【典型案例】

2010年8月7日，韩某入职某幼儿园担任幼小教职员工。在职期间，韩某月薪为3,500元。2012年6月18日上午大约11点左右，韩某向门口保安陈述因其清洁教室厕所时摔倒受伤，需要出去医院看病，随后离开幼儿园径行前去医院就诊，并未再返回上班。后经确认，韩某属于工伤，被评为十级伤残，并享有三个月的停工留薪期。但停工留薪期满后，韩某一直大约每周一次向医疗机构申请病休诊断证明，病休时间一直截至于2013年6月18日。

由于工伤待遇协商未果，韩某遂向当地劳动人事争议仲裁委员会提出仲裁，其中一项仲裁请求：要求幼儿园按照3,500元/月的工资标准向其支付停工留薪期满后的病休期间工资待遇。经仲裁委审查后认为，根据现行工伤法规，幼儿园仅应按3,500元/月的标准向韩某支付三个月停工留薪期间的工资，至于停工留薪期满后的继续停工休息期间的工资，没有法律根据。仲裁委裁决驳回。

韩某不服，提起诉讼。法院经审理后认为，虽然现行工伤法规没有规定停工留薪期满后员工仍需休息的是否可以获得工资待遇，但是现行劳动法规明确员工非因工负伤或病假期间，用人单位应支付病假工资。举重以明轻，既然非因工负伤和病假期间员工可以享受病假工资，那么，比非因工负伤和病假更严重的工伤员工更有理由享受休假期间的工资。鉴于停工留薪期满后的休息期间毕竟与停工留薪期不是同一法律性质，故参照病假待遇，由用人单位支付病假工资更为合理。

【律师提示】

（1）建议用人单位在工伤员工停工留薪期满后，要及时通知该工伤员工按时返厂上班，尽可能打消某些工伤员工继续混停工休息假期问题。

（2）建议用人单位在规章制度中建立健全假期请假的程序规范和请假流程要求。

（3）基于当前的社会保险法规，用人单位可在管理实践中先支付工伤员工停工留薪期内工资。至于继续停工休息期间的工资问题，可根据实际情况协商处理。

【条文链接】

《中华人民共和国工伤保险条例》第三十三条　职工因工作遭受事故伤害或者患职业病需要暂停工作接受工伤医疗的，在停工留薪期内，原工资、福利、待遇不变，由所在单位按月支付。

停工留薪期一般不超过十二个月。伤情严重或者情况特殊，经设区的市级劳动能力鉴定委员会确认，可以适当延长，但延长不得超过十二个月。工伤职工评定伤残等级后，停发原待遇，按照本章的有关规定享受伤残待遇。工伤职工在停工留薪期满后仍需治疗的，继续享受工伤医疗待遇。

《广东省工伤保险条例》第二十六条　职工因工伤需要暂停工作接受工伤医疗的，在停工留薪期内，原工资、福利、待遇不变，由所在单位按月支付。停工留薪期根据医疗终结期确定，由劳动能力鉴定委员会确认，最长不超过二十四个月。

《广东省工资支付条例》第二十四条　劳动者因病或者非因工负伤停止工作进行治疗，在国家规定医疗期内，用人单位应当依照劳动合同、集体合同的约定或者国家有关规定支付病伤假期工资。

用人单位支付的病伤假期工资不得低于当地最低工资标准的百分之八十。

法律、法规另有规定的，从其规定。

撰稿人：卢宏盛/广东优游涵泳律师事务所律师

73. 商业保险可以冲抵用人单位应支付的工伤保险待遇吗

【观点精要】

用人单位为劳动者投保了人身意外伤害商业保险，商业保险赔偿款能否冲抵用人单位支付给劳动者的工伤保险待遇补偿款？对此存在两种观点。

第一种观点认为，商业保险赔偿款能够冲抵工伤保险待遇补偿款。

用人单位为劳动者购买商业保险的目的是降低单位经营风险，在发生安全事故后由保险公司分担单位应支付的赔偿款，并承担了全部保险费用。因此，根据权利、义务对等原则，应该在用人单位需承担的工伤待遇补偿款中将该笔商业保险赔偿款予以冲抵。

第二种观点认为，商业保险赔偿款不能冲抵工伤保险待遇补偿款。

用人单位对劳动者因工负伤承担工伤待遇的赔偿责任，这是用人单位的一项法定义务，必须依法履行。用人单位为劳动者投保商业保险非强制性，完全出于用人单位的自愿，因此用人单位为劳动者投保了商业保险是给予其享受的福利待遇。二者不能相互抵消。

笔者认为，能否冲抵关键看商业保险的性质。因为这关系到保险合同的受益人，受益人是谁代表着谁具有保险金的所有权。如果被保险人是受益人，那么发生工伤事故时，只能认定为用人单位给予员工的福利待遇。司法实践中，作为用人单位，参加商业保险的目的多为分担用工风险，然而多有用人单位对商业保险性质不熟悉，导致无法通过参加商业保险达到冲抵用工风险的目的。

【典型案例】

某厂与陈某于2014年3月13日签订了固定期限为2014年3月13日至2015年2月8日的劳动合同。某厂未为陈某建立社会保险关系。2014年8月29日凌晨4时40分左右，陈某在某厂工作时左前臂被机器压伤，后送往某区第一人民医院诊治，住院时间为2014年8月29日至2014年9月30日，共32天。2014年11月26日，某区人力资源和社会保障局作出工伤认定决定书。后双方因工伤赔偿问题诉至法院。

本案的争议焦点是某厂为陈某投保的人身意外商业险能否冲抵其部分工伤待遇。法院经审理认为，因某厂未依法为陈某购买社保，故陈某发生工伤事故后，某厂应当承担陈某依法应享受的工伤保险待遇。该义务为法定义务，无法律的事由，不能减轻或者免除。双方当事人均确认某厂在某财产保险有限公司为陈某投保了个人人身意外伤害保险。虽然双方当事人确认保险费由某厂支付，但保险的被保险人为陈某，收益人载明为法定，并注明除合同另有约定外，非身故受益人为被保险人本人。因此，该商业保险应视为用人单位给予员工的福利待遇。陈某在受到人身伤害后，有权依照该保险合同的约定获得赔偿。商业保险和社会保险的性质不一致，并不能相互取代，也无法律明文规定劳动者发生工伤时工伤保险待遇与商业保险待遇不能兼得。因此，某厂以陈某已经在商业保险中获得部分赔偿为由，请求相应减轻其应承担的工伤保险待遇，没有法律依据。

【律师提示】

（1）工伤保险是社会保险的一部分，具有社会保险的强制性，所以即便参加了商业保险，也必须参加社会保险。劳动者依人身保险合同获得的赔偿，用人单位不得主张在工伤待遇中扣除。

（2）建议用人单位在购买商业保险时，要清楚了解保险的种类和性质，明确保险受益人，避免产生不必要的损失。

【条文链接】

《中华人民共和国工伤保险条例》第二条　中华人民共和国境内的企业、事业单位、社会团体、民办非企业单位、基金会、律师事务所、会计师事务所等组织和有雇工的个体工商户应当依照本条例规定参加工伤保险，为本单位全部职工或者雇工（以下称职工）缴纳工伤保险费。

中华人民共和国境内的企业、事业单位、社会团体、民办非企业单位、基金会、律师事务所、会计师事务所等组织的职工和个体工商户的雇工，均有依照本条例的规定享受工伤保险待遇的权利。

《中华人民共和国工伤保险条例》第六十二条　用人单位依照本条例规定应当参加工伤保险而未参加的，由社会保险行政部门责令限期参加，补缴应当缴纳的工伤保险费，并自欠缴之日起，按日加收万分之五的滞纳金；逾期仍不缴纳的，处欠缴数额1倍以上3倍以下的罚款。

依照本条例规定应当参加工伤保险而未参加工伤保险的用人单位职工发生工伤的，由该用人单位按照本条例规定的工伤保险待遇项目和标准支付费用。

用人单位参加工伤保险并补缴应当缴纳的工伤保险费、滞纳金后，由工伤保险基金和用人单位依照本条例的规定支付新发生的费用。

《广东省高级人民法院关于审理劳动争议案件若干问题的指导意见》第二十五条　劳动者的工伤系第三人侵权所致，劳动者先获得侵权赔偿的，用人单位承担的工伤补偿应扣除已支付的医疗费和丧葬费。

劳动者的工伤待遇由用人单位承担的，劳动者依人身保险合同获得的赔偿，用人单位不得主张在工伤待遇中扣除。

撰稿人：王方强、郭南海/广东凯行律师事务所律师

74. 用人单位承担工伤保险责任后，能否向实施侵权行为的第三人追偿

【观点精要】

如果劳动者的工伤是第三人的侵权所致，则用人单位向劳动者承担工伤保险责任后，还能否向实施侵权行为的第三人追偿？对于这一问题，理论界主要有两种观点。

一种观点认为用人单位不享有追偿权，主要理由为用人单位未按照规定为其职工缴纳工伤保险违反法定义务，故不享有追偿权；如用人单位向第三人行使追偿权，将违背《中华人民共和国工伤保险条例》“保障因工作遭受事故伤害或者患职业病的职工获得医疗救治和经济补偿，促进工伤预防和职业康复，分散用人单位的工伤风险”的立法本意，造成用人单位在违反《中华人民共和国工伤保险条例》没有为职工缴纳工伤保险费的情况下，可以顺理成章地转嫁工伤赔偿责任。

另一种观点是用人单位享有追偿权，理由为工伤保险最核心的功能在于防止职工受到伤害后因各种因素得不到及时的救助。在用人单位已按《中华人民共和国工伤保险条例》支付相关赔偿费用的情形下，工伤保险最核心的功能已经实现。第三人的侵权行为是事故发生的直接原因，侵权人是应当对受害职工承担赔偿责任的最终责任人。《中华人民共和国社会保险法》第四十二条已明确工伤保险基金对于先行支付的医疗费有权向第

三人追偿。虽然该法规定的是工伤保险基金的追偿权，但从立法目的和追偿权的性质上看，用人单位在对第三人行使追偿权的问题上与工伤保险基金并无实质区别。

从民事侵权的角度分析，第三人的行为既然构成侵权，就应该对其损害结果负责，即负有相应的赔偿义务。如果不允许用人单位享有追偿权，那么用人单位在按工伤保险待遇支付相应的费用后，工伤职工若因获得赔偿而不向第三人主张侵权赔偿，侵权第三人就会因自己的非法行为获得消极利益。这是违反法律的公平原则的。工伤职工若再向侵权第三人主张侵权赔偿，势必会因同一损害事实获得双重赔偿，违背了“受害人不应因遭受侵害获得意外收益”的基本原则，也不符合正常的社会价值理念。

目前的司法裁判观点：第三人侵权与工伤保险待遇竞合的，劳动者可以同时主张侵权赔偿和工伤保险待遇，但工伤保险基金管理机构或用人单位承担工伤保险责任时，不再重复支付第三人已支付的医疗费、丧葬费。工伤保险基金管理机构或用人单位先行支付工伤保险赔偿的，可以在第三人应当承担的赔偿责任范围内向第三人追偿。

【典型案例】

汪某于2007年到江苏某科技公司从事库管工作。2011年10月2日16时，汪某驾驶该公司车辆给客户送电脑主机返回途中，与韩某驾驶的车辆碰撞，韩某及汪某受伤。2011年10月，交警部门作出道路交通事故认定书，韩某负此次事故的全部责任；汪某无责任，后认定为工伤，九级伤残。2012年1月，汪某提起诉讼，要求法院判令韩某、保险公司赔偿其因交通事故产生的各项损失。法院在判决中确认了汪某因交通事故产生的各项损失，但该判决因韩某确无财产可供执行，被终结执行。2014年3月，汪某经劳动仲裁后再次诉至法院，请求判令江苏某科技公司承担其因交通事故产生的各项损失。

法院经审理认为，汪某因第三人侵权造成人身损害，同时构成工伤。

因侵权人无力赔偿，且已被法院终结执行，汪某并未获得足额赔偿，故用人单位应在扣除第三人已支付的医疗费等实际发生费用的范围内先行支付工伤保险赔偿，并有权在第三人应当承担的赔偿责任范围内向第三人追偿。法院判决江苏某科技公司赔偿汪某其因交通事故产生的医疗费等，并先行支付相关工伤保险赔偿。

【律师提示】

（1）对于重复赔偿项目，用人单位附条件享有追偿权。

工伤保险赔偿和侵权损害赔偿中相同并存在重复的项目主要如下，即工伤保险赔偿中的原工资福利待遇（侵权损害赔偿中的误工费），医疗费、停工留薪期间的护理费和生活护理费（侵权损害赔偿中的护理费），住院伙食补助费，交通费，外省市就医食宿费（侵权损害赔偿中的外省市就医住宿费和伙食费），康复治疗费（侵权损害赔偿中的康复费、康复护理费、适当的整容费、后续治疗费等），辅助器具费（侵权损害赔偿中的残疾辅助器具费），供养亲属抚恤金（侵权损害赔偿中的被抚养人生活费），丧葬补助金（侵权损害赔偿中的丧葬费）等费用。

广东省高级法院的指导意见认为，上述重复赔偿项目中的医疗费、残疾辅助器具费和丧葬费，如果劳动者已经获得侵权第三人的赔偿，则劳动者本身就无权再向用人单位主张，用人单位也无需重复支付这些赔偿项目，故不存在追偿权的基础。如果劳动者未曾向侵权第三人主张，且用人单位已经实际赔付给劳动者，则用人单位就上述重复赔偿项目中已经赔付的部分享有追偿权。

（2）对于两种赔偿项目中的兼得赔偿项目、专属赔偿项目，用人单位不享有追偿权。

兼得赔偿项目主要有工伤赔偿中的一次性伤残补助金和侵权赔偿中的残疾赔偿金、工伤赔偿中的一次性工亡补助金和侵权赔偿中的死亡赔偿金等。专属赔偿项目主要有工伤赔偿中的伤残津贴、一次性工伤医疗补助金、伤残就业补助金以及侵权赔偿中的营养费、精神损害抚慰金、陪护人员住宿费、伙食费等。由于工伤中兼得项目和专属项目的赔偿是基于劳动关系而产生，且在侵权赔偿中没有对应项目，目前用人单位就此部分行使追偿权尚缺乏法律依据。因此，对于兼得赔偿项目和专属赔偿项目，用人单位不得享有追偿权。

【条文链接】

《中华人民共和国社会保险法》第四十二条　由于第三人原因造成工伤，第三人不支付工伤医疗费或者无法确定第三人的，由工伤保险基金先行支付。工伤保险基金先行支付后，有权向第三人追偿。

《最高人民法院关于审理工伤保险行政案件若干问题的规定》第八条　职工因第三人的原因导致工伤，社会保险经办机构以职工或者其近亲属已经对第三人提起民事诉讼为由，拒绝支付工伤保险待遇的，人民法院不予支持，但第三人已经支付的医疗费用除外。

《最高人民法院关于审理工伤保险行政案件若干问题的规定》第三条　承担工伤保险责任的单位承担赔偿责任或者社会保险经办机构从工伤保险基金支付工伤保险待遇后，有权向相关组织、单位和个人追偿。

第七章

商业秘密与竞业限制

撰稿人：赵继明/广东保信律师事务所律师

75. 在职期间支付竞业限制补贴，能否视为已支付竞业限制补偿金

【观点精要】

在职期间支付竞业限制补贴，能否视为已支付竞业限制补偿金？在司法实践中存在以下两种观点。

第一种，竞业限制经济补偿款无论是在职期间支付还是按照法律规定在解除或终止劳动合同后按月支付，都不影响此款属于竞业限制经济补偿性质。因此，只要用人单位能够证明在劳动者就职期间已经发放就业限制补偿款，劳动者未履行竞业限制义务的，劳动者应承担违约责任。

第二种，劳动者在职期间或者离职后，用人单位均未支付任何竞业限制补偿款，只是将劳动者在职期间的部分工资以“竞业限制补贴”的名义发放。此种情况下，不能视为用人单位已支付竞业限制经济补偿。用人单位约定工资中包含竞业限制补偿金，目的系为规避竞业限制补偿金的支付。为防止用人单位规避支付义务，损害劳动者权益，法律明确规定竞业限制补偿金的支付形式：劳动者在解除或者终止劳动合同后的竞业限制期限内，企业按月向劳动者支付的经济补偿。

竞业限制补贴属于劳动者履行竞业限制义务的对价，目的在于保障劳动者离职后的就业权和生存权。将竞业限制经济补偿提前至劳动者在职期间工资中的难以起到对劳动者生存权和就业权进行保障的作用，与设置竞

业限制条款的立法初衷相悖。目前广东省内司法实践已明确，在职期间向劳动者支付的竞业限制补贴不能视为已支付竞业限制补偿金。

【典型案例】

王某是A公司的员工。2013年11月11日，王某与A公司签订了一份保密协议，内容显示：……本人确认贵方每月工资支付时已将贵方支付给本人的竞业限制补偿费用已含于本人基本工资中发放，即本人基本工资中已包含该补偿费用项目。本人确认贵方每月向本人支付了竞业限制费用人民币×元。2015年4月21日，王某因追索竞业限制补偿金向劳动人事争议仲裁委员会申请仲裁。2015年6月15日，该会裁决支持王某的仲裁请求。A公司不服，向法院起诉。

法院经审理认为，竞业限制补偿是劳动者履行竞业限制义务的对价。用人单位与劳动者签订保密协议，除了约定竞业限制义务和违约责任，还应约定支付竞业限制经济补偿金的计发标准，并按月足额支付竞业限制经济补偿金。因A公司未能就双方已明确约定并实际履行了支付竞业限制经济补偿金义务的情况完成充分有效的举证，遂法院依据《中华人民共和国民事诉讼法》第六十四条第一款等规定，判决驳回了A公司的全部诉讼请求。

【律师提示】

（1）用人单位应当严格依照法律的规定与相关负有保密义务的劳动者签订竞业限制协议。负有保密义务的劳动者在职期间从单位获得商业秘密和技术秘密，有义务保守用人单位的商业和技术秘密。

（2）用人单位与劳动者应在竞业限制协议中明确竞业限制义务、违约责任及向劳动者计发竞业限制经济金的标准。用人单位在解除或者终止劳动合同后，应在竞业限制期限内按月给予劳动者经济补偿。劳动者离职后，一旦出现违反竞业限制约定的行为，用人单位可依法要求劳动者支付违约金或承担赔偿责任，以维护企业合法权益。

【条文链接】

《中华人民共和国劳动合同法》第二十三条　用人单位与劳动者可以在劳动合同中约定保守用人单位的商业秘密与知识产权相关的保密事项。对负有保密义务的劳动者，用人单位可以在劳动合同或者保密协议中与劳动者约定竞业限制条款，并约定在解除或终止劳动合同后，在竞业限制期限内按月给予劳动者经济补偿。劳动者违反竞业限制约定的，应当按照约定向用人单位支付违约金。

《中华人民共和国劳动合同法》第二十四条　竞业限制的人员限于用人单位的高级管理人员、高级技术人员和其他负有保密义务的人员。竞业限制的范围、地域、期限由用人单位与劳动者约定，竞业限制的约定不得违反法律、法规的规定。

在解除或者终止劳动合同后，前款规定的人员到与本单位生产或者经营同类产品、从事同类业务的有竞争关系的其他用人单位，或者自己开业生产或者经营同类产品、从事同类业务的竞业限制期限，不得超过两年。

《广东省高级人民法院广东省劳动争议仲裁委员会关于适用〈劳动争议调解仲裁法〉〈劳动合同法〉若干问题的指导意见》第二十六条　用人单位与劳动者约定竞业限制的，应当在竞业限制期限内依法给予劳动者经济补偿，用人单位未按约定支付经济补偿的，劳动者可要求用人单位履行竞业限制协议。至工作交接完成时，用人单位尚未承诺给予劳动者经济补偿的，竞业限制条款对劳动者不具有约束力。

用人单位在竞业限制条款中约定的违约金过分高于实际损失的，人民法院、劳动争议仲裁委员会可以依据劳动者的请求对违约金数额予以适当调整。

《广东省高级人民法院广东省劳动人事争议仲裁委员会关于印发〈广东省高级人民法院广东省劳动人事争议仲裁委员会关于审理劳动人事争议案件若干问题的座谈会纪要〉的通知》第二十一条　劳动合同解除或者终止后，劳动者请求用人单位支付竞业限制经济补偿或以用人单位未按约定支付竞业限制经济补偿为由要求不履行竞业限制义务，对用人单位以其在劳动关系存续期间向劳动者支付的劳动报酬已包含竞业限制经济补偿提出的抗辩，不予支持。

撰稿人：蓝国/广东邦杰律师事务所律师

76. 保密制度缺失或不齐备的风险

【观点精要】

如果一个企业对于其自身的商业秘密没有采取保密措施或者采取的保密措施、机制不完备，会带来怎样的法律风险呢？就此问题，得先从商业秘密的法律概念说起。根据《中华人民共和国反不正当竞争法》，商业秘密是指不为公众所知悉、具有商业价值并经权利人采取相应保密措施的技术信息、经营信息等商业信息。由此可见，法律上定义的商业秘密应同时具有如下三个重大法律属性，三者缺一不可。

（1）秘密性。该技术信息、经营信息等商业信息仅限定在特定对象知悉，而不能为公众所知晓，公开渠道无法正常获知。

（2）价值性。该技术信息、经营信息等商业信息应对企业具有一定的商业价值利益。如不能给企业带来商业价值利益，则不属于商业秘密。

（3）保密性。商业秘密的权利人应具有主观保密的意愿，已经对其所属的商业秘密采取一定的保密措施加以保护。

综上所述，如果一个企业对于其自身的商业秘密没有采取保密措施或者保密措施、机制不完备，则可能会导致自身的商业秘密无法获得法律的有效保护，甚至对侵犯自身商业秘密的侵权责任方不能依法追究侵权责任。

【典型案例】

唐山某公司以某科联公司、于某侵犯该公司商业秘密为由，向法院提出诉讼，要求某科联公司、于某承担侵权赔偿责任。一审期间，唐山某公司向法院提交了如下系列证据："关于保密工作的几项规定""关于技术秘密管理的具体措施"等保密制度、销售管理制度，以及与于某签订的劳动合同协议、营销服务责任书等，拟证明已对其商业秘密采取系列保密措施，足以体现唐山某公司对其主张商业秘密保护的信息具有保密的主观意愿。法院据此认为提出的诉讼请求合法有据，应予以支持。而某科联公司、于某则辩称唐山某公司请求保护的技术信息和经营信息均未采取保密措施，唐山某公司未提供证据证明其请求保护的技术信息和经营信息较之于公知技术的秘密性，更未证明某科联公司的产品与其技术信息构成相同或者实质相同，依法应驳回其诉讼请求。

案经中院一审、省高院二审，最终认定，因唐山某公司采取的保密措施不符合法律规定的保密要素，故其主张的商业信息不属于商业秘密，据此判决驳回了唐山某公司的诉讼请求。唐山某公司不服，遂向最高法院提出再审申请。

最高法院经审查认为，首先，"关于保密工作的几项规定"仅有四条，且内容仅原则性要求所有员工保守企业销售、经营、生产技术秘密，在厂期间和离厂两年内，不得利用所掌握的技术生产或为他人生产与本公司有竞争的产品和提供技术服务，上述规定无法让该规定针对的对象，即所有员工作知悉唐山某公司作为商业秘密保护的信息范围即保密客体，仅此不属于切实可行的防止技术秘密泄露的措施，在现实中不能起到保密的效果。其次，"关于技术秘密管理的具体措施"，二审法院认为不能确定该证据的真实性，该证据不能作为本案定案的依据，并无不妥。再次，销售管理制度、营销服务责任书采取的措施内容基本一致，即要求公司营销人员在职期间和离职三年之内不得利用原销售渠道销售公司同类产品。上述约定没有明确于某应当承担的保密义务，只能认定为竞业限制约定。最后，劳动合同协议书为劳动人事局等部门制定的格式合同，其中只有要求乙方保守秘密的原则性规定，同样不能认定为构成符合规定的保密措施。

综上，虽然唐山某公司主张其采取了一定的保密措施，但上述措施并不符合相关规定，因此，其请求保护的技术信息和经营信息不构成《中华人民共和国反不正当竞争法》规定的商业秘密的保护要件。在此情况下，某科联公司和于某的被诉侵权行为也不能认定为构成侵犯商业秘密行为。据此，最高法院裁定驳回了唐山某公司的再审申请。

【律师提示】

（1）企业要深刻认识到并非所有的商业秘密均可获得法律的有效保护。

（2）商业秘密有时往往决定一个企业的“生死存亡”，因此，建议企业高度重视商业秘密的保护工作，在日常管理中，结合反不正当竞争法及最高法院有关司法解释的系列规定，有针对性地、全面深化保密机制，健全和规范保密措施，对涉密措施采取组合拳，可以通过限定商业秘密接触范围、对涉密信息的载体加载保密标识、重要区域的强化管控机制、与涉密者签署保密协议等诸多涉密保护措施，以尽可能达到保密目的和商业秘密能获得法律有效保护的法律效应。

（3）不完善的保密措施，可能导致自身的商业秘密保密失效。建议有条件的企业可聘请专业律师给予专业服务指导，协助企业制订尽可能完善的商业秘密保密措施。

【条文链接】

《中华人民共和国劳动法》第二十二条　劳动合同当事人可以在劳动合同中约定保守用人单位商业秘密的有关事项。

《中华人民共和国劳动合同法》第二十三条　用人单位与劳动者可以在劳动合同中约定保守用人单位的商业秘密和与知识产权相关的保密事项。

对负有保密义务的劳动者，用人单位可以在劳动合同或者保密协议中与劳动者约定竞业限制条款，并约定在解除或者终止劳动合同后，在竞业限制期限内按月给予劳动者经济补偿。劳动者违反竞业限制约定的，应当按照约定向用人单位支付违约金。

《中华人民共和国反不正当竞争法》第九条　本法所称的商业秘密，是指不为公众所知悉、具有商业价值并经权利人采取相应保密措施的技术信息、经营信息等商业信息。

撰稿人：章鹏/广东中亿律师事务所律师

77. 如何签署一份漂亮的保密协议

【观点精要】

劳动法上的保密协议，专指用人单位与知悉商业秘密的劳动者所签的保密协议。企业签订保密协议，首先应当要求签订的对象范围尽量全面。只要知悉商业秘密的员工，如研究开发人员、技术人员、市场计划和营销人员、财会人员、秘书人员，甚至保安人员，均应纳入签订范围。

根据商业秘密所具备的客观秘密性（不为公众知悉）、主观保密性（采取了保密措施）等特点，一份有效、细致、实用的保密协议应当满足以下几个要求：首先，应当明确并列举本企业商业秘密的范围，尽量涵盖技术信息、经营管理信息及其他符合商业秘密特点的所有商业秘密；其次，应当明确并列举企业已采取的保密措施，如保密标识、保密制度、保密协议、脱密措施等；再次，要明确保密期间，尽量覆盖在职期间及离职之后的一定期间；最后，还应当明确违反保密协议的违约责任。

企业在保密协议中，还可以约定竞业限制条款，确定合理金额的违约金。至于保密费，虽然法律没有强制性规定，但在条款中约定，可以促进员工自觉增强保密意识，防止企业商业秘密的泄露。

【典型案例】

被告张某2016年2月19日入职原告深圳市某制品有限公司，劳动合同期至2018年2月19日止，同时签订保密合同，约定张某在职期间和离职后两年内应遵守相应的保密义务，同时约定了商业秘密范围、保密费用和违约责任等。后张某于2017年8月9日在外成立一家经营范围与在职公司存在一定重合的公司，并于2017年9月18日离职。公司申请仲裁，请求确定保密合同合法有效，主张张某违约，应支付公司违约金150,000元。仲裁委裁决驳回公司的全部仲裁请求。公司不服，向法院提起诉讼。

法院经审理后认为，张某离职后，公司虽然没有支付其保密费，但其作为公司员工，且与公司签订了保密合同，从其入职开始至离职后仍应负有保守公司商业秘密的义务。保密费除竞业限制相关外，并不必然需要给付。保密合同中的条款没有违反法律的规定，仍继续有效，张某仍应继续履行。张某离职前领取公司发放的保密费，其在职期间应遵守保密合同的竞业限制禁止。张某在职期间开办企业，已违反双方约定，应承担相应违约责任。根据公平原则和诚信信用原则，同时兼顾张某任职期间长短和工资收入水平高低等其他具有评价意义的因素，对公司主张的违约金予以调整减少。故法院判决张某继续履行保密合同中的保密义务，于本判决生效之日起支付原告违约金30,000元。

【律师提示】

商业秘密是企业参与市场竞争的秘密武器，包含巨大而核心的经济利益，因此必然存在因泄密而产生的法律风险。员工的保密义务，是基于法定或基于劳动合同的随附义务。无论是在职期间还是离职后，员工均应当承担保守企业商业秘密的义务，并且没有时间限制，也不需要权利人支付保密费。

保密协议的作用除了事先预防，主要还是事后救济。员工侵犯企业商业秘密，如有保密协议的，企业仅凭保密协议就能证明特定信息是自己的商业秘密，并按约定要求员工承担违约责任。但当双方没有保密协议时，企业首先应当证明商业秘密的存在，并且只能要求员工承担侵权责任，企业在仲裁或诉讼中的举证责任、法律风险将会增大。因此，与员工签订一份漂亮的保密协议，是企业全面保护商业秘密的重要手段之一。

【条文链接】

《中华人民共和国劳动合同法》第二十三条　用人单位与劳动者可以在劳动合同中约定保守用人单位的商业秘密和与知识产权相关的保密事项。

对负有保密义务的劳动者，用人单位可以在劳动合同或者保密协议中与劳动者约定竞业限制条款，并约定在解除或者终止劳动合同后，在竞业限制期限内按月给予劳动者经济补偿。劳动者违反竞业限制约定的，应当按照约定向用人单位支付违约金。

《中华人民共和国劳动合同法》第二十五条　除本法第二十二条和第二十三条规定的情形外，用人单位不得与劳动者约定由劳动者承担违约金。

撰稿人：章鹏/广东中亿律师事务所律师

78. 保密费与竞业限制补偿金是同一个意思吗

【观点精要】

保守商业秘密是劳动者的一项法定义务，但现行法律法规并未规定用人单位必须向劳动者支付履行保密义务的保密费。因此，保密费并非法定，而是用人单位给予劳动者的一项福利，是一种津贴。法律规定的竞业限制，则因客观上限制了劳动者的就业权，故只能以协议的方式确立，约定由用人单位向劳动者支付补偿金，且应当在解除或者终止劳动合同后按月支付。

保密费与竞业限制补偿金有着本质的区别。

（1）作用不同。前者是用人单位对劳动者承担保守用人单位商业秘密而发给劳动者的津贴；后者是用人单位对劳动者履行竞业限制义务的补偿。

（2）支付时间不同。前者为劳动者在职期间；后者是劳动者离职后两年内。

（3）性质不同。保密是劳动者应当忠实用人单位的法定义务，因此保密费没有必须发放的法定要求；而竞业限制是对员工离职后一定时间内重新择业的限制，是用人单位应当向劳动者支付的法定经济补偿金。

由此可见，保密费和竞业限制补偿金是两个完全不同的概念，用人单位已支付劳动者的保密费，不能替代应当支付的竞业限制补偿金。

【典型案例】

原告（反诉被告）余某2011年11月16日入职被告（反诉原告）深圳市某技术有限公司。双方劳动合同于2014年11月15日到期终止。余某离职前12个月平均工资5,600元/月。余某入职时，双方签订了保密协议，约定保密期限为工作期间及离职后两年，并约定公司每年支付保密费1,000元。离职后，余某申请劳动仲裁，请求裁令公司支付在职期间的保密费5,000元，离职后两年期间的竞业限制补偿金67,200元。仲裁裁决公司支付余某2011年11月16日至2014年11月15日期间的保密费3,000元，2011年11月16日至2015年1月15日期间的竞业限制补偿金5,600元。双方均不服，诉至法院。

法院经审理后认为，双方签订的保密协议有关于支付保密费的约定，公司未提交证据证明余某在工作期间未履行保密义务，故认定余某已经按照约定履行保密义务，公司应按照保密协议的约定向余某支付已到期的保密费3,000元（1,000元/年×3年）。竞业限制协议由双方共同签订，依法属于有效协议，双方均应按照该份协议履行。公司主张已解除竞业限制协议，在余某确认于2015年6月15日庭审当天收到该通知时，竞业限制协议已解除。但解除前的竞业限制补偿仍应支付，公司没有证据证明已经支付。保密费不能替代竞业限制补偿金。由于协议中没有约定竞业限制补偿的支付标准，余某月工资的30%低于深圳市最低工资标准2,030元/月，故公司应按照2,030元/月标准支付余某竞业限制补偿金共计14,210元（2,030元/月×7个月）。法院判决公司应于本判决生效之日起10日内支付余某2011年11月16日至2014年11月15日期间的保密费3,000元，2014年11月16日至2015年6月15日期间的竞业限制补偿金14,210元。

【律师提示】

保密费是津贴的一种，由用人单位在工资表中列明，但并非必须发放的项目。如果用人单位需要劳动者履行竞业限制义务，就必须在劳动者离职后向劳动者支付竞业限制补偿金，而且约定竞业限制的年限不得超过两年，超过的部分年限无效。

如果用人单位混淆二者的法律性质，以为可以彼此替代，或者超过约定的竞业限制年限仍支付补偿金；本该向劳动者发放竞业限制补偿金，却发成了保密费；只需发两年的竞业限制补偿金，却过了两年还继续发放，都是“赔了夫人又折兵”的“乌龙”行为。

【条文链接】

《最高人民法院关于审理劳动争议案件适用法律若干问题的解释（四）》第六条　当事人在劳动合同或者保密协议中约定了竞业限制，但未约定解除或者终止劳动合同后给予劳动者经济补偿，劳动者履行了竞业限制义务，要求用人单位按照劳动者在劳动合同解除或者终止前十二个月平均工资的30%按月支付经济补偿的，人民法院应予支持。

前款规定的月平均工资的30%低于劳动合同履行地最低工资标准的，按照劳动合同履行地最低工资标准支付。

撰稿人：章鹏/广东中亿律师事务所律师

79. 如何确定竞业限制补偿金和违约金的标准

【观点精要】

在依法确定竞业限制法律责任后，下一步要考虑的必然是责任方应承担的具体数额。按责任主体区分，一是企业承担的竞业限制补偿金，二是劳动者承担的违约金。二者的标准，通常需要劳资双方事先约定，但司法实践中有时双方并无明确约定，有时约定不合理。相关劳动法律法规的规定一般仅有原则，却无具体标准。司法实践中是如何确定竞业限制补偿金和违约金的标准的呢？

2009年8月13日颁布的《深圳经济特区企业技术秘密保护条例》，在地方法规的层面明确规定了竞业限制补偿金标准。2012年12月31日通过的《最高人民法院关于审理劳动争议案件适用法律若干问题的解释（四）》作为具有更高适用性的“准法律”，实际上侧面确定了竞业限制补偿金的标准：劳动者离职前十二个月平均工资的30%，且不低于用工地的最低工资标准。

关于劳动者违反竞业限制约定承担的违约金，从违约金的法律性质来看，其既具有担保义务履行的功效，又具有惩罚违约方和补偿无过错一方所受损失的效果。由此可见，违约金约定的标准并不具有任意性，而应当从公平的角度进行判断。在具体案件中，如违约金约定的数额远远超出劳动者的承受能力，或者远远高于用人单位所遭受的损失，仲裁委或法院有权对其下调至更合理的标准。

【典型案例】

被告肖某2016年1月13日入职原告珠海市某贸易公司担任销售员，离职前12个月平均工资为4,676.28元/月。双方签订的竞业协议、保密协议约定：劳动合同终止或解除后自劳动合同终止或解除后24个月内，肖某不得到与公司生产或者经营同类产品、从事同类业务的有竞争关系的其他用人单位工作，或者自己直接或间接开业生产或者经营同类产品，从事同类业务；肖某违反本协议，应按照劳动合同中其岗位的年薪两倍支付违约金。

2017年8月16日，因公司认为肖某在职期间私自销售了与公司经营的相同产品，遂向仲裁委申请仲裁，要求肖某支付竞业协议违约金112,464.3元。仲裁委驳回公司的请求。公司不服，遂向法院提起诉讼。

法院经审理后认为，肖某私自销售与公司销售的产品相同的产品，违反了竞业限制的约定，公司有权要求肖某支付竞业限制违约金。竞业协议约定的竞业限制违约金为肖某年工资的两倍，但其销售的相同产品总金额与其获得的利润与公司相应损失比较，该约定的违约金明显过高。法院判决肖某于本判决发生法律效力之日起5日内向公司支付竞业限制违约金15,000元。

【律师提示】

企业在设计竞业限制条款时应当重视违约责任的约定。一旦劳动者违约，企业即便没有损失，也可以依据违约责任要求劳动者支付违约金；反之，如果事先不作约定，在劳动者违约但没有给单位造成损失的情况下，企业无法主张赔偿，即使造成损害，也要证明损失才可以得到赔偿。

竞业限制条款中的“两金”的标准，不能随意和任性，既不能刻意压低竞业限制补偿金的标准，也不能设置“天价”违约金。企业应当遵守基本的公平原则，对相关岗位的法律风险进行评估，可在最低工资标准之上设定竞业限制补偿金的标准，这样才能尽可能避免竞业限制条款被认定无效的尴尬局面。

【条文链接】

《中华人民共和国劳动合同法》第二十四条　竞业限制的范围、地域、期限由用人单位与劳动者约定，竞业限制的约定不得违反法律、法规的规定。

《最高人民法院关于审理劳动争议案件适用法律若干问题的解释（四）》第六条　当事人在劳动合同或者保密协议中约定了竞业限制，但未约定解除或者终止劳动合同后给予劳动者经济补偿，劳动者履行了竞业限制义务，要求用人单位按照劳动者在劳动合同解除或者终止前十二个月平均工资的30%按月支付经济补偿的，人民法院应予支持。

前款规定的月平均工资的30%低于劳动合同履行地最低工资标准的，按照劳动合同履行地最低工资标准支付。

《深圳经济特区企业技术秘密保护条例》第二十四条　竞业限制协议约定的补偿费，按月计算不得少于该员工离开企业前最后十二个月月平均工资的二分之一。约定补偿费少于上述标准或者没有约定补偿费的，补偿费按照该员工离开企业前最后十二个月月平均工资的二分之一计算。

撰稿人：赖初帆/广东洋三律师事务所律师

80. 用人单位可以主动解除正在履行的竞业限制协议吗

【观点精要】

竞业限制，又称为竞业回避、竞业避让，是用人单位对员工采取的以保护其商业秘密为目的的一种法律措施，是根据法律规定或双方约定，在劳动关系存续期间或劳动关系结束后的一定时期内，限制并禁止员工在本单位任职期间同时兼职于业务竞争单位，限制并禁止员工在离职后从事与本单位竞争的业务，包括不得在生产同类产品或经营同类业务且有竞争关系或其他利害关系的其他业务单位任职，不得到生产同类产品或经营同类业务且具有竞争关系的其他用人单位兼职或任职，也不得自己生产与原单位有竞争关系的同类产品或经营同类业务。

用人单位在竞业限制协议履行期间，可以主动要求解除竞业限制协议，但也需要额外支付劳动者三个月的经济补偿金。

【典型案例】

深圳某技术公司与员工李某离职时签订的竞业限制协议中约定：竞业限制期限为离职后两年，公司每月支付竞业限制补偿金5,000元；如李某违反竞业限制约定，则需支付公司违约金50万元。李某离职一年后，深圳某技术公司发现李某在竞业限制期限内从事与原单位相关的工作后，遂提起仲裁，要求解除竞业限制协议，并要求李某支付违反竞业协议约定的违约金50万元。李某则提出反申请，要求公司赔偿其剩余的竞业限制期十个月的竞业限制经济补偿。

经仲裁后双方均不服，诉至法院。法院经审理后认为，深圳某技术公司没有证据证明李某在竞业限制内存在违反协议的行为，故要求李某支付违约金的主张不能成立；鉴于公司有权随时解除竞业限制协议，法院予以确认，但公司须额外支付李某三个月的竞业限制补偿金。法院最后判决解除双方签订的竞业限制协议，深圳某技术公司支付李某竞业限制补偿金15,000元。

【律师提示】

竞业限制协议主要是针对公司的高级管理人员，如董事、经理等掌握公司商业秘密的人员，如果对商业秘密进行保护，就会涉及如何对离职后掌握商业秘密的人员进行竞业禁止限制问题。为保护商业秘密不外露，员工离职后要及时按月支付经济补偿金，否则超过三个月，将面临竞业限制协议解除的风险。

另一方面，用人单位在竞业限制协议履行期间，如果认为没有必要对劳动者进行竞业限制的，为避免成本支出进一步扩大，可以主动要求解除竞业限制协议，但也需要额外支付劳动者三个月的经济补偿金。

【条文链接】

《中华人民共和国劳动合同法》第二十三条　用人单位与劳动者可以在劳动合同中约定保守用人单位的商业秘密和与知识产权相关的保密事项。对负有保密义务的劳动者，用人单位可以在劳动合同或者保密协议中与劳动者约定竞业限制条款，并约定在解除或者终止劳动合同后，在竞业限制期限内按月给予劳动者经济补偿。劳动者违反竞业限制约定的，应当按照约定向用人单位支付违约金。

《最高人民法院关于审理劳动争议案件适用法律若干问题的解释

（四）》第七条　当事人在劳动合同或者保密协议中约定了竞业限制和经济补偿，当事人解除劳动合同时，除另有约定外，用人单位要求劳动者履行竞业限制义务，或者劳动者履行了竞业限制义务后要求用人单位支付经济补偿的，人民法院应予支持。

《最高人民法院关于审理劳动争议案件适用法律若干问题的解释（四）》第八条　当事人在劳动合同或者保密协议中约定了竞业限制和经济补偿，劳动合同解除或者终止后，因用人单位的原因导致三个月未支付经济补偿，劳动者请求解除竞业限制约定的，人民法院应予支持。

《最高人民法院关于审理劳动争议案件适用法律若干问题的解释（四）》第九条　在竞业限制期限内，用人单位请求解除竞业限制协议时，人民法院应予支持。在解除竞业限制协议时，劳动者请求用人单位额外支付劳动者三个月的竞业限制经济补偿的，人民法院应予支持。

撰稿人：王方强、郭南海/广东凯行律师事务所律师、实习律师

81. 竞业限制协议没有约定补偿金或者约定后没有实际支付，单位还能要求劳动者继续履行吗

【观点精要】

第一，竞业限制协议没有约定补偿金，单位还能要求劳动者继续履行吗?

（1）如果协议中没有约定，但用人单位在双方解除劳动合同后向劳动者支付了竞业限制补偿金，劳动者也接受的，视为双方达成补充协议并实际履行，竞业限制协议合法有效，并应当按照约定履行

（2）如果双方既没有约定，用人单位也没有在劳动者离职后支付经济补偿金的，此时该协议也不是必然无效，应当区分协议的效力与履行。①如果双方没有约定竞业限制补偿金的，劳动者可以要求与用人单位达成补充协议；②如果双方不能协商一致，用人单位未履行补偿义务，应视为双方已解除该协议，劳动者无需遵守竞业限制义务。

第二，竞业限制协议约定补偿金后没有实际支付，单位还能要求劳动者继续履行吗?

如果劳动者已经按照协议约定履行竞业限制义务，用人单位仍应当向劳动者支付已经履行竞业限制义务的补偿金。具体的支付标准由双方协商

或者是经过司法机关确定。如果用人单位明确表示不支付或未实际支付，劳动者可以解除竞业限制协议，不遵守竞业限制义务，用人单位也不能要求劳动者继续履行。

【典型案例】

陆某于2011年6月8日入职某照明公司，岗位是PRO／E、CAD绘图员。陆某于2014年2月10日离开某照明公司后，到佛山市顺德区某五金制品有限公司工作。某照明公司与陆某签订有劳动合同以及员工商业秘密保密协议。双方在员工商业秘密保密协议中约定，陆某离职两年内不得组建、参与或就业于与某公司有竞争关系的公司或单位，亦不得自行从事与某照明公司有竞争关系的生产经营活动；如陆某违反上述条款，应一次性向某照明公司支付违约金20万元。

后某照明公司认为陆某违反了协议，遂向仲裁委员会申请仲裁，请求裁决陆某向某照明公司支付违约金20万元。仲裁委裁决驳回某照明公司的诉求。公司不服，诉至法院。经法院审理认为，本案中，某照明公司与陆某签订的员工商业秘密保密协议实为竞业限制协议，但协议中只有要求陆某履行竞业限制义务的条款，没有约定相应的补偿，亦未对竞业地域、补偿费数额及支付方法等作出约定。该协议属于必备条款不具备的协议，对陆某没有约束力。最后法院驳回了某照明公司的诉讼请求。

【律师提示】

（1）竞业限制的职业种类和范围，应当是员工在企业所从事的或接触到的特殊的、专门的业务范围，而不应无限扩大到整个行业，对范围约定应当明确、清晰和合理。

（2）竞业限制的地域限制，应当根据用人单位经营业务的区域范围确定。

（3）竞业限制必须要有合理的补偿。

【条文链接】

《最高人民法院关于审理劳动争议案件适用法律若干问题的解释（四）》第六条　当事人在劳动合同或者保密协议中约定了竞业限制，但未约定解除或者终止劳动合同后给予劳动者经济补偿，劳动者履行了竞业限制义务，要求用人单位按照劳动者在劳动合同解除或者终止前十二个月平均工资的30%按月支付经济补偿的，人民法院应予支持。

前款规定的月平均工资的30%低于劳动合同履行地最低工资标准的，按照劳动合同履行地最低工资标准支付。

《最高人民法院关于审理劳动争议案件适用法律若干问题的解释（四）》第七条　当事人在劳动合同或者保密协议中约定了竞业限制和经济补偿，当事人解除劳动合同时，除另有约定外，用人单位要求劳动者履行竞业限制义务，或者劳动者履行了竞业限制义务后要求用人单位支付经济补偿的，人民法院应予支持。

《最高人民法院关于审理劳动争议案件适用法律若干问题的解释（四）》第八条　当事人在劳动合同或者保密协议中约定了竞业限制和经济补偿，劳动合同解除或者终止后，因用人单位的原因导致三个月未支付经济补偿，劳动者请求解除竞业限制约定的，人民法院应予支持。

撰稿人：章鹏/广东中亿律师事务所律师

82. 劳动者支付违约金后，单位还能否要求劳动者继续履行竞业限制协议

【观点精要】

违约金是合同法概念，是违约责任的一种承担方式。违约金在劳动法领域中的适用，因劳资双方主体地位不平等而有着严格的限制：只有在劳动者违反服务期约定、违反竞业限制约定这两种情形下才可约定违约金，其他情形下的约定均为无效。所以，对于劳动者其他违约责任的适用，如继续履行、采取补救措施或者赔偿损失等，都应当严格限制。

依照劳动法律规定，劳动者违反竞业限制约定的，用人单位可以按照约定要求其支付违约金。但是，在劳动者支付违约金后，用人单位是否还有权要求其继续履行竞业限制协议？换句话说，继续履行竞业限制协议在劳动法领域是否可以与违约金并行承担？

竞业限制法律制度设置，是为了保护用人单位的商业秘密。如果劳动者在违反竞业限制协议后，给付违约金就可以不受竞业限制协议的约束，就相当于“以罚代法”，既给违约开了后门，又降低了违约成本，必将严重影响用人单位对商业秘密的合法保护。为了解决这一问题，最高人民法院司法解释明确规定：用人单位除了要求劳动者支付违约金外，还可以要求其继续履行竞业限制义务。

【典型案例】

被告周某于2015年11月1日入职原告深圳某影像公司，工作岗位为超声研发部经理。当日，双方签订的竞业限制协议约定：周某在公司任职期间及因任何原因从公司离职后两年内，未经公司书面同意，不得在与公司经营同类业务且具有竞争关系的其他单位内担任任何职务，或者自己经营与公司有竞争关系的同类业务；周某违反约定的，应当向公司支付违约金；离职后的违约金金额，为周某离职前一年的工资总额的10倍，前述金额低于50万元的按照50万元计。

周某离职后，公司以其在两年内入职与公司经营同类业务且有竞争关系的公司，遂向仲裁委申请仲裁，要求周某继续履行竞业限制协议，停止从事竞业限制行为，支付违约金2,314,900元。仲裁委作出裁决，驳回公司的全部请求。

法院经审理后认为，竞业限制协议合法有效，对双方均有拘束力，周某在离职后两年内入职与公司经营同类业务且有竞争关系的第三方用人单位，已违反上述协议。现公司要求周某继续履行竞业限制协议，停止从事竞业限制行为，于法有据，法院予以支持。双方确认周某离职前一年的工资总额为164,338元，则上述周某应当向公司支付违约金数额为1,643,380元。法院判决周某继续履行其与公司签订的竞业限制协议，停止从事竞业限制行为，向公司违反竞业限制行为的违约金1,643,380元。

【律师提示】

如果劳动者与用人单位签订有合法有效的竞业限制协议，且劳动者自离职后按月领取了竞业限制补偿金，则劳动者应遵守竞业限制义务。如果劳动者没有遵守上述约定而从事竞争性活动，原用人单位可以要求劳动者承担的违约责任，具体可以包括退还已经领取的竞业限制补偿金、支付竞业限制违约金，并在竞业限制期限内继续履行竞业限制义务。

考虑到特定劳动者在用人单位的特殊地位，以及掌握重要商业秘密的实际情况，即使劳动者如约支付了违约金，也必须继续履行竞业限制协议，否则公司的合法权益将难以得到保护。因此，只要是在竞业限制的履行期限内，用人单位支付了补偿金，劳动者就必须遵守竞业限制的约定。即使劳动者支付了违约金，也应当继续履行竞业限制协议。

【条文链接】

《中华人民共和国劳动合同法》第一百零七条　当事人一方不履行合同义务或者履行合同义务不符合约定的，应当承担继续履行、采取补救措施或者赔偿损失等违约责任。

《最高人民法院关于审理劳动争议案件适用法律若干问题的解释（四）》第十条　劳动者违反竞业限制约定，向用人单位支付违约金后，用人单位要求劳动者按照约定继续履行竞业限制义务的，人民法院应予支持。

第八章

其他

撰稿人：赵继明/广东保信律师事务所律师

83. 实习生与用人单位之间是否构成劳动关系

【观点精要】

实习生与用人单位之间是否构成劳动关系，在劳动法理论界及司法实践中争议较大，主要存在以下两种观点。

第一种，实习生与用人单位不构成劳动关系。这种观点立足于《关于贯彻执行〈中华人民共和国劳动法〉若干问题的意见》第十二条之规定，认为在校学生在用人单位实习，只是利用业余时间勤工俭学或者提升专业技能，而不属于劳动关系，不用签订劳动合同。

第二种，实习生与用人单位形成事实劳动法律关系。该观点是根据《关于贯彻执行〈中华人民共和国劳动法〉若干问题的意见》第四条之规定，将公务员和比照实行公务员制度的事业组织和社会团体的工作人员，以及农村劳动者（乡镇企业职工和进城务工、经商的农民除外）、现役军人和家庭保姆等排除在劳动合同法之外，其中并未将在校实习生排除在外，实习生的学生身份并不能限制实习生作为普通劳动者加入劳动力群体。

实习生是否与用人单位形成劳动关系，既涉及企业的劳动风险问题，也涉及实习生的权益保护问题。目前广东省内司法实践更倾向于第一种观点，认为在校学生不属于劳动主体，与用人单位不构成事实劳动法律关系。

【典型案例】

冯某（在校大学生）于2011年7月30日入职民主村居委会工作。2012年7月10日，冯某正式毕业，在民主居委会工作至2013年4月底。2011年7月30日至2012年7月10日期间，民主村居委会未与冯某签订劳动合同及购买社会保险。冯某为此向仲裁委员会申请仲裁，要求民主村居委会支付2011年7月30日至2012年7月10日期间未签订劳动合同的二倍工资。仲裁委经审理后驳回冯某全部的仲裁请求。冯某不服，诉至法院。

法院经审理认为，在校学生实习是指高等学校按照专业培养目标和教学计划，组织学生到国家机关、企业事业单位、社会团体及其他社会组织进行与专业相关的实践性教学活动，实习生在实习期间与用人单位不构成劳动关系，依法驳回了冯某关于索要实习期二倍工资的诉讼请求。

【律师提示】

（1）用人单位在接收实习学生之前，要求实习学生提供学校的实习介绍信，既用以核实实习生的个人身份，同时也能证明其学生身份。

（2）如用人单位只提供短期实习机会，建议该单位人力资源部门与实习生签订书面的实习协议，约定实习期间双方的权利、义务，是否发放实习津贴，以及实习津贴的具体发放方式与数额等。在此情况下，建议不要为实习生办理入职登记，更不要与其签订书面的劳动合同。

（3）在办理实习登记时，签订三方协议即学校、实习单位、实习生三方的实习合同，否则可要求实习生提供实习介绍信或者推荐信等证明文件，以明确是由学校组织在校学生到企业进行的实习活动，同时要以书面形式明确实习生与用人单位之间并未建立劳动关系。

【条文链接】

《关于贯彻执行〈中华人民共和国劳动法〉若干问题的意见》第十二条　在校生利用业余时间勤工助学，不视为就业，未建立劳动关系，可以不签订劳动合同。

《关于贯彻执行〈中华人民共和国劳动法〉若干问题的意见》第四条　公务员和比照实行公务员制度的事业组织和社会团体的工作人员，以及农村劳动者（乡镇企业职工和进城务工、经商的农民除外）、现役军人和家庭保姆等不适用劳动法。

《关于确立劳动关系有关事项的通知》第一条　用人单位招用劳动者未订立书面劳动合同，但同时具备下列情形的，劳动关系成立：（一）用人单位和劳动者符合法律、法规规定的主体资格；（二）用人单位依法制定的各项劳动规章制度适用于劳动者，劳动者受用人单位的劳动管理，从事用人单位安排的有报酬的劳动；（三）劳动者提供的劳动是用人单位业务的组成部分。

《广东省高等学校学生实习和毕业就业见习条例》第二条　本省行政区域内的高等学校学生实习与本省常住户口的高等学校毕业生就业见习，适用本条例。

本条例所称实习，是指高等学校按照专业培养目标和教学计划，组织学生到国家机关、企业事业单位、社会团体及其他社会组织进行与专业相关的实践性教学活动。本条例所称毕业生就业见习（以下简称“见习”），是指各级人民政府或者人民团体组织毕业后一年内尚未就业的毕业生到国家机关、企业事业单位、社会团体及其他社会组织进行的就业适应性训练。本省行政区域内的中等职业学校、技工学校的学历教育学生实习与本省常住户口的中等职业学校、技工学校的学历教育毕业生就业见习，依照本条例执行。

撰稿人：卢宏盛/广东优游涵泳律师事务所律师

84．公司规章制度能否设定罚款条款

【观点精要】

在司法实践中，一些用人单位为了加强对员工的管理，在公司规章制度中设定罚款条款，对违反规章制度的劳动者予以一定数额的罚款，这种行为是否合法？

第一种观点认为是合法的。用人单位为了管理可以制订公司规章制度，公司的规章制度依据法律的规定通过民主程序制定通过，并且向劳动者送达或者公示，所以应当是合法有效的。

第二种观点认为是不合法的。首先，用人单位不是行政处罚的主体，不具备实施经济处罚的主体资格，因此制定罚款条款无效。其次，国务院1982年4月10日颁布的《企业职工奖惩条例》虽然规定了可以对职工给予行政处罚和经济处罚的情形，但是该条例已于2008年1月15日废止。用人单位与劳动者在规章制度中约定的罚款条款已没有法律依据，且对公民实施的罚款主体仅限于有法律法规授权的行政机关、司法机关等，故企业在规章制度中设立罚款条款无效。

不是所有通过民主程序制定的公司规章制度都是有效的，用人单位在制定规章制度的时候需要考量其合法性。关于公司规章制度中设定罚款条款是否合法的问题，笔者偏向第二种观点。

【典型案例】

2009年8月13日，李某进入某混凝土制品公司工作。双方签订劳动合同，约定合同期限为2009年8月13日至2010年12月31日，工种为驾驶员。在职期间，李某先后发生四次交通事故。2010年5月6日的交通事故中，致车辆受损及对方当事人陈某受伤，李某负事故主责。因李某在该事故中存在“驾驶机动车在无超过核定载质量30%以上、不按交通信号灯规定通行”的违法行为，被交通警察大队处以2,100元的行政处罚。该款项由某混凝土制品公司垫付。某混凝土制品公司因本起交通事故，对李某罚款3,000元，在李某2010年4月、5月、6月的工资中各扣除1,000元。2010年6月28日，李某在工地与他人发生打架。2010年7月16日，某混凝土制品公司以李某多次发生交通事故、多次发生打架事件，同时给公司造成严重经济损失和不良影响、严重违反法律法规、多次严重失职、严重违反规章制度为由，通知李某解除劳动关系。后李某向某区劳动仲裁争议仲裁委员会申请仲裁，但被驳回全部的仲裁请求。李某不服，提起诉讼，请求某混凝土制品公司返还罚款2,202.8元。

某混凝土制品公司制定的《驾驶员操作规程安全生产管理制度》第六章安全规定第1条规定：驾驶员必须严格遵守交通规则，做到安全、文明行车，做到“宁等3分，不抢1秒”。第五章管理制度第20条规定：负事故全部责任，罚款总损失的5%；负主责，罚款总损失的3%；负同责，罚款总损失的2.5%；负次责，罚款总损失的1%；公司和驾驶员共同承担保险不予赔偿的部分，包括误工费、精神损失费等，公司承担80%、驾驶员承担20%；对驾驶员罚款最多不超过3,000元，保险公司赔不足部分驾驶员承担的经济赔偿最多不超过2,000元。

一审法院经审理后认为，某混凝土制品公司因2010年5月6日交通事故仅造成损失15,434元，即使按照公司规章制度规定，也只能对李某处以3%即463元的罚款；而某混凝土制品公司垫付的交通事故罚款2,100元，李某本人仅对“不按交通信号灯规定通行”的行为负责，根据《道路交通安全法》

的规定，李某最多承担200元的罚款，其余因车辆超载而被处罚的罚款应由某混凝土制品公司自行承担。故某混凝土制品公司因2010年5月6日交通事故对李某罚款3,000元并在工资中予以扣除的行为显然不当。李某要求某混凝土制品公司返还罚款2,202.8元，理由成立，法院予以支持。

【律师提示】

（1）根据《中华人民共和国立法法》第九条，《中华人民共和国行政处罚法》第三条、第八条第二项的规定，罚款作为行政处罚的一种类型，只能由法律、法规、规章进行设定或者经法律、法规明确授权。用人单位作为普通民事主体，不具备实施罚款的主体资格，其在规章制度中设立的罚款条款无效。

（2）用人单位可以在法律允许的范围内通过设定浮动工资、绩效考核、解除劳动合同等多种合理的形式，代替设定罚款条款。范围可包括出勤、安全、质量、劳动纪律等方面，行使管理权和规范劳动者行为。

（3）用人单位要注意奖金额度，要确保劳动者获得的工资符合当地最低工资标准的要求。

【条文链接】

《中华人民共和国立法法》第九条　本法第八条规定的事项尚未制定法律的，全国人民代表大会及其常务委员会有权作出决定，授权国务院可以根据实际需要，对其中的部分事项先制定行政法规，但是有关犯罪和刑罚、对公民政治权利的剥夺和限制人身自由的强制措施和处罚、司法制度等事项除外。

《中华人民共和国行政处罚法》第三条　公民、法人或者其他组织违反行政管理秩序的行为，应当给予行政处罚的，依照本法由法律、法规或者规章规定，并由行政机关依照本法规定的程序实施。没有法定依据或者不遵守法定程序的，行政处罚无效。

《中华人民共和国行政处罚法》第八条　行政处罚的种类：（一）警告；（二）罚款；（三）没收违法所得、没收非法财物；（四）责令停产停业；（五）暂扣或者吊销许可证、暂扣或者吊销执照；（六）行政拘留；（七）法律、行政法规规定的其他行政处罚。

《中华人民共和国劳动法》第四条　用人单位应当依法建立和完善规章制度，保障劳动者享有劳动权利和履行劳动义务。

《中华人民共和国劳动法》第八十九条　用人单位制定的劳动规章制度违反法律、法规规定的，由劳动行政部门给予警告，责令改正；对劳动者造成损害的，应当承担赔偿责任。

撰稿人：芦道宾/广东德元律师事务所律师

85. 规章制度制定、修改的法定程序

【观点精要】

企业在制定、修改规章制度时应遵照法律规定的程序，未经法定程序制定、修改的规章制度对劳动者是没有约束力的。

根据《中华人民共和国劳动合同法》第四条的规定，用人单位在制定或修改涉及劳动者切身利益的规章制度时，应当经职工代表大会或全体职工讨论，与工会或职工代表平等商定，即实行民主程序。用人单位还应当将直接涉及劳动者切身利益的规章制度和重大事项决定公示，或者告知劳动者，即必须满足公示程序。满足了民主程序制定和公示程序公告的规章制度，才可以作为法院审理劳动争议案件的依据，才是有效的规章制度。

【典型案例】

王某于2008年到某公司从事药房营业员的工作。双方多次签订劳动合同。药房从2013年3月开始为王某缴纳社会保险。2014年5月17日，王某以患病为由向药房邮寄了请假条。2014年5月21日，药房给王某邮寄了关于王某回公司上班的通知书，告知王某的请假方式和程序不符合公司规定，限王某在收到通知后两天之内回公司报到上班，逾期则按相关法律规定处理。王某在收到该通知后，未回单位上班。2014年6月，药房停止为王某缴纳社会保险，并发布关于对王某予以除名的通知，内容为王某严重违反公司员工

考勤管理制度，决定对王某予以除名，但该公司没有将通知送达王某。

劳动仲裁委员会裁决：该药房需向王某支付经济补偿金、失业保险金等。一审法院认为，虽然公司在诉讼中提交了员工考勤管理制度，拟证明王某请假程序不符合公司规定，但公司员工众多，公司提交的用以处罚王某的规章制度仅有20人签字，不能作为该制度已经职工代表大会或者全体职工讨论通过的证据，不能证明该制度已经公示或者告知王某，更不能作为处罚王某的有效依据。

【律师提示】

规章制度制定和修改，需要注意以下事项。

（1）用人单位制定或修改规章制度的民主程序分为两个步骤：第一步是经职工代表大会或者全体职工讨论并提出意见；第二步是与工会或者职工代表平等协商确定最终文本。

（2）规章制度和重大事项决定应当公示或告知。方式可以有召开全员大会、张贴告知、邮件群发方式的公式或告知，或者通过下述方式：①将用人单位规章制度汇编成员工手册，由员工签字确认已阅读；②组织新入职员工参与培训，并签署培训纪要；③用人单位将规章制度列为劳动合同的附件。

（3）规章制度的内容要合法。

【条文链接】

《中华人民共和国劳动合同法》第四条　用人单位应当依法建立和完善劳动规章制度，保障劳动者享有劳动权利、履行劳动义务。

用人单位在制定、修改或者决定有关劳动报酬、工作时间、休息休假、劳动安全卫生、保险福利、职工培训、劳动纪律以及劳动定额管理等直接涉及劳动者切身利益的规章制度或者重大事项时，应当经职工代表大会或者全体职工讨论，提出方案和意见，与工会或者职工代表平等协商确定。

在规章制度和重大事项决定实施过程中，工会或者职工认为不适当的，有权向用人单位提出，通过协商予以修改完善。

用人单位应当将直接涉及劳动者切身利益的规章制度和重大事项决定公示，或者告知劳动者。

《广东省高级人民法院广东省劳动争议仲裁委员会关于适用〈劳动争议调解仲裁法〉〈劳动合同法〉若干问题的指导意见》第二十条　用人单位在《中华人民共和国劳动合同法》实施前制定的规章制度，虽未经过《中华人民共和国劳动合同法》第四条第二款规定的民主程序，但内容未违反法律、行政法规及政策规定，并已向劳动者公示或告知的，可以作为用人单位用工管理的依据。

撰稿人：曾兴风/广东国融律师事务所律师

86. 单位以支付住房补贴的形式代替应缴住房公积金是否合法

【观点精要】

住房公积金是指国家机关、国有企业、城镇私营企业等（以下统称“单位”）及其在职职工缴存的长期住房储金。职工个人缴存的住房公积金和职工所在单位为职工缴存的住房公积金，属职工个人所有。单位录用职工的，应当自录用之日起30日内向住房公积金管理中心办理缴存登记，并办理职工住房公积金账户的设立或者转移手续。

违反《住房公积金管理条例》的规定，单位不办理住房公积金缴存登记或者不为本单位职工办理住房公积金账户设立手续的，由住房公积金管理中心责令限期办理；逾期不办理的，处1万元以上5万元以下的罚款。单位逾期不缴或者少缴住房公积金的，由住房公积金管理中心责令限期缴存；逾期仍不缴存的，可以申请人民法院强制执行。

单位不能以发放住房补贴形式来代替其应缴存的住房公积金法定义务。

目前，暂未将住房公积金争议纳入劳动争议仲裁受理范围，职工解决住房公积金纠纷的途径以举报投诉为主、行政诉讼为辅。

【典型案例】

第三人覃某林是广州某国际物流公司的职工。2013年4月，第三人投诉反映公司欠缴其2005年1月至2011年9月期间的住房公积金。但公司认为，第三人于2004年12月1日至2011年8月31日在其处工作。2004年12月至2007年6月，行业内并无缴纳公积金的做法。2007年7月至2011年8月，公司以直接向劳动者发放住房补贴的形式代为履行缴存公积金的义务。

广州公积金中心经调查，查明在上述期间某公司确未为第三人缴存住房公积金的事实，于是作出责令限期办理决定，责令该公司为第三人缴存2005年1月至2011年9月期间的单位应缴存部分住房公积金共25,164元。公司不服，向广州市人民政府申请行政复议。该府经复议维持上述责令限期办理决定。公司仍不服，向人民法院提起行政诉讼，请求撤销责令限期办理决定书。

经法院审理认为，根据《住房公积金管理条例》第二条、第十三条、第二十条第一款等规定，用人单位在履行为职工办理缴存登记、设立账户并缴存住房公积金的法定义务时，应符合上述行政法规的要求，即用人单位不能以发放住房补贴形式来代替其应缴存的住房公积金法定义务。因此该公司认为不缴住房公积金为当时同类行业的通行做法及2007年7月至2011年8月以发放住房补贴代为履行缴存公积金义务的主张，无事实及法律依据。

【律师提示】

（1）用人单位不得以发放住房补贴形式来代替其应缴存的住房公积金法定义务，即使劳动合同有约定或规章制度有规定亦不可。

（2）鉴于缴纳住房公积金是单位和职工的法定义务，为督促职工履行缴纳住房公积金的义务，可以在劳动合同或规章制度中规定；如职工个人拒绝缴纳的，单位可以此为由解除劳动关系。

（3）如职工仍然不愿意缴纳又无法解决招工等问题，为防范职工“秋后算账”，可以考虑与职工约定，若其事后追缴的则应退回单位发放的住房补贴，对单位可以起到一定的止损作用。

（4）依广东省中山市的地方规定，单位缴存或补缴住房公积金资金确有困难的，可以考虑依照法定程序，申请降低缴存比例，缓缴住房公积金。

（5）在本文案例中，人民法院还认为，《住房公积金管理条例》对住房公积金补缴追缴的时效没有限制规定，而追溯时效必须有法律的明确规定，因此职工追缴住房公积金并不存在已过时效之说。对于未缴纳或未足期足额缴纳的单位，应对由此可能引发的风险建立预案。

【条文链接】

《住房公积金管理条例》第十三条　单位应当向住房公积金管理中心办理住房公积金缴存登记，并为本单位职工办理住房公积金账户设立手续。每个职工只能有一个住房公积金账户。

《住房公积金管理条例》第十四条　新设立的单位应当自设立之日起30日内向住房公积金管理中心办理住房公积金缴存登记，并自登记之日起20日内，为本单位职工办理住房公积金账户设立手续。

《住房公积金管理条例》第十五条　单位录用职工的，应当自录用之日起30日内向住房公积金管理中心办理缴存登记，并办理职工住房公积金账户的设立或者转移手续。

《住房公积金管理条例》第三十七条　违反本条例的规定，单位不办理住房公积金缴存登记或者不为本单位职工办理住房公积金账户设立手续的，由住房公积金管理中心责令限期办理；逾期不办理的，处1万元以上5万元以下的罚款。

《住房公积金管理条例》第三十八条　违反本条例的规定，单位逾期不缴或者少缴住房公积金的，由住房公积金管理中心责令限期缴存；逾期仍不缴存的，可以申请人民法院强制执行。

撰稿人：吴崇岳/广东南鹏展法律师事务所律师

87. 企业将车间发包给个人承包经营的用工风险

【观点精要】

企业将其内部车间发包给个人承包经营，承包方的从业人员虽由承包人招用并支付工资，但受用工企业统一管理，且提供的劳动是企业经营业务的组成部分，应当认定企业与该员工之间形成事实劳动关系。企业虽与承包人约定“承包期内由承包人负担其从业人员综合保险费用的缴纳，并承担从业人员工伤或医疗纠纷生产的全部责任”，但这仅是企业与承包人关于责任承担的约定，不能以此否定企业与劳动者的劳动关系。若劳动者发生工伤，企业仍需要承担相应的赔偿责任。

【典型案例】

某公司与尹某成于2014年2月15日签订一份车间承包协议，协议约定：某公司将其木工车间锣机部承包给尹某成日常管理，尹某成按照某公司的要求和生产排期按时完成生产任务，日常费用由尹某成承包，生产材料由某公司负责供应，生产耗材与辅料由尹某成承担；锣机部所有人员的工资、福利、待遇及开销在尹某成向某公司申请后，由某公司将费用支付给尹某成，再由尹某成负责发放员工工资及相关费用开销，尹某成应按照申请时的工资标准及时发放工资，不得拖延或克扣；尹某成应负责处理锣机部所有人员的工资、福利、待遇及工伤、交通事故等，若给某公司造成损失，可从承包款中扣除。

2015年5月4日，木工车间锣机部员工张某在工作中受伤，社会保障局认定张某此次受伤属于工伤，劳动能力鉴定委员会评定张某为伤残十级。张某已向社保基金领取了一次性伤残补助金14,395.5元、一次性工伤医疗补助金2,138元。认定工伤决定书及劳动能力鉴定书均载明工作单位为某公司。

后张某向劳动局申请仲裁。仲裁裁决：某公司向张某支付一次性伤残补助金差额6,835.5元、一次性伤残就业补助金12,320元、一次性工伤医疗补助金差额895元、2015年5月4日至5月31日停工留薪期工资2,642元。

某公司不服，向法院提起诉讼，主张其将木工车间的锣机部承包给被告尹某成经营，张某是尹某成招聘回来的，相关工伤待遇、工资待遇、经济补偿金应由尹某成支付。

法院审理认为，在承包合同中，承包人享有经营管理的自主权，某公司虽然与被告尹某成签订的承包协议约定将其公司木工车间的锣机部发包给尹某成，并约定尹某成负责处理锣机部所有人员的工资、福利、待遇及工伤、交通事故等；但从工资单载明的数据可见，某公司每月均向尹某成支付工资，且从2014年10月至2015年5月的工资数额与普通员工张某的工资数额相当，可见某公司与尹某成实际上并未按照承包协议的约定履行。张某受伤后，认定工伤及伤残等级评定的材料中，均载明用人单位是某公司。某公司并没有对此提出异议，亦确认其为张某缴纳社会保险。再次，张某持有某公司的厂牌，厂牌载明入职时间、职位等资料，说明张某与某公司之间存在一定的人身依附性，张某需服从某公司的管理，具有隶属性。

综上，法院判决确认张某与某公司之间存在劳动关系，某公司应向张某支付一次性伤残补助金差额8,004.5元、一次性工伤医疗补助金差额1,062元、一次性伤残就业补助金12,800元等。

【律师提示】

（1）用人单位与个人签订承包合同，是企业内部的一种经营管理方式。企业经营机制的转变，并未改变企业和员工的劳动关系，也未改变承包者的身份，承包部门的员工与企业之间仍然属于劳动合同关系。

（2）用人单位将企业内部部门承包给个人经营后，仍需要按照劳动关系对承包部门的员工进行管理，及时完善办理内部承包部门员工的入职离职、签订劳动合同等手续，及时足额发放内部承包部门员工的工资及其他福利、待遇。如放任不管，一旦发生劳动争议，将由用人单位首先承担相关法律责任。

（3）用人单位将企业内部部门承包给个人经营的，应提高劳动争议风险防控意识，注意承包经营人的经营情况，发现异常应及时介入处理，及时化解劳资争议。

【条文链接】

《关于贯彻执行〈中华人民共和国劳动法〉若干问题的意见》第十五条　租赁经营（生产）、承包经营（生产）的企业，所有权并没有发生改变，法人名称未变，在与职工订立劳动合同时，该企业仍为用人单位一方。

《中华人民共和国工伤保险条例》第五十七条　用人单位依照本条例规定应当参加工伤保险而未参加或者未按时缴纳工伤保险费；职工发生工伤的，由该用人单位按照本条例规定的工伤保险待遇项目和标准向职工支付费用。

用人单位按照规定补缴应当缴纳的工伤保险费和滞纳金后，由工伤保险基金和用人单位按照本条例的规定支付新产生的费用。

撰稿：徐小安/广东中亿律师事务所律师

88. 谨慎把握劳务关系与劳动关系的界限

【观点精要】

企业与提供劳动服务的人员之间，有可能属于劳动关系，也有可能属于劳务关系。如果属于劳动关系，则用人单位须承担劳动法上之义务，适用劳动法律规范调整。如果属于劳务关系，则用人单位无需承担劳动法上之义务，且适用民事法律规范调整。构成劳动关系的，企业须遵守订立劳动合同、最低工资标准、最长工作时间、缴纳社会保险等方面的强制性规定。工作中发生伤害事故的，无论员工有没有过错，企业都要承担工伤保险责任。如果构成劳务关系的，企业无需受劳动法规定限制，劳动报酬、工作时间等均由双方自愿约定。工作中发生伤害事故的，要根据提供劳务者自身过错程度来确定赔偿责任，而并非必然由企业全部承担。

企业要谨慎把握劳务关系与劳动关系的界限，正确运用劳务关系和劳动关系两种用工方式为企业服务。不要把本应是劳务关系的情形当作劳动关系来处理，也不要把本应是劳动关系的情形当作劳务关系来处理。这两种错误认识都可能会导致企业遭受经济损失。

如何准确区分劳务关系与劳动关系？司法实践中，两者界限不一定十分清晰，一般来说主要把握以下几点。

（1）劳务关系中，劳务人员向用工单位提供的是一次性的或者特定的劳动服务，提供劳务者的义务主要是提供符合约定的劳务成果。而劳动关系中，劳动者一般提供的是稳定的、较长期限的、持续性的劳动，其指向的客体主要不是劳动成果，而是劳动力。

（2）劳务关系的双方主体之间只存在财产关系，没有行政隶属关系，没有管理与被管理、支配与被支配的权利义务。劳务提供者自行组织劳动的过程，用工单位无权进行组织和管理。而劳动关系中，双方主体不仅具有财产关系，还具有人身关系，具有行政隶属性，劳动者要遵守用工单位内部规章制度，劳动过程由用人单位组织和管理。这是两者根本的区别。

（3）劳务关系一般由提供劳务者自带工具、设备，除非另有约定。而劳动关系中，生产经营所需的物质条件均由用人单位提供。

对照以上几个要点，企业在用工时，对于符合劳务关系特征的，要定性为劳务关系，按劳务关系处理；符合劳动关系特征的，要定性为劳动关系，按劳动关系处理，履行劳动法义务。

另有一种特殊情况是，劳动者达到法定退休年龄后与用人单位形成用工关系的，按劳务关系处理。这种情形实际上不是一种典型的劳务关系，而是劳务关系中的特例，另当别论。

【典型案例】

吴某诉称2016年7月在“58同城”（招聘网站）上看到某公司发布的招聘油漆工的信息后，便前去某公司面试，后入职某公司生产部负责喷油漆和喷砂，保底月薪6,500元。双方一直未签订劳动合同，公司亦未为吴某购买社会保险。吴某提交了厂牌，厂牌上显示吴某为生产部第033号，载有某公司字样，但未有盖章。吴某的银行流水显示某公司经理李某雄向其转账多笔。吴某主张上述款项为某公司发放的工资。

2017年6月27日，吴某以某公司未按规定与其签订劳动合同、购买社会保险为由，向某公司提交辞职书，提出解除劳动关系，并要求某公司尽快结清工资并支付经济补偿金、未签劳动合同的二倍工资差额。

某公司否认双方之间为劳动关系，主张吴某并非某公司的员工，公司仅是将油漆工外包给吴某。公司称油漆工的业务量并不多，需要的时候会找吴某过来做工，吴某没空时也可以由别人顶上，不需要吴某坐班，其亦不受公司规章制度的约束。某公司提交了生产结算单，主张吴某每做完一单就会填写一份结算单，由公司按照结算数额转账发放。某公司还提交了与吴某的微信聊天记录，以证明吴某工作不固定，不受公司规章制度制约，双方只是劳务关系。

案经广州开发区劳动人事争议仲裁委员会裁决，驳回吴某全部仲裁请求。吴某不服，向法院提起诉讼。法院经审理后认为，本案争议的焦点在于吴某与某公司之间的关系是否为劳动关系。劳动关系的首要特点就是劳动者要接受用人单位的管理，遵守公司的规章制度并服从其工作安排。本案中，从双方确认的微信聊天记录和吴某的个人陈述可知，吴某是否需要在某公司从事工作完全取决于某公司的工作量需求，其工作灵活不固定，既不需要每日上班，工作也不具有排他性，且并不受某公司的考勤制度制约。这种关系并不符合劳动关系中用人单位与劳动者之间的管理与被管理的关系。吴某要求某公司支付其未签订书面劳动合同的二倍工资差额及解除劳动合同关系的经济补偿金的诉讼请求，没有事实和法律依据。法院不予支持。

【律师提示】

（1）企业需招用提供特定劳务的人员时，应与其签订书面劳务合同，确认双方关系的性质和各自的权利、义务。

（2）尽可能避免体现劳动关系的管理特征加诸于劳务人员身上，例如固定发放工资、发放厂牌等工作证明、固定上班时间、要求劳务人员遵守公司规章制度等。

（3）为劳务人员提供符合安全要求的工作环境和工作条件，督促劳务人员执行安全生产操作规程，以避免因公司过错导致伤害等意外事故。

（4）不要为了规避劳动法义务而试图将实质上的劳动关系转变为劳务

关系，应按照用工的客观实际情况来规范双方的关系。

【条文链接】

《劳动和社会保障部关于确立劳动关系有关事项的通知》　一、用人单位招用劳动者未订立书面劳动合同，但同时具备下列情形的，劳动关系成立：（一）用人单位和劳动者符合法律、法规规定的主体资格；（二）用人单位依法制定的各项劳动规章制度适用于劳动者，劳动者受用人单位的劳动管理，从事用人单位安排的有报酬的劳动；（三）劳动者提供的劳动是用人单位业务的组成部分。

二、用人单位未与劳动者签订劳动合同，认定双方存在劳动关系时可参照下列凭证：（一）工资支付凭证或记录（职工工资发放花名册）、缴纳各项社会保险费的记录；（二）用人单位向劳动者发放的“工作证”“服务证”等能够证明身份的证件；（三）劳动者填写的用人单位招工招聘“登记表”“报名表”等招用记录；（四）考勤记录；（五）其他劳动者的证言等。

其中，（一）（三）（四）项的有关凭证由用人单位负举证责任。